미학적 삶을 위한 언어감수성 수업

미학적 삶을 위한
언어감수성 수업

신동일 교수의 언어학 강의실

신동일 지음

P 필로소픽

★
차례

시작글

우리는 세상에서 무슨 일을 하든지 간에 언어와 기호로 살아갑니다. 대개 상식과 관행으로 뒤덮인 구조화된 의미체계 때문에 위축되고 고통받습니다. 그런 중에 누군가는 새로운 의미체계로 기득권력에 도전하거나 자신만의 삶의 양식을 주장합니다.

나는 이 책을 통해 '지금 우리가 경험하고 인식하고 있는 의미체계가 언어/기호로부터 구성된 것'이라는 언어적 전환linguistic turn을 다루고자 합니다. 우리가 경험한 감정, 욕망, 정체성, 관례, 권력관계, 사회질서는 모두 언어/기호의 구성물입니다. 그걸 제대로 학습하기만 해도 우리 삶은 다르게 보일 수 있습니다. 달리 말하면, '의미와 기호'의 구조에 대해 제대로 알지 못하면 우리는 세상의 의미덩어리들에 포획된 삶을 살 수밖에 없습니다. 미학적이면서도 고유한, 한편으로는 저항적인 삶을 상상조차 할 수 없지요.

내가 가르치는 어문학을 전공하는 학생뿐 아닙니다. 어디서 무엇을 하든 세상이 쏟아내는 언어/기호, 혹은 세상을 구성하는 언어/기호의 의미작용에 대해 비판적으로 인식할 수 있어야 합니다. 예를 들면, 누구나 언어/기호를 통해 사랑을 나눕니다. 우리는 그런 감정을 능동적으로 소유하면서 그만한 언어/기호를 서로 자유롭게 교환하는 걸까요?

아니면 자신을 둘러싼 사랑에 관한 세상의 의미체계에 포위되어 자신이 할 만한 사랑을 마치 심부름꾼처럼 수행하는 것일까요? 사랑하지 않는, 사랑해서 안 될 사람을 사랑한다고 끼워맞추며 살고 있는 것은 아닐까요?

심리학자라면 연인들의 심리로, 인류학자나 사회학자라면 사회적 의례나 규범으로 사랑하고 소유하고 미워하는 감정과 관계성을 파악할지 모르겠습니다. 나는 연인이 주고받은 언어/기호를 먼저 주목합니다. 사랑을 시작하는 것도, 사랑 때문에 고통받는 것도 우리 모두 서로에게 익숙한 언어/기호의 선택과 배치 때문일 수 있습니다. 연인을 둘러싼 심리 상태도, 문화적 관례도, 사회적 권력구조도 모두 언어/기호의 선택과 배치로부터 탐색되고 확증될 수 있습니다.

나는 스토리텔링, 서사, 담화, 담론, 대화, 의미와 기호, 혹은 언어능력, 언어사용, 언어평가, 언어사회, 언어정책, 언어정체성, 언어통치성 등에 관한 다양한 연구를 합니다. 시간을 많이 할애해서 영어와 한국어로 논증 기반의 연구논문 작업을 합니다. 그와 함께 언어감수성을 키울 수 있는 인문교양서 집필은 내가 학자로서 보람을 느끼는 중요한 책무였습니다. 위험한 권력, 나쁜 사회질서는 존귀한 우리 각자의 삶을 왜곡하고 위축시킵니다. 국가와 시장, 기술과 과학, 부와 권력이 늘 옳을 수는 없습니다. 질문하고 대항하고 대안을 찾으려면 세상을 구성한 언어/기호에 관한 비판적 감수성을 작정하고 학습해야 합니다. 이 책은 세상 사람들이 그걸 조금이나마 알게끔 돕습니다. 언어/기호로 구성된 세상을 새롭게 변화시킬, 또는 고통과 고립 가운데에서 자신만의 미학적 삶을 포기하지 않을 분들께 이 책을 선물로 드립니다.

2022년에 발간한 《담론의 이해: 담화, 담론적 전환, 비판적 담론연구》에서 나는 진솔하게 삶을 고백하며 담화/담론의 속성을 다양한 위치에서 조망했습니다. 이 책에서는 아쉽게도 사적인 것과 공적인 것, 직접 경험한 서사와 학술문헌을 통해 정리한 논증 등을 유기적으로 직조하진 못했습니다. 언어/기호와 연결된 정체성과 통치성의 논점도 더 다루고 싶었지만 논점이 너무 복잡해져서 우리 일상에 펼쳐진 언어경관만 분석했습니다. 방송, 광고, 영화, 기타 문학예술 작품 등에서 예시를 많이 발굴했습니다.

《미학적 삶을 위한 언어감수성 수업》의 예시는 독자의 이해를 돕기 위해서 한국어와 영어 자료를 동시에 사용했습니다. '언어'와 '기호'란 용어를 어떻게 상호교차적으로 사용할지도 고민했는데 편의상 둘을 '/' 표시로 묶어서 사용했습니다. 소쉬르는 기호 안에 언어를 포용했지만 바르트는 언어학의 원리를 높게 평가하면서 언어 안에 기호를 포용했습니다. 언어를 기호의 상위 범주로 두었지요. 그러나 언어도 기호이지만 인간의 언어보다 기호자원이 더욱 다양하고도 역동적입니다. 언어사회를 연구하는 내가 '언어'라는 용어와 거리를 두기도 불편했고 그렇다고 '기호'에만 집중하는 것도 망설여졌습니다. 이 책에서는 기호의 의미체계에 더 집중하긴 했지만 '언어/기호'라는 용어를 그런 이유로 묶어서 사용했습니다. 언어뿐 아니라 코드화된 규칙이 잘 보이지 않는 시각기호를 예시로 사용할 때가 많았습니다. 언어학, 기호학의 학술전통에서 다양한 논점을 정리했기에 이 책을 통해 시각영상 자료의 의미체계도 이해할 수 있을 것입니다.

마지막으로 이 책에 담긴 여러 논점과 예시를 함께 찾으며 즐겁게 공부한 중앙대학교 영어영문학과 학생들에게 특별한 감사를 전합니다. 그들과 질문을 주고받고 토론하며 많이 배웠습니다. 학교를 이미 떠난 그들이 궁금하고 보고 싶습니다. 결혼은 했을까요? 팬데믹 시기는 어떻게 또 이겨냈을까요? 그들을 둘러싼 세상의 질서가 늘 녹록지 않겠지요. 그래도 내 수업에서 배운 것처럼 언어/기호를 새롭게 선택하고 배치하면서 자신만의 고유하고도 멋진 삶을 결코 포기하지 말기를…. 그렇게 멀리서 그들을 응원합니다.

저자 신동일

1장
언어적 전환, 달라 보이는 세상

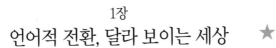

안녕하세요. 1장에서는 스위스의 언어학자 페르디낭 드 소쉬르Ferdinand de Saussure의 언어학 이론으로 구조주의 원리부터 공부해보겠습니다. 구조주의는 사물에 본질적 의미가 있다는 유물론이나 위대한 인간이 세상의 의미를 부여한다는 휴머니즘과 다릅니다. '의미는 구조에서 만들어진다'는 구조주의 원리를 잘 이해하면 태어날 때부터 타고난 것으로 생각한 정체성이나 우리 눈 앞에 펼쳐진 언어경관에 대해 새로운 질문을 할 수 있습니다. 포스트모던 학자들은 궁극적이고 절대적인 본질이 없다고 단언하는데 나는 그렇게 생각하지 않습니다. 예를 들어 누구나 '나다움'이 어떤 것인지 의식하고 있죠. 다만 '나다움'이란 것은 우리가 별 생각 없이 사용하는 언어/기호의 구조로 덮여 있어요. 구조주의의 기본 원리에 대해 알게 되면 세상을 둘러싼 나다움의 언어와 기호는 낯설고도 다르게 보일 것입니다. 그럼 시작해봅시다.

재현에 관한 질문

우선 앞자리에 있는 성식과 원영에게 한번 물어볼게요. 둘은 우리가 다 아는 학과 공식 커플이고 앞으로도 계속 만날 테니 이런 질문이 재밌을 수도 있겠네요. 자, 연애 중인 남녀가 있고 서로 사랑한다고 말합니다. 그런데 남자가 말투도 무뚝뚝하고, 옷도 늘 대충 입고, 생일에 선물도 잊고, 특별히 함께 즐겨 찾는 곳도 없어요.

교수 원영, 성식은 그렇지 않겠죠?

원영 아뇨, 완전 지금 말씀하신 그런 남자가 이 사람이에요.

교수 그래요? 그럼 원영이 불평 안 해요?

원영 불평하면 이렇게 말해요. "오빠 진심 다 알지? 그냥 바쁘고 열심히 사느라고… 시간 지나면 오빠 마음 다 드러날 거야. 그때 내가 진짜 잘 할게."

교수 흠….

여러분이 지금 원영의 입장이라면 성식의 '진심'을 믿어야 할까요? 성식에게 드러난 모습과 그의 진심은 별개의 것일까요? 시간이 지나면 밝혀질 성식의 비밀스럽고 특별한 마음은 정말 있는 것일까요? 이번 장에서 공부할 소쉬르의 언어학에 따라 추론하자면, (성식에게는 미안하지만) 드러나지 않는, 내면 깊은 곳에 감춰진, 그런 신비롭고 대단한 진심은 없습니다. 남자친구의 사랑, 배려, 존중과 같은 개념은 일상 중에 드러나는 말, 글, 표정, 동작, 옷차림, 음식, 방문한 공간 등에서 표지로 나타나야 합니다. 선택되지 않은, 사용되지 않은, 보이지도 들리지도 않는 (그렇지만 마음속에 깊게 간직된, 본인만 다 아는, 혹은 5년이나

10년 뒤에나 알 수 있는) 대단한 진심, 특별한 비밀 등은 어쩌면 사랑한다는 의미를 왜곡하거나 과장할 수 있어요.

교수 여기 태희와 지현의 이야기도 해볼게요. 두 학생을 내가 잘 아는데요. 베프 사이인데 재밌게도 주위 친구들이 둘을 전혀 안 어울린다고 놀리죠?

지현 저희는 늘 같이 다니는데요. 저는 조용한 곳을 좋아하고 적극적으로 학교 생활을 하지 않아서 그런지, 아니면 태희가 밝은 성격에 옷을 잘 입고 다녀서 그런지, 아무튼 태희는 '인싸'로 불리고 저는 '아싸'라는 말을 듣거든요. 우리가 어떻게 베프냐고 사람들이 자주 그러죠.

교수 태희는 어떻게 생각하세요?

태희 저희는 비슷한 게 많은데… 모르겠어요. 그냥 '인싸'와 '아싸'로 묶인 것 같아요.

재밌죠? 둘은 아니라고 하는데 사람들은 자꾸 태희와 지현을 '인싸'와 '아싸'로 구분하고 있어요. 내 눈에도 지현 만큼 태희도 차분하고, 태희 만큼 지현도 편하게 옷을 입고 다닐 때가 많죠. 그걸 소쉬르 언어학으로 해석하면, '인싸'와 '아싸'는 태희와 지현을 본질적으로 지시하는 기표가 아닙니다. '인싸'와 '아싸'라는 말은 서로의 관계로부터 의미를 만들도록 돕습니다.

　이걸 약간 유식하게 말하면 이런 겁니다. "지현의 '아싸' 기표는 아싸가 지시하는 본질적인 실재로 연결되지 않는다. 늘 붙어 다니는 태희가 '인싸'로 불리면서 지현은 대비적으로 '아싸'가 된다." 둘이 병렬로 비교되고 구분되면서 서로에게 그런 가치가 부여된 것입니다. 만약 태희와 지현이 여기 학교가 아닌 전혀 다른 공간에서 다른 누군가와 함께 어울릴 때는 '인싸'와 '아싸'라는 꼬리표가 단번에 사라질 수도 있어요.

여러분은 내향적인 성격이세요? 아니면 외향적인 성격이세요? 의견을 제시하고 이끌어가는 리더형이세요? 아니면 경청하고 따르는 팔로우형이세요? 잘생겼나요, 아니면 못생겼나요? 욕심이 많으세요? 아니면 없으세요? 영어를 잘하세요? 아니면 못하세요? 아마 이런 질문에 여러분은 어느 한편을 선택해서 답을 할 겁니다. 내향적인 성격이세요? 팔로우형이라고요? 잘생겼나요? 욕심이 없다고요? 영어는 못한다고요? 어쩌면 여러분이 선택한 건 태희가 졸지에 인싸가 되고, 지현은 인싸가 된 태희 옆에서 아싸가 된 것과 다름 아닐 수 있어요.

포도주로 한번 이야기해볼게요. 여러분은 백포도주를 좋아하세요? 아니면 적포도주를 좋아하세요? 그런데 포도주를 한번 가만히 들여다보세요. 백포도주라고 불리지만 백포도주의 백색은 사실 종이 같은 백색이 아닙니다. 적포도주의 적색도 소방차의 적색이 아닙니다. 그럼에도 백포도주와 적포도주는 서로 이항으로 늘 구분되는 관계적 구조 때문에 그렇게 불립니다. 이항으로만 존재하는 관계적 구조는 모든 포도주를 '백' 혹은 '적'으로 지시하게 하죠. 이처럼 언어는 실재를 정확하게 재현하는 것이 아닙니다. 둘 중 하나로 분류할 뿐이죠.

어때요? 좀 이해가 되나요? 구조주의 언어학자는 '인간은 학습한 언어로만 사고한다'고 주장해요. 앞서 살펴본 것처럼 언어의 어떤 재현도 대상의 실재를 정확하게 재현한 것으로 보지 않아요. 지시대상은 발화자 혹은 저자와 독립된 것일 수 있어요. 이와 같은 논리를 이해하려면 소쉬르 언어학의 기본 원리를 조금 더 자세히 살펴볼 필요가 있습니다.

소쉬르가 고안한 이항의 언어구조

소쉬르는 현대 언어학의 개척자입니다. 그는 이전 언어학자들과 달리 기표-기의, 랑그-파롤, 계열체-통합체, 공시성-통시성 등의 이항으로 의미체계를 이해했습니다. 둘로 구분된 구조를 지금부터 하나씩 살펴 보겠습니다.

기표와 기의

언어는 하나의 기호체계이고 기표와 기의가 결합된 것입니다. 기표와 기의 관계는 흔히 의미화, 혹은 의미작용signification이라고 불립니다. 기 표는 기(호)표(현)이며 프랑스어로 significant(시니피앙), 영어로는 sig-nifier(시그니파이어)로 사용됩니다. 기표는 말로 발성되기도 하고 글로 드러날 수도 있고 동작, 표정, 그림으로 표시될 수 있어요.

  글보다 말에 관심이 많았던 언어학자 소쉬르에게 기표는 청각으 로 전달되는 것이었어요. 인간의 마음속에 새겨진 음성의 형상이라고 할 수 있겠죠. 예를 들어, [tri]라고 들리는 청각의 형상은 'tree'라는 어 휘일 것입니다. 소쉬르에게 기표는 물리적인 음성이 아니었습니다. 우 리 귀에 들리는 소리는 물리적 실체이지만 '언어'가 아닌 겁니다. 기 표는 들리는 음성이 심리적으로 각인될 때 음성의 형상으로 존재할 수 있으니까요. 'tree' 소리는 'treat' 소리 등과 다르다는 인식으로부터 'tree'는 '나무'와 같은 의미를 떠올리는 기표로 기능합니다.

  이에 반해 기의는 기(호)의(미)이며, 프랑스어로 signifie(시니피에), 영어로는 signified(시그니파이드)입니다. 기표로 의미화되는 것, 즉 개 념이라고 불러도 될 것 같네요. 그렇다면 어떤 기표가 어떤 기의와 어 떻게 결합될까요? 우선 필연적인 이유는 없다고 봐야 합니다. 즉, 자의적이라는 의미입니다. [tri]라는 소리가 나무에 관한 개념과 반드시 연결될 이유는 없습니다. 사회적으로 약속된 것이죠. 형이상학적 논의를 좋아하는 분이라면 기표로 드러나지 않는 본질적인 속성으로 보이는 기의에 관심을 둘 것입니다. 그러나 소쉬르의 언어학에서는 모든 개념, 예를 들면, 나무, 여성, 애국자, 원어민, 영어말하기능력 등은 기표로 연결되어야 합니다.

교수 외교관 시험을 열심히 준비했던 찬희에게 물어볼게요. 찬희는 어릴 때부터 영어공부를 좋아했고 영어실력으로 칭찬도 많이 들었죠?

찬희 예. 영어 잘한다고 주위에서 늘 제게 말씀하셨죠.

교수 '영어능력'이라는 것도 보이지 않는 어떤 개념인데, 찬희의 영어능력을 지시하는 기표는 무엇이었을까요?

찬희 아… 아마 제가 어릴 때 발음이 좋아서 '원어민 같다'는 칭찬을 들었고, 또 영어시험 성적이 높았던 것 같아요.

그럴 수 있죠. '영어를 잘한다'는 개념은 토익-스피킹 성적(기표)이나 토플 성적(기표), 혹은 대중 매체에서 대니얼 헤니와 같은 재미교포가 영어를 말할 때 들려주는 소리(기표)나 자연스러운 동작(기표)과 연결되어 있을 겁니다. 그러나 그런 기표는 100년 전만 해도 없었어요. 토익 시험도 없었고 대니얼 헤니도 없었으니 '영어능력'이란 개념(기의)은 당시 통용되는 다른 기표로 재현되었을 겁니다.

 '영어능력'은 사실 막연한 개념이죠. 소쉬르 언어학으로 보면 그래요. 우리가 사용하는 영어능력이라는 기의는 어떤 본질이 아닙니다. 특정 시기에, 특정(지배) 집단에 의해, 특정 관점으로, 특정한 단면에 비중이 실리면서, 자의적으로 그리고 차이의 체계로 구성된 것입니다. 달리 말하면 '영어능력'이라는 기의는 사회적으로 통용되고 있는 기표로부터 지시되는 개념이죠.

기표와 기의에 관한 추가 설명

기표와 기의가 결합된 언어/기호에 대해 조금만 더 이야기해보죠. 이건 대단히 급진적인 발상이거든요. 언어/기호가 관행적으로 사회구성원에 의해 약속된 의미체계일 뿐이라면 '언어/기호를 능동적으로 사용하면서 의미를 부여하는 주체subject'의 위상이 흔들립니다. '나는 생각한다. 고로 존재한다' 같은 데카르트식 지식전통이 도전을 받게 됩니다. 구조주의 언어학에서는 인간주체의 능동성보다는 언어의 체계성이 강조되거든요. 소쉬르식 구조주의는 존재와 사유의 관계를 강조하는 휴머니즘(인본주의) 전통과 단절될 수밖에 없어요.

주체 ◄——— ——► 언어(적 의미) ◄——— ——► 사물

[그림 1-1] 주체-언어-사물의 전통적인 관계

[그림 1-1]을 보세요. 전통적으로 의미는 언어를 사용하는 인간주체가 부여하는 것입니다. 그리고 사물reference은 본질적인 의미를 갖는다고 생각되었죠.

    인간주체가 사물에게 의미를 자유롭게 부여한다고 전제하면 그건 인간-중심주의 사유입니다. 김춘수 작가의 〈꽃〉이란 시에 이런 구절이 나옵니다. "내가 그의 이름을 불러주기 전에는 그는 다만 하나의 몸짓에 지나지 않았다. 내가 그의 이름을 불러주었을 때 그는 나에게로 와서 꽃이 되었다." 내(인간)가 꽃(사물)에 언어로 의미를 부여합니다. 인간에게 그런 능동적 주체성이 있다는 것입니다. 인간이 의미를 만드는

주체라는 전제는 현상학이나 해석학에서 자주 등장하는 휴머니즘 기반의 관념론입니다.

언어와 사물 관계도 전통적인 사유방식이 있어요. 언어(적 의미)가 사물(의 속성)을 정확하게 반영하거나 지시한다고 보는 것이죠. 사물의 본질을 언어(적 의미)가 담고 있다는 실재론realism의 입장이기도 합니다. 실재론은 실재하는 세계가 독립적으로 어딘가 존재한다는 형이상학적 관점입니다. 유물론materialism은 여기서 더 나아갑니다. 존재하는 모든 세계는 물질적이며 정신적인 것도 물질에 의존하여 형성된 것으로 봅니다. 그런 사물의 물질적 속성을 언어가 반영하거나 지시한다는 입장도 유물론적 세계관입니다.

소쉬르의 구조주의는 [그림 1-1]에서 왼쪽의 '주체'와 오른쪽의 '사물'을 모두 떼어내고 결국 언어만 남깁니다. 그러면 언어의 내적 구조만으로 의미가 생성된다고 봅니다. 인간주체가 창조주가 되어서 의미를 부여하는 것이 아닙니다. 사물의 본질이 언어로 반영되고 지시되는 것도 아닙니다. 소쉬르는 그와 같은 언어에 관한 전통적인 관점을 폐기합니다. 그리고 우리의 의식이나 세상의 질서는 구조화된 언어사용의 효과라고 봅니다.

랑그langue와 파롤parole

랑그는 우리가 파롤로 소통하도록 돕는 심층 차원의 규칙체계입니다. 말이 좀 어렵나요? 랑그는 공통적이고 초개인적인 '언어체' 혹은 '언어능력language competence'으로 볼 수 있습니다. 그럼 파롤은 '발화체', 혹은 '언어수행language performance'으로 보면 됩니다. 랑그의 규칙은 일종의 '코드'처럼 우리가 실제로 사용하는 파롤의 원리가 된다고 보면 되겠네요.

파롤은 개별적인 언어사용, 혹은 특별한 스타일이기도 합니다. 영국인과 다른 미국인의 영어 발음, 제주도 거주민의 방언, 동일 지역이라도 변호사와 같은 직업이나 기독교인 정체성이 드러나는 스타일 등이 모두 파롤에 해당됩니다. 소쉬르는 파롤의 형태가 너무나 다양하기 때문에 파롤을 생성하는 규칙체계, 즉 랑그에 관심을 두었습니다. 음악 연주로 설명하자면 악보가 일종의 '랑그' 역할을 하는 셈입니다. 그걸 두고 베를린 필 하모니 교향악단에서나 부산 지역 대학생 교향악단에서 서로 다르게 파롤(연주)을 수행하는 것이죠.

'큰 규칙'으로 보이는 랑그와 개별적이고 특수한 실천의 파롤이 애매하게 구분된 것으로 보일 수 있어요. 어디서는 '당위적인 사실'이나 '필연적 규칙'이지만 다른 공간에서는 또 다른 해석의 여지가 있거나 바뀔 수 있는 규칙으로 인식될 수도 있거든요. 그런 점에서 필연성의 랑그와 가능성의 파롤, 둘의 구분은 객관적으로 판단되지 않고 사용자 집단의 의식으로, 혹은 익숙한 사회적 관행으로 다소 모호하게 결정됩니다. 아무튼 소쉬르의 구조주의 원리로 보자면, 파롤이 실행되고, 파롤로 소통되려면, 랑그라는 질서가 필요합니다. 구조주의는 보이고 들리는 표층의 현상을 심층의 체계로 이해하는 사유방식입니다.

통합체syntagm와 계열체paradigm

소쉬르가 추론한 또 다른 이분법적 구조는 '통합체-연합관계'입니다. 추후에 소쉬르 언어학을 계승한 로만 야콥슨Roman Jacobson은 이걸 통합체-계열체란 용어로 정비하기도 합니다. 통합체는 흔히 결합체란 용어와 상호교차적으로 사용됩니다. 의미가 만들어지는 정신활동의 두 가지 축을 통합체와 계열체로 보면 됩니다. 의미는 축을 채우는 요소들이 바뀌면서 만들어집니다. 앞서 우리가 하는 말이 랑그에 기반을 둔 파롤이라고 했습니다. 그럼 파롤 차원에서 통합체로 의미가 전달될 수 있는 일정한 순서가 배열됩니다. "You like pizza"라는 문장은, 'you', 'like', 'pizza'라는 인접된 어휘가 차례대로 결합된 것이죠. 'like' 어휘 하나만 놓고 보면 'l', 'i', 'k', 'e'가 통합적으로 결합된 것입니다. 그런 통합체의 개별적 위치에서 다른 요소가 교체될 수 있고 그걸 계열체라고 부릅니다. 예를 들어 "You like pizza" 문장에서 'You' 자리에는 다른 요소인 'I' 혹은 'We'가 교체될 수 있죠. 또 'pizza' 자리는 음식에 관한 다른 요소인 'salad' 혹은 'sandwich'가 교체될 수 있습니다. 아래 [그림 1-2]에서 비슷한 영어문장들이 어떤 통합-계열의 요소들로 구성되어 있는지 쉽게 이해할 수 있습니다.

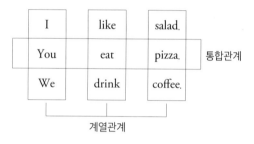

[그림 1-2] 계열체와 통합체 예시

통합체 안에서 계열의 요소들이 선택적으로 채워지면서 통합체로 구성되는 관념에 영향을 끼칩니다. 예를 들면, "salad"를 좋아한다는 계열 요소가 선택되면서 그가 채식을 좋아하는 사람이라고 추론할 수 있습니다. 소쉬르는 파롤의 인접 관계를 통합체로 이해했고, 통합체적 관계는 계열체적 관계로부터 변화한다고 보았습니다.

또 다른 예시는 레스토랑에서 식사를 주문하는 행위에서 찾을 수 있습니다. 음료, 전채, 주요리, 후식 등의 인접 요인으로 연결된 통합축의 주문 행위는 계열적 선택을 하도록 유도됩니다. 주문 행위의 통합 관계를 논리적으로 이해하고 있다면 레스토랑에서 각 계열마다 복수의 요소가 왜 나열되어 있는지 이해하는 것입니다. 계열 간 차이와 계열 내부의 유사 항목을 이해한다면 어디서도 무난하게 음식을 주문하는 (통합적) 행위를 마칠 수 있습니다.

우리는 살아가면서 통합관계의 축에 따라 여러 가지 계열적 선택을 합니다. 그걸 제대로 이해하고 있다면 우리는 자신에게 부여된 통합체적 의미구조가 어떤 것인지 이해할 수 있습니다. 나뿐만 아니라 모순적이고 복잡하게만 보이는 상대방, 어떤 집단, 혹은 공간의 정체성도 파악할 수 있습니다. 문화텍스트를 탐구할 때 이와 같은 원리로 사회구성원들이 특정한 계열적 선택을 왜 선호하는지 알 수 있습니다.

흔히 전통적 서사가 통합적 관계에 비중을 크게 두는 반면에 새롭게 부상한 미디어나 콘텐츠는 계열적 선택정보를 강조하는 편입니다. 한때 큰 인기를 끌었던 KBS 방송의 〈개그콘서트〉도 그랬습니다. 시트콤 드라마, K-pop 콘텐츠, 온라인 게임 서사 등이 계열체 정보에 어떻게 비중을 두고 있는지 나중에 설명하겠습니다.

공시성synchronicity과 통시성diachronicity

이항의 구조에 대해 논의할 때 공시성과 통시성의 구분도 빼놓을 수 없습니다. 공시성은 '현재'라는 시간의 속성으로 이해하면 됩니다. 어떤 메시지가 전달될 때 해당 기표에 결합된 기의는 현재 시점의 언어사회에서 통용됩니다. 반면 통시성은 특정 기표에 결합된 기의의 역사적 변화와 관련된 속성입니다. 기표와 함께 기의도 시간의 흐름에 따라 달라질 수 있으니까요. 의미는 공시성과 통시성을 교차적으로 갖고 있어요. 통시성에 비중을 둔다면 역사적 흔적으로 설명될 수 있는 언어의 변화를 주목하는 것입니다. 통시성을 탐색한다면 시간의 흐름에 따른 변화, 발전, 진보의 과정을 파악할 수 있습니다. 역사적 의미는 시간 순서로 조직되고, 점진적이든 급진적이든, 계속 앞으로 나아가는 방향성을 갖는다고 전제됩니다. 소쉬르는 통시성보다는 공시적 구조가 지닌 무시간성timelessness에 주목했습니다. 역사적으로도 언어의 구조는 크게 변하지 않았다고 보았습니다. 소쉬르는 19세기까지 관행이었던 통시론 기반의 연구, 역사주의 언어학을 비판하고 공시론synchrony 기반의 구조주의 언어학을 개척했습니다. 그는 특정한 시점의 관계적 총합이 랑그에 속할 수 있다고 보았습니다. 그리고 기표와 기의로 언어의 공시적 체계를 찾는다면 어느 시점에서든 전체를 파악할 수 있는 요인들의 관계구조를 보편적으로 추론할 수 있다고 보았습니다. 어때요? 논점이 그럴듯하죠.

그래서 공시태synchronie 연구자는 여러 요소들이 하나의 의미체계 안에서 어떻게 긴밀하게 결합되는지 주목합니다. 정태언어학(공시언어학)은 통시언어학의 도움이 없더라도 특정한 시기나 지역에서 자료를 수집하면서 독자적으로 언어구조를 연구합니다. 특정한 구조를 객관적으로 기술description하기에 기술언어학으로도 불리며, 구조의 층위나 변이형을 탐색하기 때문에 구조언어학은 추후에 변형생성문법 연구로 연결됩니다.

이에 반해 언어의 변화를 탐색하는 통시론diachrony 연구자는 시간의 흐름에 따라 언어가 달라지는 양상을 추적합니다. 소쉬르라고 세월이 흘러가면서 세상이 변한다는 것을 모르지 않았을 겁니다. 그렇지만 그는 단지 변한다는 것만으로는 보편과 본질의 논리를 찾기 어렵다고 보았죠. 그렇게 누구에게 제대로 알려줄 수도 없는 변화라면 그건 별것 아닌 변화나 다름없다는 것이 소쉬르의 주장이었습니다.

변한 것을 기술하는 것만으로는 이론이 될 수 없습니다. 변화가 중요한 것이 아니라 변화의 논리, 혹은 변형의 구조를 설명하는 것이 소쉬르의 관심이었다고 할까요. 소쉬르는 현재 시점의 공시론을 주목하면서, 변화 역시 공시론적 구조 안에서 발생한다고 보았습니다. 통시언어학은 진화언어학이라고도 불리는데 때에 따라 변화하는 언어의 단면을 연구하기 때문입니다. 이것 또한 체계화된 공시언어학의 도움을 받지 않을 수 없죠.

공시적 언어구조를 탐구하면 우리가 만나고 있는 세상을 구조로 이해하는 데 통찰력을 줍니다. 예를 들어, '영어말하기시험으로 글로벌 인재를 선발하고 배치하는 교육문화'를 일종의 공시적 언어구조로 파악한다고 합시다. 연구자는 그 안에 존재하는 요소들이 서로 관련되어 있다고 상정합니다. 영어와 비영어, 말하기와 다른 언어능력, 시험 기반의 고부담 및 저부담 의사결정, 글로벌과 토종 등과 같은 요소들이 서로 상대적인 관계를 맺으면서 의미가 만들어진 것으로 봅니다. 해당 문화현상이 본질적이고 영구적인 의미체계로 고정되어 있다고 보지 않습니다.

소쉬르 언어학, 언어에 관한 상식을 깨다

이제 소쉬르의 논점이 언어에 관한 상식과 어떻게 충돌하는지 설명하겠습니다. 소쉬르의 구조주의 언어학, 제1의 원리인 '자의성의 체계'와 제2의 원리인 '차이의 체계'에 관한 내용입니다. 가급적 우리 일상에서 발견할 수 있는 상황을 예시로 들겠습니다.

언어에 관한 상식

인간이 말로 대상을 정확하게 지시하거나 재현한다는 상식은 소쉬르 언어학으로부터 반박됩니다. 앞서 소쉬르 언어학이 기존의 지시이론이나 실재론과 거리를 둔다고 설명했습니다. 언어는 지시하는 대상과 본질적으로 결속되지 않았으며 다른 언어와 관계를 가지면서 의미가 만들어집니다.

태희가 '인싸', 지현은 '아싸'란 의미를 갖게 된 이유이기도 합니다. 백색이 아닌데 백포도주가 되고, 적색이 아닌데 적포도주가 되는 것도 마찬가지입니다. 각각의 포도주에 특정하고도 영구적인 본질은 없어요. 즉, 실제 색깔은 백색도 아니고 적색도 아닌데 적포도주가 있으니까 백포도주가 되고, 백포도주가 있으니까 적포도주가 되는 것이죠. 하나의 기호는 다른 기호와 맺고 있는 관계로 기호의 '가치'가 만들어집니다. 구조는 개별적인 기호의 속성보다 앞서 존재한다고 봐야 해요.

벨기에 화가 르네 마그리트Rene Magritte의 파이프가 그려진 작품을 다들 알 겁니다. 그런데 작품의 제목이 〈이미지의 배반: "이것은 파이프가 아니다"〉입니다. 이 그림은 파이프라는 대상을 나름대로 재현하고 있지만 파이프 자체일 수 없습니다. '이것'이 가리키는 대상의 해석은 다양할 수 있기 때문입니다. '이것'이 가리키는 것은 파이프 그림일 수도 있고, 그림 전체일 수도 있습니다. 파이프의 그림은 그저 그림일 뿐이며 지시는 모호합니다.

그런데 우리는 세상에 드러난 언어나 기호가 대상을 임시적이고 부분적으로 재현한 것이라고 좀처럼 생각하지 못해요. 글자, 그림, 사진, 광고의 영상이 마치 대상의 속성을 정확하게 지시하고 재현한 것으로 인식합니다. 대니얼 챈들러Daniel Chandler의 《미디어 기호학》을 보면 그와 관련된 재미난 예시가 많아요. 예를 들면, "선생님, 저놈들 보십시오. 저러니 돼지라는 소리를 듣죠"라는 문장은 올리버 헉슬리Oliver Huxley의 소설,《크롬 옐로》5장에서 늙은 농부가 돼지를 손가락질하며 말하는 장면에 나오는 대사입니다. 농부는 돼지가 '돼지'니까 '돼지'로 불린다고 말합니다. 즉, '돼지'라는 기표는 돼지라는 대상을 정확하게 지시한다고 전제하는 것이죠. '돼지'라는 대상은 돼지의 본질적 속성을 가지고 있다고 전제되는 것이고요.

인기리에 방영되었고 아직도 회자되는 드라마 〈대장금〉에도 비슷한 대사가 나옵니다. 수라간 궁녀로 일하는 주인공 장금에게 어떤 양념이 요리에 들어갔는지 상궁이 물어봅니다. 장금이 홍시의 맛이라고 대답했는데 왜 홍시라고 생각하냐는 상궁의 물음에 이렇게 다시 말합니다. "홍시 맛이 나서 홍시라 생각한 것이온데, 왜 홍시냐고 물으시면…."

장금은 홍시라는 기표가 어떤 맛의 분명한 본질이라고 확언합니다. 그 맛이 홍시가 될 수 있는 것은 장금이를 포함한 당시 사람들이 홍시라는 언어로부터 연결된 관념을 동일하게 부여했기 때문입니다. 늙은 농부에게 돼지가 돼지라서 돼지인 것처럼, 장금에게도 홍시가 홍시라서 홍시인 것이죠.

이와 같은 주술적 언어관은 우리 일상에서 빈번하게 발견됩니다. 예능 방송 〈무한도전〉에서 출연자들이 한발 뛰기 게임을 하기 전에 먼저 편을 나누는 장면이 나옵니다. 그런데 손바닥의 앞면이나 뒷면을 함께 내밀고 편을 정하는 게임의 이름이 지역별로 달라요. 노홍철은 '데덴찌'가 맞는 표현이라고 하고, 정준하는 '덴찌 후레찌'가 맞다고 주장합니다. 정형돈은 '덴디'라고 하고, 유재석은 '뒤집어라 엎어라'와 같은 이름을 제시하며 자신의 말이 맞다고 서로 다툽니다.

물론 웃자고 만든 예능 방송이지만 우리는 정말 그렇게 생각하곤 합니다. '데덴찌'와 같은 기표가 해당 행위의 관념을 정확하게 지시하는 것이라고 믿습니다. 고작 자기 지역이나 특정 도시에서만 사용하는 기표일 뿐인데도 그렇게 생각하지 못해요. 노홍철은 그 게임이 '데덴찌'이기 때문에 '데덴찌'가 되어야 하고 결코 '덴찌 후레찌'가 될 수 없다고 강하게 주장합니다. 우리는 언어의 본질적 개념을 상정하고는 그렇게 자주 생떼를 씁니다.

　　이와 같은 생떼는 어린아이들의 신념체계에서 가장 잘 드러납니다. 다음은 언어발달학자 장 피아제Jean Piaget가 주목한 9살 어린이와 교사의 대화입니다. 여기 나타난 '명목적 실제관'은 사실 어린아이에게만 적용되는 건 아니예요. 주술적인 세계관을 가지고 있거나 원시사회에 살았던 언어사용자, 정신질환자, 심지어 비판적으로 언어교육을 제대로 받지 못한 성인까지도 언어와 대상을 늘 동일한 것으로 본질화시키죠. 대화를 한번 보세요.

교사　해를 달이라고 부르고 달을 해라고 부르면 안 될까?

아이　안 돼요.

교사　왜 안 되는데?

아이　왜냐하면 해는 달보다 환하니까요.

교사　하지만 처음부터 사람들이 해를 달이라고 부르고 달을 해라고 불러왔다면 우리들이 그걸 어색하다고 생각할까?

아이　그럼요. 해는 언제나 달보다 크잖아요. 해는 언제나 클 거고 달은 언제나 작을 거니까요.

교사　그래. 하지만 해는 그대로 두고 이름만 바꾸는 건데?

아이　안 돼요. 달은 저녁에 뜨지만 해는 아침에 뜨는걸요.[1]

아이는 '해'와 '달'이란 기표가 어떤 본질적 속성을 가지고 있다고 믿고 있어요. '해'는 '해'니까 '해'이어야 한다는 것이죠. 아이들은 '아빠'라는 단어가 힘이 센 '아빠'에게 맞는 기표이고 '엄마'라는 기표가 '아빠'에게 어울리지 않는다고 생각합니다. 아이에게 '엄마'라는 발음과 어휘는 작고 부드럽고 따뜻하게 느껴지고, '아빠'라는 기표는 상대적으로 크고 강하게 느껴집니다. 언어와 그것으로 재현되는 대상이 구분되지 못하는 것이죠.

윌리엄 셰익스피어William Shakespeare의 희곡 중 하나인 《햄릿》을 보면 "연극의 목적은 옛날이나 지금이나 거울처럼 세계를 비추는 것이다"[2]라는 구절이 나와요. 그런데 연극은 정말 거울의 역할만 하는 것인가요? 소설, 영화, 광고로부터도 동일한 질문을 할 수 있습니다. 거기 언어는 모두 세상과 내면을 거울처럼 비추는 도구일 뿐인가요?

작품을 쓰고, 읽고, 의미를 전하고 공유하는 것은 일종의 의미작용으로 볼 수 있지 않을까요? 소설이나 연극이 객관적이고 고정적으로 존재하는 실재를 거울처럼 반영하기보다는 하나의 작품으로 세상을 능동적으로 구성하는 의미화 작업에 참여한 것 아닐까요? 만든 작품과 실재로 존재하는 세상이 분리될 수는 없습니다. 작품으로 세상이 구성되고, 세상이 곧 작품을 빚어내는 것이죠. 거기에 드러난 기표와 기의는 뗄 수 없는 동전의 양면이면서 그것의 모든 총합이 우리가 살고 있는 세상입니다. 문학 작품이 객관적으로 존재하는 세상의 반영물일 수는 없죠.

이처럼 지시하고 지시되는 의미에 관한 가장 전통적인 사유방식 중 하나가 '세상(사물)이 언어와 독립해서 존재한다'는 논리입니다. 이걸 언어에 관한 실재론의 입장으로 보면 됩니다. 반면 소쉬르는 사물이 언어보다 먼저 존재하고 언어가 나중에 등장해서 대상의 이름이 생긴 것으로 보지 않았습니다. 오히려 우리가 살아가는 현실은 언어사용의 결과이며, 언어로부터 구성된 세계라고 본 것이죠.

'현실세계는 언어(사용)의 산물'일 뿐이라는 소쉬르의 급진적 관점을 모두 받아들일 필요는 없지만 말과 사물(지시대상) 사이에 직접적인 관련성이 없다는 논점은 진지하게 다뤄볼 필요가 있습니다. 그렇지 않다면 언어보다 먼저 존재하는 객관적인 세계를 우리는 '순진하게' 인정할 수밖에 없습니다. 그럼 언어의 기능이라곤 객관적인 세계를 거울처럼 비추는 도구에 불과한 것입니다.

소쉬르 언어학의 원리 1: 자의성의 체계

이제 세상과 언어의 관계를 새롭게 바라본 소쉬르 언어학의 제1원리부터 살펴봅시다. 첫 번째 원리는 언어의 자의성arbitrariness입니다. "기표와 기의의 관계가 필연적이지 않고 자의적이다." 즉, 자유롭게 결합한다는 것이죠. 관습적으로 사용되면서 기표와 기의는 당연한 관계로 보이지만 기표와 기의는 서로 동기화된 것이 아닙니다.

앞에서 내가 의미를 이해하는 전통적인 방식은 실재론의 관점을 따른 것이라고 설명했죠? 소쉬르는 그런 실재론과 거리를 둔 반실재론자인 셈이죠. 자의성의 원리는 간단해 보이지만 적용의 폭은 넓습니다. 언어로 새로운 세상을 상상할 수 있는 지적 토대가 됩니다.

교수   성식과 원영, 둘이 지금 서로 좋아하고 결혼을 할 수도 있을 텐데요. 이런 말을 해서 좀 미안하긴 하지만 헤어질 수도 있다고 보나요?

성식   저희는 안 헤어질 겁니다.

교수   아, 미안해요. 물론 헤어지지 않고 백발 노인이 될 때까지 지금처럼 사랑하면 제일 좋은데요. 내 질문은… 헤어질 수도 있다고 생각은 하세요?

성식 아… 그런 생각은 아예 해보지 않아서….

좋아하는 남녀가 굳이 헤어질 생각을 앞서 할 필요는 없죠. 그래도 오늘은 아니라도, 언젠가 헤어질 수도 있고, 서로 마음이 변할 수 있고, 다르게 살아갈 수도 있다는 의미체계를 수용한다면, 둘은 사랑에 관한 기표와 기의를 고정적이거나 당연한 속성으로 묶지 않는다는 것입니다. '사랑'뿐만 아니라, '행복'이든, '성공'이든, '맛있는 음식'이든, '편안한 집'이든 언어의 자의성을 인정하게 되면 새롭고도 개방적인 의미체계로 살게 됩니다.

자기들 만남이 운명적이라며 절대 변하지 않을 것이고 헤어지지 않을 것이라고 장담하는 커플이 있어요. 그런데 그걸 소쉬르적 통찰력으로 보자면, 서로 만나서, 결혼하고, 일하고, 살아가는 의미를 특정한 기표-기의로 동기화시켜서 고정시킨 셈입니다. 그럼 어떤 일이 일어날까요? 아프기도 하고, 늙기도 하고, 직장이 바뀌거나, 일을 중단하거나, 가정 구성원의 변화가 있을 수도 있지만, 둘의 사랑은 고정된 의미, 영원한 운명, 본질적 가치로만 해석되어야 합니다. 그 커플은 어쩌면 폐쇄적이고 폭력적인 의미체계 안에 갇히게 됩니다. 이건 나중에 좀 더 자세히 설명할게요.

그보다는 소쉬르가 '상대적 자의성'을 언급한 것부터 이야기하겠습니다. 자의성의 원리만을 적용할 경우 우리의 소통은 불가능할 수도 있어요. 언제나 자의적이기만 하다면 언어는 예측가능한 구조로 이해될 수 없고 언어를 이용한 의사소통은 가능할 수가 없죠. 소쉬르는 자의성 원리에서 벗어난 언어사용의 관습도 언급했습니다.

한국어에서 쉬운 예시를 찾아보면 다음과 같아요. 감탄사와 같은 기표는 구체적인 감정에 의해 동기화된 기호입니다. 의성어도 소리에 의해 동기화된 속성이 있어요. 닭의 울음소리가 한국에서는 '꼬끼요'로, 프랑스에서는 '코께리코'로 표현된 것을 보면 여전히 사회적 관습이 작동하면서 기표-기의가 결합된다고도 볼 수 있죠. 한국어 어휘 중에는 생선 이름이 '꽁치', '멸치', '삼치', '날치'처럼 '치'의 음절로 종결되는 예시가 있습니다. 이것만 봐도 생선을 지시하는 기표-기의 관계가 완전히 자의적으로만 작동된다고 보기 어려워요. 물론 명천이라는 지명과 파는 사람의 이름을 합친 '명태', 뜻을 굽히지 않겠다는 '굴비'와 같은 생선도 있기 때문에 어떤 식으로든 자의성의 원리가 적용되긴 합니다.

이걸 좀 멋있게 말해보자면, 기표-기의 관계는 존재론적으로 자의적일 수 있는데 사회역사적으로는 자의적이지 않을 수 있습니다. 선천적으로는 자의적이지만 결국 자의성을 잃어버린 것이죠. 예를 들면, 신호등의 빨간색-초록색 기호는 자의성의 원리가 적용된 것입니다. 그러나 또 한편으로 생각해보면, 불, 피, 붉은 노을, 어둠 등의 사회역사적 사건으로부터 신호등에서 '위험'의 의미는 빨간색으로 동기화되었을 수도 있겠네요. 그런데 또 중국과 같은 국가에서 빨간색이 '위험'보다는 '권위', '멋', '존경'의 의미를 갖기도 하니까 자의성 원리는 논쟁의 여지가 있습니다.

어쨌든 자의성 원리가 기표와 기의가 연결되는 관계성에 작동하는 것은 분명합니다. 사회역사적으로 상대화시킬 수 있는 것이죠. 기표는 자유롭게 선택되는 것처럼 보일지 모르지만 강요되는 것일 수 있어요. 여기서 이런 까다로운 질문을 해볼 수 있습니다. '기호의 자의성은 얼마나 상대적인, 혹은 절대적인 원리일까요?' 기표가 기의를 지시하는 데 어떤 규칙이 작동한다면, 일종의 '코드'가 나름의 독립적인 원리로 사용되고 있는 것입니다. 상징적인, 혹은 내포적인 의미체계가 다뤄져야 하고 그렇게 되면 소쉬르의 구조주의 이론은 수정되어야 합니다. 이건 나중에 더 다루겠습니다.

소쉬르 언어학의 원리 2: 차이의 체계

두 번째 원리는 앞선 '자의성의 원리'와 연결되어 있어요. 의미는 대상 자체만의 고유한 속성에서 나오는 것이 아닙니다. 백포도주와 적포도주, 혹은 인싸와 아싸 예시에서 본 것처럼, 관계적 '차이'로, 혹은 부정적인 논리('A와 다른 B')로 규정됩니다. 간결하게 말하면, 기표간의 '차이'로 의미가 만들어지고 유지됩니다.

'사랑'이란 말(기표)은 비슷하더라도 음성적 차이가 있는 '사탕', '사장', '사람' 등과 구분되면서 '사랑'이라고 하는 기의로 연결될 수 있습니다. '강아지'라는 기표가 강아지라는 개념을 떠올리는 것은 기표가 강아지의 속성을 정확하게 지시하기 때문이 아닙니다. '강아지'라는 기표와 구별되는 '고양이'와 같은 다른 기표들과의 차이로 강아지의 개념을 갖게 됩니다. 기표인 신호등의 빨간불이 '멈춤'의 의미를 가지는 것은 빨간불이라는 기호에 '멈춤'이란 의미가 본질적으로 들어있는 것이 아니죠. 횡단보도에서 빨간불은 '초록불이 아니기 때문에' 빨간불의 의미를 갖습니다. 빨간불과 빨간불이 아닌 또 다른 불, 즉 초록불의 관계를 통해 '멈춤'의 의미를 가집니다.

관계의 차이로 의미가 만들어질 때 차이 중에서도 '부정적'이고 '대립적'인 속성이 분명하게 드러나는 점도 주목해야 합니다. '남성'의 의미는 '남성이 아닌 여성'과의 관계로 정의됩니다. 남성이 아닌 속성 중에서 남성인 것과 선명하게 대립되거나 부정되는 것이 사용됩니다. '이성'이 무엇인지 의미를 만들려면 '이성이 아닌 것', 즉 '비이성(광기)'을 떠올립니다. '성스러운 것'의 의미는 '성스럽지 않은 것', 즉 '세속적인 것'의 관계를 통해 규정됩니다. 이처럼 차이의 원리를 적용하면 언어에 절대적 가치를 부여하기 힘듭니다. 의미가 차이에 의해, 즉 관계에 의해 규정되는 걸 두고 의미화과정signification이라고도 부릅니다.

[그림 1-3] 실용영어 광고에 적용된 의미화과정(조선일보)

위 삽화를 예시로 들어 차이의 원리를 설명하면 다음과 같습니다. 기존 영어교육과 달리 말하기교육을 강조하는 '실용영어'에 새로운 의미를 부여하고 있는 현장입니다. 이전에 성행한 시험준비교육, 혹은 읽기와 듣기만 주로 하던 영어교육을 비판합니다. 그런데 삽화에 나오는 새로운 영어교육의 기의는 어떤 기표들의 차이로 생성되나요? 드러난 기표를 점검하면 왼편 여성과 오른편 남성으로부터 이항의 차이점이 분명하게 드러납니다. 검은색 머리-노란색 머리, 작고 찡그린 눈과 얼굴-크고 웃는 눈과 얼굴, 조금 열린 입-크게 열린 입, 뒷짐 진 팔-양쪽으로 벌린 팔, 굽은 등-곧게 선 모습까지 모든 건 이항으로 구분되어 있습니다. 차이의 관계로부터 '실용영어교육'에 관한 의미가 새롭게 만들어지고 있습니다.

넷플릭스 드라마 〈오징어 게임〉의 포스터에도 차이의 체계가 분

[그림 1-4] 등장인물들의 이항적 차이가 잘
드러나는 〈오징어 게임〉 포스터(넷플릭스)

명하게 보입니다. 양편의 진영이 초록색과 분홍색의 색깔로 구분되어
있어요. 또 맨 얼굴이거나 마스크를 쓴 모습으로도 구분됩니다. 좌측
진영은 빈손이고 우측 진영은 총을 들고 있습니다. 드라마의 여러 장
면에서 등장인물들은 성별이나 재산 유무, 혹은 명령을 지시하거나 따
르는, 죽이고 죽임을 당하는 이항적 차이가 잘 드러납니다.

자의성과 차이의 원리로 의미가 만들어지는 예시

이항의 구조, 자의성과 차이의 원리에 대해서 충분히 설명한 것 같네
요. 이제 본격적으로 우리가 살아가는 세상에서 이와 같은 구조주의
원리가 어떻게 나타나고 있는지 살펴보겠습니다. 주변 경관이나 대중
매체에서 예시를 찾아보겠습니다.

[그림 1-5] 112 장난전화에 관한 공익광고

먼저 내가 출근을 하면서 늘 보는 고속터미널 근처 공익광고판을 갖고 설명하겠습니다. [그림 1-5]를 한번 보세요. 예진도 학교로 올 때 이걸 늘 볼 텐데 내가 질문을 한번 해보죠.

교수　이건 뭐 딱 봐도 112에 장난전화를 하지 말라는 공익광고인데요. 사람들이 장난전화를 많이 하니까 이런 광고판이 고속터미널에 붙어 있겠죠. 예진, 112에 장난전화를 하는 사람이 정말 이렇게 생겼을 것 같아요?

예진　그런 사람을 안 만나봐서 모르겠는데요.

교수　그럼 여기 광고판에 있는 장난전화를 하는 사람이 어떻게 생겼나요? 좀 자세히 묘사해줄래요?

예진　뭐, 너저분한 머리, 머리숱은 많지 않고, 치아도 고르지 못하고, 동그란 얼굴과 팔자주름, 빨간색 후드티를 입었는데 지퍼를 열어 둔 모습이고….

교수　예진, 다시 물어볼게요. 솔직하게 말해줘요. 112에 장난전화를 하는 사람이 정말 이렇게 생겼을 것 같아요? 아니면 아주 단정하고 예쁘거나 잘생긴 사람일 것 같아요?

교수　음, 솔직히 말하면 진짜로 그렇게 생겼을 것 같아요.

그렇습니다. 112에 장난전화를 하는 사람이 위 광고판의 남성처럼 생기지 않았을 것이라고 생각할 수도 있겠지만 우리는 대개 예진처럼 생각합니다. 하지만 누군가가 위의 광고판의 남성처럼 생겼다면, 혹은 비슷한 옷차림이나 머리 모양을 하고 있다면, 그는 억울할 뿐입니다. 치아가 고르지 못하고 후드티를 대충 걸쳐 입고 머리숱이 없는 남성에 대한 편견은 좀처럼 사라지지 않습니다.

진짜로 장난전화를 하는 사람은 어떻게 생겼을지 궁금합니다. 잘생긴 남자도 있지 않을까요? 여자도 있겠죠. 나이 많은 노인이나 어린 꼬마도 있겠죠. 그런데 우리는 그렇게 생각하지 못합니다. 장난전화를 하는 인물의 기의는 우리에게 반복적으로 노출된 기표로만 연결되기 때문입니다. 소쉬르 언어학의 원리로 보면, 장난전화를 하는 인물에게 배치된 기표는 다분히 자의적입니다. 광고판 인물의 기표와 실제로 장난전화를 하는 인물의 관계는 필연적이지 않을 것입니다.

자의성의 원리 못지않게 차이의 원리도 해당 광고의 의미 형성에 기여합니다. 장난전화를 하는 남성의 기호는 함께 등장하는 경찰의 기호와 분명한 '차이'가 있습니다. 경찰은 장난전화를 하는 남성의 위쪽에 나옵니다. 왼쪽 무릎을 차올리며 큰 보폭으로 달리는 옆 모습, 흰색과 검은색 제복을 단정하게 입고, 모자를 쓰고 얼굴이 가려진 기표가 선택되어 있어요. 장난전화를 하는 아래의 남성은 그런 경찰의 기표와 비교되면서 부정항의 관계로 구분됩니다. 경찰과 장난전화를 하는 남성의 기표는 이항대립으로 분명한 '차이'를 드러냅니다.

장난전화를 하는 주체만 등장했다면 부정항의 차이가 지금처럼 선명하게 드러나지 않았을 것입니다. 단정한 경찰의 기표가 병렬로 붙어 있기 때문에 장난전화를 하는 남성의 단정하지 않은 기표가 보다 선명하게 어떤 의미를 만들 수 있는 것입니다. 대립적 기표들의 '차이'가 하나의 광고에 동시에 드러났기에 의미는 그만큼 분명하게 만들어집니다. 다시 강조하지만 장난전화를 하는 인물의 기표는 장난전화를 하는 실제 인물을 정확하게 (혹은 본질적으로) 지시하지 않습니다.

이렇게 만들어진 의미는 장난전화에 관한 공익광고에서만 사용되진 않겠죠. '장난'전화, 관리되지 않은 머리, 고르지 못한 치아, 동그란 얼굴과 팔자주름, 지퍼가 열린 후드티에는 부정적인 의미 속성이 함축됩니다. 자신의 모습에 그와 같은 기표가 배치된 사회구성원이라면 이제 헤어스타일을 관리하든가, 후드티를 엉성하게 입지 말든가, 치아를 교정해야 하는 압박감을 갖습니다.

상대적으로 경찰, 제복, 빠르고 역동적인 혹은 바빠 보이는 동작, 위쪽에 위치한 대상은 사회적으로 긍정항을 갖게 됩니다. 대립된 부정항의 기표에서 긍정적으로 수용되거나 보상되어야 할 가치가 나타납니다. 달리 말하면 제복을 입지 않은 경찰, 바쁘지 않은 경찰, 장난전화를 하는 경찰을 만나면 우린 놀라거나 경계하거나 분노하겠죠. 경찰에 관한 개념은 여기 광고판에서 재현되는 기표들로부터 자유롭지 못합니다. 사회적 질서는 그렇게 기표-기의의 자의적 결합, 혹은 기표의 관계적 차이로 만들어지고 확장됩니다.

[그림 1-6] 〈개그 콘서트〉 '크레이지 러브' 코너의 한 장면(KBS)

비슷한 예시를 TV 드라마, 영화, 코미디 프로그램 등에서 얼마든지 찾아볼 수 있습니다. 대중 매체에서 우리는 잘생긴 혹은 못생긴 사람을 쉽게 구분할 수 있습니다. 잘생긴 사람이라서 잘생긴 것이고 못생긴 사람이니 못생긴 사람일까요? 우린 늘 그렇게 생각합니다. 예를 들면, 〈개그콘서트〉의 '크레이지 러브' 코너에 나오는 두 여성만 봐도 그렇습니다. [그림 1-6]에 걸그룹 합류를 준비하는 한 사람은 섹시한 춤을 추는 예쁜 여성으로, 그와 대비되는 또 다른 여성은 우스꽝스러운 춤을 추는 못난 여성으로 선명하게 대비됩니다.

코미디 방송에서 '예쁘다'는 여성의 기표와 기의는 엄밀하게 보면 모두 자의적으로 결합된 것입니다. 예쁜 여성의 얼굴형은 갸름하고, 긴 생머리에 마른 체형이며, 흰색 블라우스를 입고 있습니다. 그런 기표는 예쁜 여성을 연상시키는 기의와 자의적으로 연결된 것이고 반복적으로 미디어에서 선택되고 배치됩니다.

자의성의 원리와 함께 차이의 원리로도 '예쁜' 그리고 '못생긴' 여성의 의미가 만들어집니다. '예쁨'과 '못남'의 고유한 속성이 무엇인지 분명하지도 않잖아요? 예쁘다는 여성(의 기표) 옆에 있는 못난 여성(의 기표)이 이항적 관계로 배치되면서 서로 구분된 의미가 만들어지는 것이죠. '길지 않고 짧은 헤어스타일', '세련되지 않고 촌스러운 옛날 옷', '조용하지 않고 떠들썩한 몸동작' 같은 부정항이 비교되면서 기표 간의 차이가 의도적으로 드러납니다. '예쁨'의 기표와 구분되는 차이 때문에, 혹은 반대로 '못생김'을 의미하는 기표와 구분되는 차이 때문에, '예쁜 여성' 혹은 '못생긴 여성'을 떠올리는 개념이 화면 위에서 손쉽게 만들어집니다.

내가 유튜브로 본 '크레이지 러브' 코너는 '소금 뿌린 지렁이'라는 부제가 붙었어요. 거기서 '못생긴' 여성의 춤은 관객의 반응이나 서사의 흐름으로 볼 때 촌스럽고 우스꽝스러운 속성으로 보입니다. 그런데 코미디가 아니라 시골을 다니며 어르신들과 이야기도 하고 춤도 추며 재미난 일화를 주고 받는 방송이라면 동일한 춤 동작의 기표라고 하더라도 '촌스러움'의 기의로 연결되지 않았겠죠. 오히려 젊은 사람이 나이 드신 분의 기분도 잘 맞춰 드리면서 호기있게 재미난 춤을 춘다고 칭찬을 받았을겁니다. 출연자, 시청자, 담당 PD, 어느 누구도 그것을 가리켜 '섹시한' 혹은 '섹시하지 않은' 춤이라고 말하지 않을 겁니다. 그런 춤의 기표라도 '크레이지 러브' 코너에서는 '재미난' 춤이 될 수 없고 '섹시하지 않고 촌스러운' 춤으로 의미화됩니다. 두 여성의 춤 동작이 서로 부정적이고 대립적으로 비교되면서 '섹시하고-촌스러운' 또는 '예쁘고-못생긴' 의미가 만들어집니다.

이와 같은 자의성과 차이의 원리는 코미디 방송에서나 적용될 수 있는 과장된 의미구성 방식이 아닙니다. 어떤 매체에서든 쉽게 발견됩니다. 인기드라마 〈또 오해영〉에 동명이인 여성 '인기 없는 오해영'과 '인기 많은 오해영'이 나옵니다. '인기 없음'과 '인기 많음'이란 기의는 두 여성을 재현하는 기표로 드러납니다. '인기 없음'은 부시시한 머리를 묶은 스타일, 안경, 구부정한 자세, 입을 다물고 인상을 쓴 표정의 기표로 연결되죠. '인기 많음'은 긴 생머리, 리본 핀, 곧게 선 자세, 웃는 표정의 기표로 연결됩니다. 둘의 기표는 같은 장면에서 자주 비교되고 서로에게 부정항이 되면서 차이를 일부러 드러내면서 '인기 없음'과 '인기 많음'으로 의미화됩니다.

이렇게 이항대립의 기표가 선명하게 구분되는 방식은 다이어트 광고방송에도 빈번하게 등장합니다. 감량 전 '뚱뚱한' 여성은 체형만 큰 것이 아닙니다. 자세히 보면 커다란 셔츠와 반바지를 입고 있고 표정도 어둡죠. 감량 후 '날씬한' 여성은 지방만 빠진 것이 아닙니다. 몸매가 드러나는 레깅스나 짧은 반바지를 입고 있고 옷 색깔도 화려하고 화장까지 한 밝은 얼굴을 하고 있습니다.

선과 악이 명시적으로 대립하는 영화도 마찬가지입니다. 영웅인 배트맨과 악인인 조커는 선과 악의 기표로부터 둘러싸여 있습니다. 영화에서도 조커가 배트맨에게 "네가 나를 완성시켜You complete me"라고 말하는 장면이 나오는데 그게 내가 계속 설명하고 있는 소쉬르의 의미 구성 방식입니다. 해당 기표는 비교되고 대립되는 부정항으로부터 보다 선명하게 특정 기의를 떠올리게 하죠.

그렇게 보자면 춤을 못 추는 것, 청바지만 입고 다니는 것, 얼굴 색이 까만 것, 못생겼다는 외모, 촌스럽다는 브랜드, 맛이 없다는 식당 등의 언어/기호는 자의성과 차이의 체계로 의미화된 것임을 추론할 수 있어요. 거기에 분명 새로운 의미화 작업도 가능합니다. 자의성의 원리가 다르게 작동되는 맥락을 만나거나, 차이의 의미체계를 의도적으로 바꾸면, 다른 언어/기호로 의미화될 수 있습니다. 춤을 잘 추는 것이 별로 중요하지 않은 곳에서 춤을 추거나, 해변가로 이사를 하거나, 자신보다 더 못생긴 친구와 다니거나, 더 맛이 없는 식당이 바로 옆에서 개업하면 기존의 의미는 달라지거나 퇴색될 수 있습니다.

소쉬르 언어학으로 세상을 다시 바라보기

이제 소쉬르의 구조주의를 정리하면서 세상의 의미체계를 어떻게 바라봐야 하는지 설명하겠습니다. 소쉬르 언어학은 의미 생성에 관한 급진적 사유라고 했어요. 자의성과 차이의 원리에 대해서도 간단하게 소개했는데 이런 논리는 동일성의 철학, 혹은 본질을 다루는 기존의 철학과 전혀 다른 접근입니다. 그걸 좀 더 설명해보겠습니다. 그런 다음에 이와 같은 소쉬르 언어학이 어떻게 세상을 다르게 볼 수 있는지 살펴보겠습니다.

구조주의 의미체계

소쉬르식 사유는 '여성성'이란 본질, 혹은 '여성'이라면 누구나 공유하는 동일성을 반박할 수 있습니다. 어떻게 할 수 있죠? '여성이라면 누구나 공유하는 '여성성'의 본질이 원래 있었던 것이 아니다. '여성성'은 '남성성'과의 관계(차이)로 이항대립의 의미체계가 구성된 것이다.' 예, 그렇게 반박할 수 있겠죠. 그럼 '여성'이란 개별자의 동일성은 다르게 배치된 기표를 통해 지금까지와는 다른 개념으로 연결될 수 있어요. 형이상학이 추구했던 '보편적으로 설명할 수 있는 여성성이란 무엇인가?'라는 질문은 이제 관계성의 규칙체계, 혹은 차이의 기표에 의해 다뤄집니다. 이제 본질에 대한 철학적 질문이 언어의 문제로 전환되는 것이죠.

프랑스 철학자 미셸 푸코Michel Foucault의 《광기의 역사》에는 서구 근대 사회의 '이성'은 '비이성'과 대립항으로 구분되면서 의미화되었다고 나와요. 기득권력인 이성에 관한 담론/지식은 '비이성'을 질병으로 규정합니다. 정신병원을 짓고 그곳에 비이성의 인간을 감금하고 억압합니다. 이처럼 이성을 지배적 권력이 구조화한 의미체계로 의심하기 시작한다면 차이 너머에 있는 고정적이고 영구적인 이성의 속성은 없다고 생각할 수 있죠.

그런데 내가 '구조'라는 말을 지금 편의적으로 사용하고 있는데요. 소쉬르는 사실 '구조(주의)'라는 용어를 명시적으로 사용하진 않았어요. 그에 상응하는 개념으로 '체계system'를 자주 언급했죠. '가치value'라는 것도 소쉬르의 핵심 개념이었어요. 기호적 가치는 관계성, 그러니까 동일한 체계 안에 있는 다른 기호와의 관계에서 나온다고 보았죠. 의미가 그처럼 형식적 관계성, 혹은 체계성에서 나온다고 본 사유방식은 20세기부터 다양한 학문 분야의 탈인간주의, 구조주의, 후기구조주의,

포스트모더니즘 지적 풍토에 커다란 영향을 주었습니다.

물론 소쉬르 언어학이 한계도 있어요. 의미체계의 공시적 구조는 부각되었지만 언어사용의 통시성이나 사회성의 논점이 가려지기도 했어요. 그런 이유로 소쉬르 이론을 벗어나려는 학자들은 정태적으로 구조화된 의미체계에 틈을 내려고 했죠. 간단한 예시는 다음과 같습니다.

우선 정신분석학자 자크 라캉Jacques Lacan은 주체를 무의식으로 구조화된 언어적 구성물로 보았습니다. 그리고 프랑스 철학자 루이 알튀세르Louis Althusser는 이와 같은 라캉의 주체성 논점을 참조하면서 이데올로기(적 자아)도 구조의 속성으로 이해합니다. 이데올로기가 개인에게 말을 거는 '호명'의 언어행위를 통해 각자는 스스로를 주체로 인식하게 됩니다. 개인은 자신을 발화의 주어로 동일시하지만 사실 이데올로기로부터 무의식적으로 위치된 것입니다. 앞서 잠시 언급한 푸코는 언어구조를 '담론discourse'의 속성으로 설명했습니다. 권력/지식의 작용과 영향을 주고받는 텍스트 사용의 정치역사적 속성을 주목한 것이죠. 후기구조주의자인 자크 데리다Jacques Derrida는 언어구조에 시간(통시적 변인)의 개념을 포함시키죠. 의미는 고정되지 않고 시간이 흘러가면서 미끄러지듯이 운동한다는 차연différance의 개념을 언어구조에 끼워 넣은 것입니다. 이와 같은 이론은 모두 소쉬르가 창발적으로 제안한 구조주의를 한편으로 수용하면서 추가적인 논점을 보탠 것이죠. 롤랑 바르트의 신화론을 설명하는 7장에서 이데올로기적 의미에 대해 조금 더 다루겠습니다.

소쉬르의 구조주의는 개념적으로 다음과 같이 둘로 간단하게 요약할 수 있습니다. 첫째, 의미는 랑그라고 불리는 형식성, 혹은 규칙체계로 만들어집니다. 둘째, 구조는 개별요소보다 늘 앞서게 됩니다. 달리 말하면 사회구조가 만들어지면서 개인 혹은 개별성의 가치가 구성된다고 봐야 합니다. 하나씩 다시 부연하면 다음과 같습니다.

첫째, 의미는 관계적 구조에서 특정 형식을 배치하면서 만들어집니다. '신호등의 빨간불', '여성다움', '비원어민'과 같은 의미는 본질적 속성이 있는 실체라기보다는 '신호등의 초록불'과, '남성다움'과, '원어민'과 같은 대립되는 항과 비교되면서 의미화된 것입니다. '의미는 차이에서 나온다'라는 소쉬르의 유명한 명제는 형식성(의 차이)에서 의미가 생성된다는 주장입니다. 형식성으로 만들어지는 의미체계에 대한 그의 관심은 공시적인 의미체계, 즉 랑그에 관한 탐구인 셈이죠. 구조주의 언어학의 '구조'는 오직 랑그의 구조로 보면 됩니다.

물론 소쉬르 이후 학자들은 의미를 형식성으로만, 즉 랑그의 논의로만 단순화하지 않았어요. 실체의 내용적 의미가 분명하다면 형식만으로 의미가 도출될 수 없죠. 다만 실체에 지나치게 비중을 두면 기표 기반의 구조주의적 원리를 포기하게 됩니다. 이런 문제점을 의식하면서 덴마크 언어학자 루이 엘름슬레우Louis Trolle Hjelmslev가 해법을 내놓기도 합니다. 그건 나중에 자세히 설명하겠습니다.

둘째, 구조는 개별 요소보다 앞선 것으로 전제되어야 합니다. 가족이란 구조가 선행되어야만 남편과 아내, 아빠와 엄마, 아들과 딸과 같은 가족구성원의 의미가 규정되겠죠. 가족이라고 하는 구조화된 의미체계가 없다면 가족구성원의 개별적인 의미요소도 존재할 수 없어요. 국가나 도시도 마찬가지입니다. 개별 시민이 한 명씩 모여서 도시라는 의미가 있는 것이 아닙니다. 도시라는 구조화된 의미체계가 선행되어야만 그 안에서 개별 시민이란 속성이 규정될 수 있어요.

소쉬르 언어학을 차용하면 그렇다는 것입니다. 구조가 늘 우선이니까 구조주의라고 우리는 부르는 것입니다. 구조주의자 관점으로 세상을 보면 전체는 부분의 합이 아닙니다. 또는 개별 요소를 원인으로 두고 구조는 효과로 인식할 수도 없어요. 개별 요소들이 관계에 따라 구조화된 가치를 갖지도 않은 채 독립적으로 특정 가치로 규정될 수 없죠. 하나의 요소는 또 다른 요소와 비교되고 대립됩니다. 대립항과 같은 요소들의 관계망이 만들어지면서 의미가 만들어집니다. 그러니까 개별 요소에게 먼저 고유한 의미를 부여할 수 없습니다. (눈에 보이지 않는) 구조가 (눈에 보이는) 요소들을 결정합니다. 개별 요소들은 구조의 산물, 혹은 효과인 셈입니다.

파롤이 개별 요소이고 랑그는 구조라면 파롤은 랑그의 산물입니다. 다르게 말하면, 우리가 발화하는 개별적 파롤은 랑그라는 구조를 실현하는 사례가 됩니다. '내가 말을 하는 것'은 매일 파롤을 창조적으로 수행하는 작업이 아닙니다. 이미 구조화된 랑그에 따라 사회구성원들이 늘 해왔던 말을 나도 유사하게 전달하는 것입니다. 말은 서로 다른 우리가 하는 것이지만, 보이지 않는 랑그의 의미체계에서 구체적으로 실현될 뿐입니다. 개인이 창조적으로 말하는 것이 아닙니다. 랑그가 개인을 통해 말하는 것입니다.

내가 말하고 싶은 것을 말하는 것이 아니라, 랑그가 말하는 것이다! 이게 지금 이해가 되세요? 상당히 도발적인 논점입니다. 예를 들어 다시 설명해볼게요. '난민'에 관해 내가 어떤 말을 한다고 합시다. 그러면 나는 개별적인 화자로서 '난민'에 대해 말하고 싶은 것을 능동적이고 창조적으로 말하는 것일까요? 아니면 '난민'에 관해 이미 구성된 세상의 의미체계 위에서 다른 사람들이 늘 하던 같은 말을 나도 똑같이 반복하고 있는 것일까요?

소쉬르적 통찰력에 따르면 내(주체)가 아니라 랑그(언어)가 '난민'에 대해 말하는 것입니다. 단일언어주의나 이주민 대상의 동화주의 기반의 언어사회는 이미 '난민'에 관해 익숙하게 선택하고 배치하는 기표-기의(로 구조화된 의미체계)를 가지고 있어요. 그에 따라 우리는 익숙하고 비슷한 말과 글을 계속 전할 뿐입니다. 우리는 그저 랑그의 직무 대행자agent일 뿐이죠.

그럼 내가 랑그의 의미체계에 따라서 말하는 것이 싫다고 합시다. 그래서 내 나름의 파롤만으로 말을 한다면 어떻게 될까요? 그러면 관계 안에서 의사소통이 제대로 되지 않을겁니다. 랑그의 용법을 어기면 사회적으로 통용되지 않는 말, 순전히 개인적이고 엉뚱한 말을 하는 셈입니다. 기존의 랑그를 개조해 새로운 랑그를 쉽게 만들수 있을까요? 누구도 사회구성원의 동의를 얻으면서 랑그의 질서를 쉽게 만들지 못합니다.

천재교육 출판사에서 발간한 중학교 1학년 국어 교과서에 그런 사례가 나옵니다. 성호라는 학생은 앞으로 수박을 '몽미'라고 부르겠다고 결심하고 과일 가게에 가서 사장님께 '몽미'라는 과일을 달라고 합니다. 사장님이 그런 과일은 없다고 하자 성호는 수박을 가리키며 '몽미'라고 합니다. 사장님은 그건 수박이라며 매우 당황해합니다. 그처럼 개인이 새로운 의미체계를 시도해도 사회구성원이 공유하는 구조를 바꾸긴 힘듭니다.

우리는 랑그에 따라서 허락된 언어사용의 가능성을 수행할 뿐입니다. 인간주체란 고작 말을 나르는 자, 언어체계의 수행자, 혹은 랑그의 대행자일 뿐입니다. 우리는 이미 만들어진 구조 안에서 태어났고, 구조를 통해 자랐고, 구조의 질서로 교육받았죠. 그런 이유로 랑그의 코드에 따를 때만 우리는 적절한 의사소통자가 될 수 있습니다. 소쉬르의 구조주의는 인간을 언어사용의 창조적 주체로 보지 않습니다. 인간에게 말의 조합 또는 '언어놀이'를 할 수 있는 창조성이 있다고 하지만 구조를 쉽게 바꿀 순 없죠. 인간의 주체성을 놓고 보면 구조주의는 그렇게 휴머니즘과 단절됩니다.

이와 같은 논점을 확장하면 언어(에 관한 약속)가 사회집단의 모든 행위성에 조건이 되는 셈입니다. 랑그에 따라 우리의 가치가 구조화되기 때문이죠. 언어에 관한 약속이 있기 때문에 사회집단이 형성되어 있고 사회 내부의 다른 구조(질서)도 유지됩니다. 매매자와 매수자가 부동산 계약을 하려고 할 때 계약서에 적힌 (언어에 관한) 의미체계에 관한 암묵적 동의가 먼저 전제되는 것처럼 말입니다. 그런 점에서 보면 관계적 구조도 제대로 갖춰지지 않은 채 독립적인 개인들이 어떤 대단한 언어를 창조적으로 만드는 작업은 늘 실패할 수밖에 없습니다.

왜 소쉬르 언어학이 급진적인가?

이제 여러분에게 몇 가지 질문을 받겠습니다. 찬희 표정을 보니 궁금한 것이 많아 보이네요. 먼저 시작하시죠.

찬희　예, 저는 사실 소쉬르의 언어학에 대해 전에 들은 적도 있었는데 그냥 특별할 것도 없다고 생각했고 다 아는 이야기처럼 들렸는데요…. 교수님이 이걸 '급진적이고 개방적이다' 뭐 이런 식으로 대단한 것처럼 말씀하시니까 좀 어리둥절해요. 뭐가 그렇게 급진적인지….

교수　소쉬르는 그냥 언어학자일 뿐인데 그의 원리가 뭘 그렇게 독창적이고 급진적인가? 그런 질문이겠네요. 내가 어느 부분에서 그런 말을 했는지 기억 나세요?

찬희　자의성과 차이의 의미 생성을 설명하실 때 언급한 것 같은데요. 그런 건 다 이해가 되는데 그게 왜 그렇게 독창적이고 급진적인지 이해가 안 되네요.

찬희처럼 생각하는 건 아마 언어사용의 창조적 주체를 여전히 인간으로 전제하고 있기 때문일 겁니다. 언어에 관한 우리 상식이 대개 그렇습니다. 세상과 사물이 먼저 존재하고 언어가 나중에 나타난 것으로 생각합니다. 인간은 자유롭고 창의적으로 언어를 사용합니다. 인간의 언어에서 사물이 지시되죠. 그러나 소쉬르의 통찰에 따르면 세상은 (인간이 아닌) 언어의 산물입니다. 언어로 세상이 구성되는 겁니다. 파롤은 랑그에서 실현된 것입니다. 랑그는 세상을 (반영하는 것이 아니라) 공시적으로 구성합니다. 언어 밖의 현실, 객관적인 세계가 존재하는 것이 아니고 언어가 세상을 구성하는 것입니다. 언어가 바로 세계, 아니 언어만 오직 세계라는 논점이 도출되는데 이건 급진적 사유일 수밖에 없죠.

관계성의 공시적 구조를 통해 언어는 현실세계에 종속되지 않은 자율적이고 독립적인 체계로 인식됩니다. 언어를 통해서라면 존재하지 않는 것에 대해서도 의미가 생성될 수 있습니다. 인간은 언어의 구조 안에서 살아가며 그것으로 세상을 이해할 뿐입니다. 그런 점에서 현실이 언어를 결정하는 것이 아니라 언어가 현실을 결정한다고 볼 수 있죠.

정말 언어가 지금 세상을 결정한다고 보세요? 소쉬르의 구조주의를 전적으로 수용한다면 여러분은 관념론자입니다. 언어 밖의 객관적 현실세계를 대담하게 폄하할 수도 있겠네요. 만약 (소쉬르의 구조주의를 수용할 수 없는) 실재론자라면 언어와 언어에 의해 구성된 인식과 달리 객관적인 현실이 존재한다고 믿는 것이죠. 소쉬르적 관념론자이든, 객관적 현실이 존재한다고 믿는 실재론자이든, 둘 다 급진적인 언어관을 가지고 있습니다.

중도적인 혹은 변증법적 사유를 선택한다면 소쉬르의 언어관도 일단 수용해야 합니다. 언어가 사회적 현실을 구성하는 데 중요한 역할을 감당하고 있다고 믿는 것이죠. 문화텍스트를 비판적으로 읽고, 새로운 의미체계와 의미작용을 기획하고 개발하는 일을 한다면 예외없이 소쉬르의 구조주의 이론을 주목하지 않을 수 없어요.

왜 언어의 기원은 중요하지 않은가?

예진 교수님, 저는 어떤 시작이나 기원에 대해 늘 관심이 많거든요. 그래서 인류의 시작, 언어의 기원에 대한 글도 읽었습니다. 그렇지만 공시적 의미구조에 주목하는 소쉬르라면 그런 기원론은 중요하지 않겠지요?

교수 아, 그건 간단하게 말해줄게요. 기원을 추론할 수 있는 어떤 기표도 존재하지 않는 현재 상황이라면 기원에 관한 논의가 이루어지기 어렵습니다. 형이상학적 접근을 좋아하는 분들은 기표로 드러나지도 않은 무언가를 본질적인 무언가로 상정하고 개념적으로만 탐구합니다. 그런데 소쉬르식 사유방식에 따르면, 기의는 자의적이더라도 반드시 기표와 결합되어야 합니다. 그런 총합이 우리가 사는 세상의 전부가 됩니다. 그러니까 기표조차 구할 수 없는 막연한 기원(기의)은 모를 뿐만 아니라 중요하지도 않다는 것이죠. 기의는 현재성의 기표로부터 결속되어야 하니까요.

왜 나는 너를 사랑하는가?

원영 교수님, 언어의 기원과 연결되는 질문인 것 같기도 한데요, 1장 시작할 때 성식과 제가 사귀는 이야기를 잠시 하시면서 마음 깊은 곳에만 모셔둔, 그러니까 기표로 드러나지 않는 진심에 대해 질문해야 한다고 하셨잖아요? 그런데 누굴 만나서 사랑하는데 거기에 어떤 마음의 결단과 진심은 있지 않나요?

교수 '언제부터 어디서 누군가와 사랑이 분명히 시작되었고 지금도 내가

주도적으로 사랑하고 있는데 그걸 어떻게 봐야 하는가?' 그런 질문
으로 이해가 되네요.

원영 솔직히 인간이 언어의 주체가 아니라는 말씀이…좀 받아들이기 힘들
거든요. 그렇다면 제가 사랑의 주체가 아닌가요? 그러니까 제가 성
식에게 사랑한다는 말을 하는 주체가 아닌가요? 저는 제가 원하는
사랑을 능동적으로 선택한 것 같거든요.

원영의 질문에 대답하기가 참 어렵습니다. 처음-중간-끝, 혹은 사건의
배경-발생-갈등-해결로 구조화된 연애 서사를 보면 남녀는 어떤 구
체적인 때와 장소에서 처음 만나고 첫눈에 반합니다. 둘은 능동적으로
사랑하고, 싸우고, 헤어지기도 했다가, 결혼도 약속해요. 그런 사랑과
이별의 서사는 연애가 시작되는 어떤 사건을 공들여 묘사합니다. 그렇
지만 익숙한 그런 사랑의 서사 역시 소쉬르의 통찰력으로 비평해볼 수
있어요. 약간 냉소적으로 들려도 이해해주세요.

정말 사랑이 시작된 건 우리가 기억하고 있는 그때였고, 그곳이었
고 그 사람일까요? 사랑이 시작된 특정 시간과 공간, 말차례의 상호작
용, 연애 감정과 연애 서사의 흐름까지, 우리는 어떻게 사랑이 시작되
는지 구조화된 의미체계로부터 잘 학습되어 있는 것 아닐까요? 어쩌면
그와 같은 상황에서, 익숙한 경험에서, 그만한 외모와 행위의 기호를
가진 누군가를 사랑하는 직무 대행자 역할에 충실한 건 아닐까요? 사
랑조차 구조 안에서 담지자 역할에 충실했을 수 있다는 것이죠. 체스
게임은 가로와 세로 각각 8줄씩 64칸의 격자에 배열된 체스 보드 위에
서 플레이어가 주어진 규칙에 따라 말을 옮기는 것입니다. 사랑의 기
호 역시 체스 게임처럼 주어진 규칙에 따라 체스를 옮긴 수준이 아닐
까요? 소쉬르적 상상력으로 우리의 사랑을 그렇게 비평해볼 수 있죠.

"라면 먹고 갈래요?"란 대사로 유명한 영화 〈봄날은 간다〉에서 남자 주인공 유지태는 사랑의 기의를 본질화시켰습니다. 변심한 여자친구에게 "어떻게 사랑이 변하니?"라고 그가 외치면서 낙담하죠. 그는 사랑의 의미를 형이상학적으로 접근하고 있어요. 사랑이라는 것도 기표와 기의가 결합된 (관행적으로 사회에서 소비하는) 자의적 언어/기호에 따라 구성된 것이라면 변하지 않을 이유는 없죠. 같은 논리로 시간이 지나더라도 다른 기표적 배치, 기의적 전환을 적절하게 유도한다면 계속적으로 사랑하는 유의미한 관계가 유지될 수도 있고요.

알랭 드 보통Alain de Botton이 쓴 연애 소설들을 보면 그가 왠지 이와 같은 구조주의 사유로부터 플롯과 캐릭터 설정을 한 것만 같아요. 주인공들이 구조화된 의미체계 위에서 사랑할 뿐이라는 함축이 숨어 있거든요. 한 사람이 다른 사람으로부터 사랑의 기의를 기원적으로 발생시킨 것이 아니라는 것이죠. 운명적 만남은 사실 없었다란 점을 깨닫게 해주죠. 간단한 플롯의 소설이지만 나는 알랭 드 보통의 연애소설을 구조주의 원리로 재밌게 읽었습니다.

지금 원영과 성식이 서로 좋아하고 잘 만나고 있는데 이런 얘기를 해서 좀 미안하긴 한데요. 내 말을 사랑에 관한 시작이나 역사성에만 집착하지 말고 현재성(공시성)에 더 집중하면 좋겠다는 제언 정도로 들어주세요. 혹은 각자 붙들고 있는 사랑의 기표와 기의, 소비하고 있는 계열체와 통합체의 구조에 관심을 가져보면 어떨까요? 여성과 남성의 관계성, 서로 반하고 사랑을 한다는 의미체계, 혹은 결혼에 관한 구조적 의미에 대해 이해하게 된다면 서로에게 배치하는 기표로 상대를 더 배려하게 되고 지금 만나는 시간도 보다 귀하게 쓸 것으로 생각됩니다.

일반적으로 기원에 관해 관심을 많이 갖는 사람은 어떤 '순수' 이데올로기에 집착하는 경우가 많습니다. 우리 민족이 단군신화라는 기원이 있다거나, 우리 가문의 시조는 신라시대 장군을 지낸 분이라며 소속 집단의 고유함이나 집단구성원 간의 결속을 강조합니다. 사귀기 시작한 날을 1일로 정하고 100일, 1년, 500일 같은 기념일을 챙기며 의례에 전념하는 커플도 마찬가지입니다. 거기엔 대개 순수, 결속 또는 특정 주체의 정치적 이데올로기가 숨어 있어요. 잘 생각해보세요. 누군가와 만나면서 우린 왜 현재성(공시성)보다 역사성과 변하지 않는 진심에 더 집착할까요?

우리는 어떻게 배우 정우성이 되는가?

소쉬르의 구조주의는 재현을 당연한 것으로 보지 않도록 돕습니다. 실재와 재현을 구분하게 하고, 누구의 현실이 재현의 혜택을 누리는지도 논의할 수 있어요. 자의성과 차이의 원리에 따라 매체의 왜곡된 재현에 대해 질문할 수도 있죠.

예를 들면, 어느 광고든 기표에 부여된 가치는 기의와 직접적인 관계가 없다고 볼 수 있죠. 배우 정우성이 광고하는 신용카드만 봐도 그렇습니다. 신용카드를 사용하면서 얻는 소비의 편리함이라는 기의는 광고모델로 나오는 정우성의 외모와 아무런 상관이 없습니다. 달리 말하면 상품이나 서비스의 인지도를 높이기 위해서 소쉬르가 말한 기표-기의의 자의적 결합이 전략적으로 활용된 것입니다.

해당 카드를 사용하는 행위와 정우성의 외모가 사실 아무런 상관이 없다고 우리 모두 쉽게 짐작한다고 해도 그런 매체로부터 전달된 의미체계는 세상을 구성하는 힘이 있습니다. 해당 카드는 사실 굉장히 많이 발행되었고 우리는 그런 카드로 계산할 때 마치 내가 배우 정우성이 된 것 같은 무의식에 잠시나마 빠지기도 합니다. 기표-기의의 결합은 그렇게 현실을 구성합니다.

2장

은유와 환유, 계열체와 통합체의 질서

우리의 삶은 어떤 의미로 구성되어 있나요? 이런 질문에 대개 시간 순서, 원인과 결과, 인접 사건이 자주 등장합니다. 자신을 소개할 때 우리는 초등학교, 중학교, 고등학교, 대학교 순서로, 혹은 10대, 20대, 30대, 40대에 있었던 사건을 나열합니다. 입학과 졸업으로, 입사와 퇴사로, 연애의 시작에서 결혼으로, 시작부터 끝까지 그렇게 차례대로 연결됩니다. 이번 장에서는 우리 삶의 의미체계가 통합체로 구성되어 있다는 것을 자세하게 설명하려고 합니다. 앞서 소쉬르 언어학을 소개할 때 통합체에 관해 설명한 것 기억나죠? '입학을 하면 졸업을 한다', '졸업을 하면 취업을 한다', '취업을 하면 결혼을 한다.' 그런 통합체적 정보는 시간 순서나 원인과 결과로 묶인 의미체계입니다. 우린 통합체 구조로 삶의 의미를 부여하곤 합니다. '특목고를 가면, 명문대를 갈 수 있고, 명문대를 가면, 명문 인생을 산다'고 믿는 것은 인접성을 강조한 통합체적 의미구조로 보면 됩니다.

이 장에서는 은유metaphor와 환유metonym의 의미체계도 구분해서 설명할 것입니다. 김동명 시인의 〈내 마음은 호수요〉 시를 보면 '내 마음'은 '호수', '촛불', '나그네', '낙엽'으로 대치됩니다. 이처럼 새로운 관념과 밀착관계를 만드는 방식을 은유라고 합니다. '당신이 수령하는 급여 총액이 당신의 성공을 말해준다'라는 말에서는 부분 정보인 '급여 총액'이 보다 전체적 의미인 '성공한 인생'과 연결되어 있습니다. 이런 방식은 환유라고 부릅니다.

우리는 대부분 통합체적 의미체계에 의존하며 살아갑니다. 그러나 인생 전반은 아니더라도 특정한 시공간에서 계열체적 의미체계로 삶을 새롭게 구성할 수도 있어요. 이제부터 야콥슨이라는 언어학자가 제시한 계열체와 통합체, 은유와 환유에 관한 논점을 구분하여 정리하겠습니다. 자신만의 서사적 정체성을 계열체 축으로나 은유적으로 재의미화하는 방법도 다루겠습니다.

비유의 언어

교수 성식, 오늘은 어때요? 지난 번 복도에서 만났을 때도 바빠 보이고 표정도 안 좋던데.

성식 예, 해보고 싶은 것도 많고 시간은 부족하고… 그런데 어딜 가나 지옥 같은 경쟁입니다.

교수 빨리 뭘 시작하고 싶다는 압박감에 힘들기도 하죠? 지금 이 시간만이라도 손에 든 커피를 천천히 마시면서 마음이 좀 편했으면 해요.

성식 예, 교수님. 부글부글 끓다가도 이 수업만 오면 제 마음은 '호수'로 바뀝니다.

성식과 나눈 짧은 대화에도 비유의 언어가 등장합니다. 비유는 재미나 유희의 도구만이 아닙니다. 우리 마음은 진짜로 늘 타인의 시선을 품는 '지옥'이기도 하고 그러다 평온한 '호수'로 바뀌기도 합니다. 우리는 비유의 언어로 살아갑니다. 세상은 비유의 언어로 구성되어 있습니다.

아픈 몸과 마음은 과학적인 언어로만 기술될 수 없죠. 고통을 겪고 회복되는 과정도 가치중립적인 언어로만 기술될 수 없습니다. 의사의 언어도 있지만 환자의 언어도 있습니다. 수술실의 언어가 있지만 병상의 언어도 있습니다. 컴퓨터를 만들고 수리하는 언어가 있지만, 컴퓨터로 살아가고 소통하고 혹은 그게 제대로 작동하지 않아 불편함을 호소하는 언어도 있습니다.

은유와 환유는 어떤 재현을 돕는 장식 수준의 언어가 아니고 세상을 적극적으로 구성하는 의미체계입니다. 그렇지만 사람들은 은유와 환유를 말장난이라고 폄하합니다. 그런 건 모호한 말이라며 자꾸 사용하지 말라고 합니다. 그런데 다시 한번 생각해보세요. 은유와 환유는 누구와 어디에 있을 때 제일 자주 등장할까요? 연애할 때입니다. 웃길 때입니다. 감정을 드러내고 주장을 할 때입니다. 코미디 방송, 연애소설, 정치 담화, 브랜딩과 마케팅 현장에 비유의 언어가 넘칩니다. 거기서 의미를 새롭게 만들고 유포하는 핵심 장치입니다.

비유를 제한하고, 모호한 언어사용을 줄이고, 비유가 아닌 과학적인 언어를 빈번하게 사용하면 우린 세상과 내면을 객관적으로 잘 이해할 수 있을까요? 이 질문에 '그렇다'라고 대답한다면 당신은 전형적인 실재론자입니다. 객관적인 세상을 비추는 언어가 비유라는 장난에 묻혀 제대로 역할을 하지 못한다고도 보겠죠.

교수   지현에게 한번 물어볼게요. 학점 관리도 굉장히 잘했는데 어떤 곳에 취업 준비 중인지 물어봐도 되나요?

지현   예, 외국계 기업을 생각했는데 국내 대기업으로 지원할까 합니다.

교수　생각이 바뀌었네요?

지현　그게 좀 뜬금 없긴 한데요⋯. 뭐랄까, 'LG는 사랑입니다'라는 광고를
　　　보면서 좀 좋은 느낌도 생기고⋯.

지현처럼 생각하게 되니까 기업마다 브랜드 효과를 높이기 위해서 그
토록 애를 씁니다. 1장에서 다룬 기호의 속성으로 한번 따져볼게요.
'LG는 사랑입니다'라는 것은 비유의 언어가 사용된 예시입니다. 'LG'
라고 불리는 음성기호나 회사의 로고는 모두 기표인데 '사랑'의 기호
에서 사용되는 기의를 가져와서 'LG=사랑'이라는 새로운 의미가 생성
되었습니다. 예전에 'LG'라는 기표는 '세탁기와 냉장고 등을 만들어 파
는 기업'이라는 기의로 연결되었죠. 그러나 이제는 '사랑'이라는 새로
운 기의가 연상되도록 비유의 언어가 일부러 사용된 것입니다.

　비유의 언어는 우리가 살아가는 세상의 의미를 전혀 다르게 만들
수 있는 공격적이고도 전략적인 장치입니다. 상품 광고를 제작하거나
브랜드를 새롭게 알리는 사람들이라면 즐겨 사용할 수밖에 없죠. 현대
문명사회를 만든 가장 중요한 언어이기도 합니다. 나는 비유란 언어를
그렇게 이해합니다. 욕망의 언어, 경쟁과 전쟁의 언어, 변화와 확장의
언어입니다. 달리 말하면 인간의 욕망, 경쟁과 전쟁, 사회구조의 변화
와 확장이 구조적으로 인식되고 있다면 비유 역시 구조주의 언어로 봐
도 좋아요.

　비유는 '정치적 언어'로도 잘 알려져 있습니다. 여성해방이든, 생
태주의 언어교육이든, 관례적인 권력관계와 언어사용을 흔드는 정치
적 기획에는 늘 은유와 환유가 등장하죠. 녹색당과 같은 소수정당은
어떤 언어를 가장 빈번하게 사용할까요? 대통령 출마를 선언한 후보는
어떤 언어를 선택해서 주목을 받으려고 할까요? 모두 즉각적으로 이목

을 이끌 수 있는 비유의 언어일 것입니다.

정치권력뿐만 아니라 우리 모두 비유의 언어를 사용하면서 정치적 주체로서 개별적으로 붙들고 있는 어떤 권력을 욕망하죠. 유학생, 서울대학교, 강남 아파트처럼 누군가, 무언가, 어딘가를 향한 비유는 사회구성원이 특정한 방향으로 사고하도록 닻을 놓는 것이나 다름 없어요. 우리가 비유를 별 생각 없이 쓴다면 이미 상식이 된 신념체계를 무언으로 승인하는 것과 같습니다.

그래서 과학적 언어만 붙들면서 은유와 환유의 언어를 폄하하는 것은 우리 삶의 양식을 부정하는 반문명적 태도나 다름 없습니다. 비유는 언어사용에 관한 일종의 심층 구조로 볼 수 있습니다. 언어는 비유입니다. 세상은 비유로 만들어진 산물입니다. 이와 같은 관념의 언어학을 수용한다면 여러분은 '문자 그대로의 의미'와 '은유적 의미'의 차이를 애써 구분하지 않을 것입니다. 비유로 내 삶, 주변, 세계가 인식되는 것이고, 의미가 바뀌고 확장되기도 하죠.

그래서 비유의 언어가 선택될 때는 '어떻게 재현되느냐'에 신경을 많이 씁니다. 지현이 호감을 가진 'LG는 사랑'이라는 은유는 기표에 새로운 기의를 결합시켜 다른 기호를 만든 것입니다. 기표에 새롭게 이식된 기의는 기존에 지배적으로 유통되던 기의를 대체합니다. 그런 작용으로부터 지현이 가고 싶은 'LG' 회사의 의미가 성공적으로 만들어진 셈이죠.

야콥슨의 구조주의 언어학

은유와 환유 이야기가 재밌긴 한데요. 일단 로만 야콥슨의 연구부터 차근차근 이야기해보겠습니다. 야콥슨은 러시아에서 태어나고 교육을 받았지만 제1차 세계대전 이후에 체코슬로바키아, 덴마크, 노르웨이, 스웨덴 등에 머물다가 미국으로 이주하여 활동한 언어학자였어요. 미국에서 구조주의 인류학자인 클로드 레비스트로스Claude Levi-Strauss를 알게 되었고 자신이 축적한 프라하 언어학파의 논점을 미국 하버드대학교 등에서 전하면서 노엄 촘스키Noam Chomsky과 같은 당시 소장파 학자에게도 영향을 끼쳤죠. 일반언어학과 음운론 연구로 시작했지만, 언어병리학, 아동언어, 언어심리학, 슬라브문학 등 다양한 학제적 연구를 수행했어요. 그의 이론 중에서 구조주의 의미체계에 관한 내용만 여기서 정리해 보겠습니다.

소쉬르 언어학의 계승

소쉬르 언어학은 특정한 시점에 드러나는 의미체계 내부의 기능적 관계(기표/기의, 랑그/파롤, 심층/표면, 통합체/계열체)에 관심을 갖습니다. 의미가 구성되는 원리를 파악하기 위해서 요소들 사이의 관계성을 주목한 것이죠. 구조화된 의미는 1장에서도 설명한 것처럼 기표들 사이의 차이(관계)에서 생성됩니다. 그리고 차이는 두가지 축으로 분류되는데요 하나는 통합체적syntagmatic 축이고 다른 하나는 계열체적paradigmatic 축입니다.

통합체와 계열체(혹은 연합관계)의 구분은 언어학자 야콥슨의 실어증 환자 연구에서 효과적으로 활용되었습니다. 먼저 가로축은 인접한 개별 요소를 '결합'하는 통합체의 축입니다. 기표들이 약속된 관습에 따라 차례대로 배열되면 사회적으로 통용되는 일종의 의미 '사슬'이 완성됩니다. 대개 구문론의 규칙에 따라 의미군이 형성됩니다. 문장은 어휘들의 통합체로 볼 수 있습니다. 작은 단위가 차례대로 결합되면서 큰 단위를 구성하죠.

통합체의 축은 부분과 전체의 관계이기도 합니다. 시간 순서나 원인과 결과의 결합으로 순차적으로 구성되는 축입니다. 작곡을 한다면 가사든 멜로디든 처음부터 끝까지 시간성과 인과성으로 부분을 엮어서 전체를 만들어야 합니다. 도입부, 절, 후렴구, 경과부 등이 차례대로 연결되면서 의미가 만들어집니다. 소묘, 유화, 사진 등은 시간성이 드러나지 않더라도 기호들의 공간 배치로 통합적 관계성이 드러납니다. 바깥에서 중심으로, 아래에서 위로, 혹은 큰 배경에서 작은 인물로, 어떤 식으로든 순차적으로 인접된 요소들이 차례로 채워지면서 의미구조가 완성됩니다. TV 드라마, 영화, 인터넷 매체에 드러난 기호들은 공간적이면서도 시간적인 통합체 속성으로 보면 되겠습니다.

세로축은 인접된 개별 요소가 통합되는 중에 같은 계열의 특정 기표가 '선택'되는 계열체의 축입니다. 같은 계열체의 언어/기호들은 유사 속성을 공유하면서도 차이점을 지니고 있기에 하나의 요소가 선택되면 다른 요소는 배제됩니다. 간단한 영어 문장 'I cry'를 예시로 들면, 문장구조를 만드는 통합체 구조에서 '동사'라는 속성의 계열체에 'cry'라는 하나의 요소가 선택된다면 같은 계열의 다른 요소 'laugh'는 선택될 수 없습니다. 다음 장에서 더 설명하겠지만 영화나 광고 매체에서 볼 수 있는 화면 전환 역시 계열체 속성을 가지고 있어요. 화면이 바뀌는 장면을 잘 생각해보세요. 컷, 페이드, 디졸브, 와이프 등으로 불리는 화면 전환 방식은 동시에 사용될 수 없습니다. 하나의 방식이 선택되면 다른 방식은 사용될 수 없죠.

우리가 살아가는 삶의 모든 양식이 통합축과 계열체로 구성된 것으로 봐도 됩니다. 7장에서 설명할 텐데요. 프랑스 철학자 롤랑 바르트 Roland Barthes에 따르면 옷을 입는 문화양식도 계열체와 통합체로 구분할 수 있어요. 통합체는 모자, 상의, 벨트, 하의, 신발까지 인접 요소들을 연결하면서 옷을 입는 의미축입니다. 계열체는 신체의 같은 위치에서 동시에 입거나 신을 수 없는 것이죠. 예를 들면 하의에서 청바지를 선택하면 면바지는 제외됩니다. 바르트의 시선에서 보자면 모든 문화 텍스트 역시 그와 같은 의미축으로 나눌 수 있었어요.

실어증 환자 연구

야콥슨은 통합체와 계열체의 의미체계를 실어증 환자의 말을 분석하면서 확인했습니다. 통합체와 계열체의 직조는 언어/기호가 구성되는 원리이면서 인간이 사고하는 방식으로 이해되었습니다.

실어증 이야기를 약간만 어렵게 설명하면 이렇습니다. 야콥슨은 〈언어의 두 측면과 실어증의 두 유형Two Aspects of Language and Two Types of Aphasic Disturbances〉 연구를 통해 말하기speech를 이렇게 규정했습니다. '화자는 언어적 개체linguistic entities를 '선택'하면서 보다 고차원적인 단위로 '결합'한다.' 개체들은 '유사성similarity'의 원리로 '선택'되기도 하고, 문맥에 의해 '인접contiguity'의 상태에서 '결합'되기도 합니다.

통합체와 계열체의 의미 축으로 보면 실어증은 '언어적 개체들의 결합, 혹은 선택의 능력이 손상된 상태'입니다. 야콥슨은 '선택의 결핍 selection deficiency'으로 고통받는 환자를 주목했습니다. 문장에서 인접 요소들을 잘 결합하더라도 동일 계열체에서 특정한 요소를 선택하는 능력이 부족한 환자들이 있었죠. 그들은 대용어나 대명사로 말이 흘러가는 얼개를 구성할 수 있습니다. 주어진 문맥에 따라 대답도 잘합니다. 그러나 대화를 먼저 시작하기 어려워했죠. 이걸 '유사성 장애similarity disorder'라고 합니다. '유사성'의 언어를 제대로 사용하지 못하는 건 은유를 사용할 수 있는 언어능력의 결함입니다. 곧 다시 자세하게 설명하겠습니다.

반면에 '인접성 장애contiguity disorder'도 발견되었습니다. 이건 언어적 개체들이 통합체의 축에 따라 제대로 배열되지 못한 것입니다. 문법 규칙의 이해가 부족한 것이며 환자 입장에서는 문장이 단지 낱말들의 덩어리로만 보입니다. 인접성 장애를 겪는다면 유아처럼 한 단어로 구성된 문장만 구사하거나, 접속사, 전치사, 대명사, 관사 등이 사라진 일종의 전보문 형식의 문장을 나열합니다. 이러한 장애는 환유를 제대로 사용할 수 있는 언어능력의 결합입니다. 이것도 자세하게 설명하겠습니다.

계열체의 실어증, 통합체의 실어증은 각각 은유와 환유의 언어능력이 결핍된 것으로 볼 수 있습니다. 먼저 계열체의 실어증, 또는 은유의 실어증은 이런 증상을 가지고 있습니다. "I eat pizza" 혹은 "We drink water"와 같은 문장을 말하고 싶다고 합시다. 그런데 "I… eat …" 혹은 "We… hmm …We…." 이렇게 말합니다. 즉, 'pizza'든 'apple'이든 무엇을 먹었다고 말하는 계열의 위치에서 하나의 개체를 찾지 못합니다. 'eat'이든 'drink'든 무슨 동작을 했는지 말을 해야 하는데 적절한 동사를 찾는 데 한참 시간이 걸립니다. 동일한 계열체에서 하나의 계체를 유사한 다른 것으로 대체하려면 계열체 내부 관계의 유사성만 이해하면 됩니다. "난 지금 빵을 먹는데, 넌 뭐 먹었니?"라고 물으면 '국수'나 '샌드위치'와 같은 유사 개체로 답하면 되는데 실어증을 앓는 사람들은 그걸 제대로 찾지 못합니다. 계열체의 실어증을 왜 은유의 실어증이라고 할까요? 계열체의 항목을 채우려면 유사성, 공간성의 은유적 원리가 필요하기 때문입니다. 은유의 언어는 존재적으로 다른 두 공간을 연결하면서 새로운 기의를 만드는 것입니다. "내 마음은 호수요" 혹은 "내 마음은 하얀색 노트입니다"라는 은유의 언어가 있다고 합시다. 거기

'내 마음'과 '호수'는 인접한 개체가 아닙니다. 공간적으로 서로 멀리 떨어진 속성입니다. 그런데도 '마음'과 '호수' 혹은 '마음'과 '하얀색 노트'는 연결되죠? 그게 가능한 이유는 '순수함'이나 '차분함'과 같은 유사성의 원리를 공유하고 있기 때문입니다. 은유로 하나의 공간은 다른 공간과 연결됩니다.

소설가 김훈이 쓴 《라면을 끓이며》라는 에세이에 "수박은 천지개벽하듯이 갈라진다"는 구절이 나옵니다. 이것도 마찬가지죠. '수박'과 '천지개벽'은 인접성의 통합체적 원리보다는 유사성이나 공간성의 은유적 원리로 대체된 동일 계열의 개체로 봐야 합니다. "원숭이 엉덩이는 빨개, 빨가면 사과, 사과는 맛있어, 맛있으면 바나나, 바나나는 길어, 길으면 기차, 기차는 빨라, 빠르면 비행기, 비행기는 높아, 높으면 백두산"도 마찬가지입니다. 계열체적 항목을 채우지 못해 고통받는 실어증 환자라면 이와 같은 은유적 요소를 수시로 등장시켜야 하는 말놀이에 참여할 수 없습니다.

그에 반해 통합체의 실어증은 문장의 인접 요소를 차례대로 결합하지 못한다고 했죠? 실어증 환자는 문장 하나조차 제대로 완성하지 못합니다. "I eat pizza"라는 문장을 만들려고 하면 이렇게 말할 것입니다. "pizza I eat…", "I… pizza… eat" 이런 식으로 말입니다. 정상적인 한국어사용자라면 "난 피자 먹었어"라고 말하겠지만 실어증 환자는 "난", "피자", "먹었어"라는 개별 요소를 시간 순서대로, 원인과 결과로, 처음-중간-끝의 구조로 연결하지 못합니다.

통합체의 실어증은 환유의 실어증입니다. 통합체적 언어능력은 부분성, 시간성의 원리로 인접 요소를 연결하고 완성하는 것입니다. 누가 우리에게 "I am a vegetarian. I do not like…"라고 말하면 우리는 대개 'pork cutlet' 혹은 'beef steak'가 다음의 문장요소로 올 것으로 추론합니다. 누군가 "연기가 난다"고 하면 인접성의 원리로 '불이 난다'를 비유한 것으로 이해합니다. "강남역에서 한잔 하자"는 콜라를 마시자는 것이 아니라 술을 마시자는 의미로 짐작합니다. 작가가 "펜을 꺾다"라고 하거나, 예배 중에 목사가 지금부터 "떡과 포도주를 나누겠습니다"라고 한다면, '펜'이나 '떡과 포도주'로 보다 통합된(인접된) 의미체계를 유추할 수 있습니다. 그러나 통합체의 실어증 환자라면 그와 같은 부분성의 환유로부터 전체적인 의미를 짐작하기 힘듭니다.

야콥슨의 연구자료에 의하면, 계열체적 언어능력의 상실은 곧 은유적 언어의 소멸이었으며 이는 곧 환유적 언어의 증가로 연결되었습니다. 계열체 내부의 항목을 (은유적으로) 대체하지 못하고, 인접성의 원리로 상대방이 사용했던 말이나 눈에 보이는 요소들을 빠르고도 반복적으로 나열합니다. 예를 들어 이런 식으로 계속 말합니다. "내가… 라디오를… 요리한다… 나는 머리 부른데… 배가 나와서… 배가 고프다… 라디오가 많다…."

계열체적 능력이 없다면 문장처럼 들리지만 사실은 적절한 문장 요소가 나열되지 못합니다. 반면에 통합체적 능력이 없다면 문장 자체를 만들지 못합니다. 야콥슨은 "창문"과 "하느님"을 말해주고 그걸 문장으로 말해보라고 통합체적 실어증 환자에게 요구했습니다. 실험 대상이었던 환자는 '하늘'과 같은 유사 어휘들을 나열했을 뿐 그걸로 문장을 온전하게 완성하지 못했습니다.

의미체계는 비유로 가득찬 놀이play이기도 합니다. 의미를 바꾸는 언어사용은 일종의 언어게임language game입니다. 게임의 기본 원리는 계열체와 통합체, 혹은 은유와 환유가 되는 셈입니다. 실어증 환자는 그런 언어게임에 제대로 참여하지 못하는 것이죠.

은유와 환유의 적용

은유의 언어능력은 유사성의 원리로 계열체 차원에서 특정 요소를 선택하고 대체하도록 돕습니다. 반면 환유의 언어능력은 통합체 차원에서 인접 요소를 차례대로 결합하게 합니다. 야콥슨은 실어증 연구로 통합체-계열체, 환유-은유의 의미체계를 제대로 상술했습니다. 환유-은유는 의미가 생성되고 전달되는 원리인 셈입니다. 이건 꼭 언어뿐만 아니라 문화텍스트 분석에도 적절하게 적용될 수 있겠습니다.[1]

은유부터 좀 더 설명해보겠습니다. 어떻게 은유의 기능이 작동할까요? 은유가 제대로 기능하고 확장성을 가지려면 지시되는 대상과 지시하는 언어의 유사성이 있어야만 합니다. 그러나 유사성이 조금 떨어지더라도 상상과 비약만으로 은유는 작동할 수 있습니다. 자꾸 반복적으로 들리기만 하면 대중은 은유를 당연하고 보편적인 의미로 인식합니다.

예를 들면, 교과서에 나오는 "내 마음은 호수요", 광고에 나오는 "맛있는 건 제로 칼로리", "물은 셀프", "아는 것이 힘이다" 등의 은유를 보세요. 내용적으로 보면 이상하지 않나요? '마음'과 '호수', '맛있음'과 '제로 칼로리', '물'과 '셀프', '아는 것'과 '힘'은 아무리 봐도 자의적인 관계일 뿐입니다. 그러나 이 모든 은유는 일상에서 널리 사용되고 있습니다.

가수 성시경과 지코가 '토익은 기술이다'라고 말하는 TV 광고가 있었어요. '토익'과 '기술'이 사실 인접되지 않는 속성이라 나는 그걸 처음 들었을 때 황당하기도 했습니다. 그러나 광고주는 유사성의 원리를 광고에서 잘 활용했습니다. '토익'과 '기술'은 유사성이 선명하게 보이지 않지만, '잘 다루면 어떤 문제를 해결하는 도구'라는 속성을 공유한 것으로 보입니다. 약간의 유사성만 있으면 상상과 비약은 충분히 가능합니다. 다분히 자의적인 '토익'과 '기술'의 접합이 TV 광고에서 근사하게 반복되니까 정말 그렇게 결속된 속성으로 보입니다. 토익은 기술만이 아니었지만 그런 체계화된 의미구조로부터 우리는 토익이 기술이라는 세상에서 살게 됩니다.

은유는 시각정보로도 잘 표현됩니다. 자동차 BMW 광고 중에는 표범이 달리는 장면 다음에 경쾌한 음악과 함께 BMW 스포츠카가 등장합니다. 그러면 BMW 스포츠카는 표범이 되어 질주하는 은유적 의미를 함축합니다. 명문대생을 사칭한 사기꾼들이 넘친다는 TV 보도 중에 서울대학교 정문이 나타납니다. 그럼 '서울대는 곧 명문대'라는 시각적 은유가 자연스럽게 전달됩니다.

지면 매체에서도 마찬가지입니다. 잘생긴 배우 정우성이 등장하고 기네스 맥주병이 앞에 놓여 있다면 시각적 은유로서 전이적 기능이 수행된 것입니다. 정우성과 기네스는 자의적 관계입니다. 그러나 '잘생김'의 기표 역할을 맡아온 배우의 기의는 이제 기네스 맥주의 기의로 전이됩니다. 기네스는 잘생기고 멋진 배우가 즐겨 마시는 고급스러운 맥주가 됩니다. 그렇게 겉모습이 매력적이고 아름답다는 것이 현대 상품의 중요한 기의로 계속 상기된다면 잘생긴 배우들의 상품적 가치는 앞으로도 높아질 수밖에 없겠죠. 그리고 광고에 나올 일이 없는 일반인도 일상 중에서 '잘생김'에 관한 기표와 기의에 집착하게 될 것입니다.

다음은 환유에 대한 추가 설명입니다. 환유는 구체적이면서 부분적인 사물이나 공간의 속성으로 인접성이 있는 보다 전체적인 혹은 추상적인 무언가를 지시합니다. 예를 들어, 베이커리 프랜차이즈 업체인 뚜레쥬르를 지시하면서 "뚜레쥬르는 행복입니다"라고 하면 은유인 셈이고, "뚜레쥬르는 설탕 덩어리야"라고 한다면 환유인 셈입니다.

일을 하다가 "카페인이 필요한 때"라고 한다면 '카페인'은 '커피'

를 대신한 사물의 속성입니다. "나이가 아흔이면 무덤이 바로 앞이네" 라고 하면 사물의 일부분(무덤)으로 추상적이면서도 전체적인 의미인 '죽음'을 지시합니다. 장소의 이름은 사람, 단체, 행위 등을 자주 지시합니다. "여의도 문법은 다릅니다"나 "충무로에서 알아준다" 같은 표현도 마찬가지입니다.

은유처럼 환유도 시각적으로 표현될 수 있습니다. 1시간 30분 동안 상영되는 영화에서든, 간단한 지면 광고에서든, 누군가 등장하고 어떤 것이 재현된다면 거기에 나오는 시각기호는 모두 환유적으로 선택된 것이죠. 예를 들면 '가난한 여대생'으로 재현되는 누군가의 기표는 환유입니다. 그녀와 사랑에 빠진 '재벌집 아들'의 기표도 환유입니다. 우리가 '재벌집 아들'과 '가난한 여대생'의 러브스토리를 영화로 본다고 할 때 '가난한 여대생' 역할을 맡은 배우는 환유적으로 가난한 여대생으로 보여야만 합니다. 영화에서 선택된 환유의 기호는 화려한 색깔의 코트도 아닐 것이고, 검은색 선글라스도 아닐 것입니다. 가난한 여대생도 얼마든지 그런 코트나 선글라스를 가지고 있을 수 있겠지만 그건 대중 매체에서 돈이 많은 부자를 지시하는 환유적 기호입니다. 그런 영화를 보며 자란 가난한 학생은 환유적 의미체계로 살아갈 것이고 어쩌면 검은색 선글라스를 선물로 받더라도 자신에게 어울리지 않는다고 생각합니다.

화면에서는 클로즈업 기법으로 환유적 의미가 잘 드러납니다. '웃는 얼굴'이든 '긴 머리카락'이든 일부를 클로즈업하면 관객은 그것을 보면서 보다 전체적인 의미를 연상합니다. 예를 들면 기쁨의 감정이나 여자다운 여성을 떠올립니다. 화면에서 선택된 모든 시각기호는 현실 세계에서 가져온 무언가의 일부입니다. 특정한 요소로부터 어떤 세상을 재현한 것이기 때문에 다분히 환유적 의미로 볼 수 있습니다.

환유는 광고에서 특히 중요합니다. 화면에 사람, 사물, 공간의 속성 일부가 나옵니다. 그것만으로 소비자는 해당 상품이나 서비스를 연상할 수 있어야 합니다. 화려한 수영장이 화면을 가득 채우고 리조트를 소개하는 문구 하나만 넣어도 소비자는 그걸 보고 그만한 수영장이 있는 고급 리조트를 떠올립니다. 수영장의 어떤 기표에서 리조트의 기의를 연결시킬 수 있을까요? 핵심 요소를 보여줄 수도 있고, 막연한 기표라고 하더라도 소비자가 궁금증을 가지고 의미를 추론하게끔 유도할 수 있습니다.

이와 같은 의미화 과정에 환유적 오류가 물론 있습니다. 보이는 것이 지시하는 대상을 왜곡하거나 과장할 수 있습니다. 드라마나 광고와 같은 사실주의적 장르가 갖는 위험은 그런 환유적 오류입니다. 재현된 일부일 뿐인데 시청자와 소비자는 그것을 전체 속성의 정확한 반영으로 착각합니다. 그럼에도 불구하고 환유로 생성된 의미는 은유보다 더욱 자연스럽게 대중 매체에서 소비됩니다. 은유는 비약적인 치환을 요구하지만 환유는 인접 요소 간, 혹은 부분과 전체의 관계이기 때문에 훨씬 객관적으로 보이기 때문입니다.

은유와 환유를 기표와 기의의 속성에서 다음과 같이 비교할 수도 있습니다. 우선 은유적 기표는 기표 자체를 강조하며, 환유적 기표는 기의를 강조하는 편입니다. 은유는 자꾸 사용하면 자연스럽게 수용되지만 처음에는 대개 낯설게 보입니다. 은유는 도상icon이나 상징symbol을 기반으로 대상과 유사한 속성을 대신합니다. 환유는 지표index를 통해 대상과 직접 연관된 것으로 보입니다. 은유의 언어가 자주 드러나는 문학의 양식은 운문(시)이지만 환유의 언어는 산문(소설)에서 선호됩니다. 은유는 낭만주의나 초현실주의적 미디어에 자주 등장할 것이고 환유는 사실주의적 서사에 잘 맞을 것입니다.

통합체-계열체의 의미체계 탐색

소쉬르와 야콥슨의 지식전통인 통합체-계열체의 의미체계는 지금도 영화, 드라마, 광고 등의 서사가 분석될 때 자주 참조됩니다. 일상적으로 소비하는 문화콘텐츠나 우리가 살아가는 삶의 의미구조는 통합체와 계열체 속성으로 흥미롭게 탐색될 수 있습니다.[2]

통합체 차원

구조주의자라면 텍스트를 통합된 구조로 봅니다. 인접된 정보의 관계성을 보면서 특정한 의미의 생성과 확장을 돕는 규칙체계로 파악합니다. 교육콘텐츠를 만들거나 가르치고 배우는 현장도 통합체의 축에서 분석될 수 있습니다. 예를 들어, 프랜차이즈 영어학원을 보면 가르치고 배우는 절차와 내용이 통합체의 의미구조로 나열됩니다. 교육과정은 1단계에서 2단계로, 초급에서 중급으로, 또는 알파벳을 배우고, 파닉스를 배우고, 문법을 배우는 순차적 경로로 제시됩니다. 교육단계마다 문제를 진단하고 해결하며, 어떤 지향점으로 이동하는 논리가 자주 등장합니다. 언어를 사용하고 배우는 복잡한 세상, 그리고 다양한 필요와 서로 다른 정체성이 입체적으로 고려되지 못합니다. 순차적이면서 인접된 교육정보가 직선으로 통합됩니다.

통합체를 강조한 문화텍스트는 '순차적', '공간적', 또는 '개념적' 결속이 돋보입니다. 하나씩 살펴보도록 하겠습니다. 우선 순차적 관계입니다. 수백년 전에 출간되었든, 올해 출간되었든, 종이책이든, 웹툰이든, 시간과 매체에 상관없이 서사는 순차적 구조를 갖고 있습니다. 플롯이란 것도 순차적으로 사건이 제시되고, 문제가 해결되는 서사의 문법입니다. 황순원의 〈소나기〉를 예로 들어봅시다. 시골이라는 배경이 제시되고, 소년과 소녀가 친해졌고, 그러다가 소녀가 사라지면서 사건이 복잡해지고, 소년이 소녀의 죽음을 알면서 서사가 종결됩니다. 그런데 달리 생각해보면 우리가 살아가는 세상에 그런 순차성이 정말 존재할까 싶기도 합니다.

원영 글쎄요, 꼭 영화 속 스토리가 아니라도 저에게도 그런 일이 있을 수 있고, 그걸 또 영화로도 보는 것 아닌가요?

교수 어떤 사건이 있었다고 하더라도 영화나 소설로 보는 것처럼 처음-중간-끝이 그렇게 분명하게 구분될까요? 사실 별것도 아니었거나, 혹은 훨씬 더 복잡하진 않았을까요?

원영 드라마나 영화 이야기는 제 이야기나 우리 주변 이야기 같다는 생각이 드는데….

교수 예를 들면, 둘이 만나서 사랑하는 '사건'만 놓고 보죠. 대중매체는 남녀 주인공과 약간의 조연 인물과 엑스트라로 처음-중간-끝의 연애 서사를 재현하지만 진짜 연애도 그럴까요? 원영은 성식과 만나면서 그런 것 느끼지 못했나요?

원영 저는 대중 매체에 나온 이야기가 저희들 연애 이야기와 다를 바가 없어 보이는데요.

교수 ….

여러분도 원영의 말에 동의한다면 제가 반박을 해보겠습니다. 대중 매체의 연애사는 사람들이 잘 알고 있고, 혹은 알고 싶은 단면에만 집중하고 있을지도 몰라요. 사랑이란 감정, 누군가의 연인이 된다는 정체성, 결혼을 한다는 사건은 뿌연 안개에 가려진 숲길이나 다름 없습니다. 제한된 시공간에서는 모든 사건이 온전하게 재현될 수 없고 대중 매체는 그저 생략하고 축소하고 매체 편의적인 서사만 변조해서 반복적으로 배치할 수도 있어요.

화면에 나온 사건이 정말 현실을 객관적으로 재현한 것일까요? 탁월한 작가나 감독이 대중서사로 사건을 정확하게 묘사하고 서술한 것일까요? 우리가 '연애'라고 인식하고 소비하는 익숙한 형식성이 연애에 관한 사건을 자꾸만 같은 문법으로 생산하는 것 아닐까요? 즉, 처음-중간-끝, 배경-도입-문제-갈등-해결의 순차적 형식성은 연애에 관한 의미구조를 유지하고 확장하는 랑그인 셈이죠. 그러한 연애문법(랑그)에 우리 모두 익숙해지면, 우리는 마치 영화 속 주연 혹은 조연 역할로 '만나서 갈등하고 해결하는 순차적 의미체계'로 살아갑니다.

1장에서도 설명했지만 구조주의자의 시선으로 보면 영화 속 연애 사건은 연애에 관한 내면과 세상을 반영하는 거울이 아닙니다. 오히려 우리가 반복적으로 지켜보고 소비하는 영화 속 연애문법이 연애를 하는 우리의 내면과 사회질서를 만들고 있습니다. 달리 말하면 우린 드라마의 한 장면처럼 눈을 동그랗게 뜨며 갑자기 누군가와 사랑에 빠지지도 않고, 헤어지더라도 그토록 고통스럽지 않을 수도 있어요.

서사적 통합체는 시작-중간-끝, 혹은 균형-불균형-균형의 의미구조를 갖습니다. 배경, 사건의 발단, 전개, 갈등이나 위기, 해결과 결말은 줄거리를 중요하게 생각하는 드라마 장르의 문법입니다. 인접 사건은 시간 순서나 원인과 결과로 연결됩니다. 그렇지만 우리가 실제로 살아가는 사건은 그런 드라마처럼 표시나게 구분되지 않을 때가 많습니다. 오히려 연속성과 완결성이 분명하지 않지요. 대중 매체의 서사문법이 지배적인 랑그로 유통되고 있다면 우리가 직접 겪은 경험도 그런 랑그의 틀로만 인식됩니다.

언어와 사물의 본질적이고 영구적인 관계성을 단절시킨 소쉬르 언어학의 관점에서 오래전부터 우리에게 익숙한 서사물이 반복적으로 생산된다고 생각해보세요. 언어가 사물을 자의적으로, 그리고 차이의 체계로 재현하듯이, 서사도 서사의 대상을 나름의 규칙체계로 재현할 뿐입니다. '진짜 서사'는 없는 것이죠. 아니, 누구도 진짜는 무엇인지 모릅니다. 세상을 딱 본뜬 객관적이고 정확한 서사는 없어요. 익숙한 서사구조가 관행적으로 사용되면서 세상은 그런 서사로만 의미화된 것이죠. 그렇다면 내 사랑의 서사든, 누군가의 작품에 나오든 서사든, 절대화시킬 순 없습니다.

　서사의 순차적 형식성은 내용의 구성도 랑그로 기능하게 합니다. 예를 들면, 서사적 종결은 흔히 '갈등 해소'의 효과를 갖습니다. 그런데 그런 순차적 형식성에 익숙해지면 우리는 일상에서 만나는 크고 작은 사건에서도 갈등 해소나 종결의 과정에 집착할 수 있어요. 늘 보고 들은 것이 '원인-결과, 문제-해결'이라면 충분히 그럴 수 있습니다. 그러나 자신의 경험을 두고 생각해보세요. 어떤 사건 속에서 무슨 문제가 선명하게 파악되었나요? 갈등과 위기는 정말 있었고 꼭 해결되어야 했나요?

　어쩌면 사건의 시작과 끝도, 원인과 결과도 분명하지 않아요. 순차적 결속에 우리 모두 익숙하고 집착했던 것뿐이죠. 그런 점에서 보면 서사는 현실의 지배질서를 유지하는 이데올로기적 속성도 가지고 있습니다. 이걸 자크 라캉Jacques Lacan의 논점으로 말하자면, '의미작용은 늘 주체성의 구성에 영향을 끼친다'라고 말할 수 있어요. 주체성은 구조화된 의미체계 안에서 불안정하게 어떤 환영처럼 위치되는 것이죠.

　신동엽과 이영자 등이 진행한 KBS 〈대국민쇼 안녕하세요〉라는 방송이 있었어요. 이 방송은 가정 안에서, 혹은 이웃과의 소소한 문제점이 제시되고 해결책도 소개되는 방식으로 구성되었습니다. 예를 들면,

아버지는 딸이 너무 게으르다며 그것이 문제라고 지적합니다. 그리고 방송 말미에 딸을 포함한 가족구성원 모두 아버지를 이해하고 서로 화해하면서 한편의 일화는 종결됩니다. SBS의 〈동물농장〉 방송의 서사구조도 비슷합니다. 거기서는 개나 고양이가 문제적 상황의 대상으로 등장합니다. 예를 들면, 강아지 공장에서 학대를 당하던 강아지는 동물보호단체의 도움으로 구출되는데 여전히 사람이 다가오면 무서워합니다. 그러다 훈련사나 수의사가 해결사로 등장하고 강아지를 돕고 치료하면서 갈등이나 문제적 상황은 종결됩니다.

드라마뿐 아니라 예능이나 뉴스 콘텐츠도 원인-결과의 서사를 선호합니다. 예능방송 〈솔로지옥〉은 '지옥'과 '솔로'의 유사성으로 의미구조를 만들었습니다. 솔로로 남으면 지옥도에 갇히고, 커플이 되면 헬리콥터를 타고 천국도로 갑니다. '솔로 지옥'과 '커플 천국'에 관한 모든 은유적 재현은 이항으로 대립된 것입니다. 전형적인 서사문법, 즉 균형-불균형-재균형, 혹은 시작-문제-해결 등의 순차적 구조가 분명하게 드러납니다. 누군가에게 다가가고, 실패하거나 성공하면서 결과에 도달합니다. 〈솔로지옥〉의 의미구조에 익숙한 만큼 우리는 '솔로'로 사는 것이 문제이며 그래서 해결책을 모색하는 인생을 살게 됩니다.

A가 문제이고 B가 개입하며 C가 해결책으로 고안되는 순차적 의미구조는 제한된 시공간에서 인접된 통합체적 정보로 연결되어 있습니다. 거기엔 강아지 공장이 없어져야 하고, 가부장적 사회질서가 재고되어야 한다는 복잡한 논점이 등장하기 힘들죠. 사회구성원에게 너무나도 익숙한 기표-기의만 자꾸 등장합니다. 로맨틱 코미디 영화만 여러 편 모아서 보면 통합체의 의미구조가 유사하다는 것을 쉽게 알 수 있어요. 랑그가 된 순차적 서사는 우리 삶을 조종할 만큼 이데올로기적입니다. 우리가 누구이고 무엇을 해야 하는지에 관한 주체성에 영향

력을 끼칩니다

　다음은 공간적 관계에 대한 설명입니다. 소쉬르는 음성언어에 우선적인 관심을 가졌기 때문에 통합체를 시간의 흐름으로 연결된 의미구조로 인식했습니다. 그러나 통합체는 공간적 의미관계로도 얼마든지 볼 수 있어요. 의미가 공간의 배치로 생성된다면, 수평/수직, 좌/우, 위/아래, 앞/뒤, 안쪽/바깥, 중심/주변, 먼/가까운 등의 인접 요소가 분해될 수 있습니다. 그림과 사진, 영상 콘텐츠의 장면이 제작될 때 이와 같은 공간적 관계성은 기호가 배치되는 원리로 작동합니다.[3] 간단하게 몇 가지만 살펴보면 다음과 같습니다.

　우선, 그림을 볼 때 우리는 왼쪽에서 오른쪽으로 시선 이동을 합니다. 콘텐츠 생산자라면 무의식적으로나마 그걸 의식하고 대개 왼쪽에 잘 알고 있거나 익숙한 요소를 배치합니다. 친근하고, 당연하고, 자연스럽고 자명한 것으로 간주되는 것입니다. 반대로 오른쪽에는 새롭거나 익숙하지 않은 요소를 배치합니다. 알려지지 않았거나, 보는 사람들로 하여금 충분한 합의를 도출하기 힘든 것, 특별하게 주목해야 하는 것, 놀랍고 불확실하고 논란의 여지가 있는, 그러나 한편으로는 기대가 되는 것이 오른쪽에 놓입니다.

　[그림 2-1]의 왼쪽 그림을 보세요. 왼쪽에는 회색 정장을 입은 선생님이 무릎을 붙이고 팔을 허리춤에 붙이고 서서 고개를 옆으로 돌려 오른쪽에 위치한 학생을 바라봅니다. 오른쪽에는 초등학생으로 보이는 여자아이가 빨간색 상의를 입고 다리와 팔을 벌린 채 앞쪽을 바라보며 역동적인 자세로 뛰어오르면서 웃고 있습니다. 해당 광고의 초점은 누구이고 무엇일까요? 학생, 성취, 기쁨, 그런 것 아닐까요? 그게 왼쪽이 아닌 오른쪽에 모두 놓여 있어요.

[그림 2-1] 공간적 관계를 강조하는 영어교육 지면 광고(윤선생영어교실, ECL어학원)

위/아래 통합체의 요소도 비슷하게 생각해볼 수 있습니다. 위에는 대개 크고, 많고, 좋고, 특별한 의미를 지닌 기호가 있어요. 이상적인 가치를 가지고 있는 셈이죠. 행복, 건강, 양심, 미래, 높은 지위, 주도성, 이성 등과 같은 기의를 연상하게 하는 기표가 화면 상단에 배치됩니다. 왼쪽 그림의 아이는 위로 뛰어오르고 있고, 오른쪽 그림의 아이는 팔을 펴고 위를 바라보고 있잖아요. 위쪽에 어떤 좋은 것, 높은 것이 있다고 상정되는 것이죠.

반대로 아래는 주로 작거나, 적거나, 부족하거나, 현실적인 것을 의미하는 기호가 있습니다. 예를 들면, 악, 타락, 죽음, 보잘것없는 지위, 종속성, 우울한 감정과 연결된 기의를 연상하게 하는 기표입니다. 그림으로 표시되는 의미체계라면 아래에 사실적인 대상, 현실적인 정보 등이 세부적으로 묘사되고, 위에는 이상적인 의미를 함축하는 기호가 등장합니다. 위 그림을 보더라도 위쪽에 위치된 기호가 더 밝고 긍정적인 속성과 결속된 듯합니다. 사회(심리)학자인 어빙 고프먼Erving Goffman의 젠더에 관한 광고 연구를 보면 북미에서 발행되는 잡지의 광고에 남성은 여성보다 크게, 혹은 중심이나 더욱 높은 위치에 배치되어 있습니다. 보다 작은 형상으로 아래쪽이나 주변 위치에 있는 여성의 기호와 비교해서 남성이 더욱 중요하고도 주도적인 정체성임을 함축하고 있습니다.

중심/주변의 위치성도 공간적 의미를 유도합니다. 한국어나 영어 문장구조를 분석하면, 중요한 정보를 담고 있는 주절은 전경화fore-ground되고, 부차적이거나 배경 정보를 담은 종속절은 후경화background 되는 경향이 있습니다. 그림의 구성도 중심에 있는 것이 핵심적인 의미이고 가급적이면 전경화됩니다. 나머지는 부차적인 수준의 의미이며 뒤로 밀려납니다.

마지막으로 개념적 관계에 대한 설명입니다. 논술의 구성 방식이 예시가 될 수 있습니다. 논증적인 글쓰기에 관한 다음의 교육지침을 누구나 한 번쯤 들어보았을 것입니다.

· 서론에서 주제가 명시적으로 드러나고 본문은 본문 전체에서 주제를 벗어나지 말아야 한다.
· 문단은 서로 유기적으로 연결되어야 하며, 결론에서 지금까지 논의된 내용을 정리한다.

서론-본론-결론으로 구성된 논술은 어디서든 많이 배우셨죠? 가설이나 문제점을 제시하고 증거자료를 토대로 논술할 때 문단들은 주제의 일관성이 유지되고 인접된 문장끼리는 논리적으로 결속되어야 합니다. 논제를 불필요하게 반복하거나 감상적이고 개인적인 반응을 보태거나, 부수적이고 주변적인 논점으로 이탈하지 말아야 합니다. 문단 결속성cohesion, 주제일관성coherence 등과 같은 개념적 연결은 대학교의 작문 시간에서도 늘 강조되는 것이죠. 개념적 의미구조로 만들어진 통합체적 논술은 마치 잘 만들어진 한편의 영화나 광고와 다름없습니다. 영화나 광고가 진짜 세상을 보여주는 것처럼 만들어졌듯이 통합체적 구조를 갖춘 논술의 내용도 마치 당연한 실재를 그대로 보여주는 것 같습니다.

석박사 학위논문과 같은 학술적 글쓰기는 서론-본론-결론과 같은 3단계의 형식성을 엄밀하게 갖춥니다. 서론에서는 무슨 논점을 다룰지 제시합니다. 본론에서는 논점을 부연합니다. 결론에서는 지금까지 논술한 것을 다시 요약합니다. 그런 논문은 모두 근사해 보입니다. 그러나 그와 같은 논문의 형식성이 진짜 세상의 모호함을 감추는 방식으로 기능하진 않을까요?

논리적 형식을 갖추어서 논리적으로 보이지만 잘 살펴보면 논리적이지 않은 논문도 많거든요. 앞서 언급한 서사처럼 3단계의 논문형식도 통합체적 의미구조를 재생산하는 (랑그가 된) 형식체계로 봐야 합니다. 처음-중간-끝의 서사적 결속처럼 서론-본론-결론의 논증은 문제를 제시하고 해결하는 실재를 온전하게 보여주지 못할 때가 많습니다. 문제도 변변치 않고 논리적으로 해결된 것도 없는데 나름의 형식을 갖추고 있으니 무언가 중요한 문제가 제기되고 또 뭔가 끝냈다고 선언되는 셈이죠. 구두점이 문장의 끝을 선언하듯이 학술적 글쓰기의 결론은 유의미한 논술이 종결된 것처럼 선언됩니다.

너무 당연하게 논문의 저자들이 '결론'이라는 말을 사용하니까 일반 독자의 입장에서는 결론에 관한 문제의식을 갖지 못할 수도 있습니다. 그러나 무언가 끝났다는 의미인 '결론'은 실재를 기만하는 환상일 가능성이 높습니다. 서사도 그렇지만 논술 역시 처음도 끝도 늘 애매합니다. 통합체적 형식성이 독자의 의식를 통제하고, 주제가 다뤄지는 인접성을 구조화했을 뿐이죠. 저자가 형식에 집착하는 이유는 그런 랑그의 문법을 갖추면 진짜처럼 보이기 때문입니다. 그렇지만 그건 완결된 느낌을 갖고 싶은 (그래서 논증의 형식성을 버리지 못하는) 저자의 욕망일 뿐입니다.

나도 그렇지만 학술연구자는 알고 있고 경험한 것이 늘 제한적입니다. 정말 쓰고 싶은 것을 온전하게 쓸 수 없을 때도 많죠. 그렇지만 서론-본론-결론에 잘 맞추면 저작이 마치 완결성을 가진 것처럼 보입니다. 그럴 듯하게 보이기도 하고, 그렇게 자꾸 보이니까 통합체로 구성된 글쓰기 양식 밖으로 나올 수 없습니다. 논증도 재현된 현실만 다룰 뿐입니다. 예를 들어, 난민, 이주민, 외국인 유학생에 관한 학술논문은 그들에 관한 진짜 현실과 얼마나 상관성이 높을까요? 사실 현실은 훨씬 복잡하고 산만하겠죠. 학술논문의 관행과 형식에 따라 이주민이나 유학생에 관해 논술한 글이 이주민의 내면과 삶을 얼마나 객관적으로 보여줄까요? 어쩌면 엉뚱한 것을 두고 과장하고 왜곡했을 수도 있어요.

계열체 차원

이제 계열체의 의미구조를 설명하겠습니다. 소쉬르는 차이의 관계로 선택된 기표가 어떤 '가치'를 갖는다고 보았죠. 달리 말하면 어떤 계열에서 선택되거나 배제된 기표는 긍정적이거나 부정적인 효과를 유도할 수 있습니다.

예를 들면, 학교라는 공간에서는 '선생'과 '학생'의 기표가 자주 등장합니다. 스승의 날이 있는 매년 5월이 되면 '스승'과 '제자' 기표가 새삼 등장합니다. 왜 '학생'이 아니고 '제자'로 호명될까요? 또는 드라마에서 주인공을 화면에 비출 때 미디엄 샷 대신 클로즈업 기법이 사용된다면 무슨 효과가 의도된 것일까요? SNS 프로필 사진을 근엄한 얼굴로 교체하면 의미가 어떻게 달라질까요? 격식을 갖춘 어휘 대신에 비속어를 사용하면 어떤 가치를 갖게 될까요? 먼저 계열체의 대립관계에 대해 간략하게 소개하고 그것을 유표성과 무표성의 의미체계로 설명하도록 하겠습니다.

계열체에서 이항으로 구분된 대립관계는 의미를 만들고 확장하는 핵심 원리입니다. 예를 들어, 국가영어능력평가시험(NEAT)은 이명박 정부 때 처음 등장했는데, 시험에 어떤 의미가 새롭게 형성되어야 했습니다. 처음에는 토플, 토익 등 미국에서 수입된 영어시험과 이항으로 구분되면서("토종시험"vs"수입시험") 국가영어능력평가시험에 관한 의미체계가 구성되었습니다. '빛'이 '어둠'과 대비되면서 구분된 의미를 갖는 것처럼 말입니다. 1장에서 다룬 것처럼 코미디 방송에서 '못생긴 사람'이란 의미를 누군가에게 부여하려면 '잘생긴 사람' 옆에 배치되면 제일 좋습니다.

1장에서 언급한 〈개그콘서트〉 '크레이지 러브' 코너에 등장한 두 여자는 계열체의 요소(예: 이항으로 대립된 외모의 속성)가 서로 다르게 선택되면서 대비됩니다. 서 있고/앉아 있고, 말하고/듣고, 긴 머리/짧은 머리, 날씬한 몸/뚱뚱한 몸, 갸름한 얼굴/동그란 얼굴, 단색의 옷/원색의 옷 같은 대립적 기표는 특정한 의미를 작정하고 만드는 계열체적 요소로 봐야 합니다. 코미디 방송뿐만 아니라 플롯보다 캐릭터가 강조되는 시트콤 드라마나 광고에서도 이와 같은 이항대립의 의미구조가 자주 등장합니다.

이원론은 오래 전부디 인간의 **분류**능력과 밀접히 관련되어 있는 지도 모릅니다. 인간은 어쩌면 수천년 전, 아니 수만년 전부터 이항으로 대립된 의미체계를 사용했는지도 모르죠. 그렇지만 자연이든, 도시 공간이든, 사물이든, 사람이든, 이항의 대립으로만 의미가 내재되어 있는 걸까요? 자연세계의 경험만 떠올려봐도 둘로 나눌 수 없는 시공간은 너무나 많습니다. 따뜻하지만 무더운 5월은 봄인가요? 선선하지만 더운 9월의 날씨는 꼭 가을에 속하는가요? 서울 도심에 있는 양재천은 자연 공간에 속하나요? 아니면 도시 공간에 속하나요? 어디서부터가 서울을 벗어난 자연일까요?

어쨌거나 인류는 복잡한 세상을 이항으로 구분된 계열체적 의미체계로 보았고 거기서 나름의 사회질서를 유지한 듯합니다. 예를 들면, 자연과 초자연, 시민과 노예, 남자와 여자, 인간과 동물, 개와 고양이, 행복과 슬픔, 지배와 복종, 삶과 죽음, 전쟁과 평화 등으로 나누는 방식이죠. 이렇게 이항대립적으로 사고하는 것이 언어/기호 자체의 구조화된 특성인지 아니면 인간이란 종의 보편적 사고방식인지 판단하기도 어렵습니다.

고대 그리스 시대의 문헌에서도 이항대립의 계열체적 의미구조가 자주 등장합니다. 아리스토텔레스Aristotle는 물과 불, 공기와 흙이라는 네 가지 대립 요소를 기반으로 세상의 물리현상을 설명했지요. 자연적/비자연적, 단일성/다양성, 능동적/수동적, 전체/부분 등의 이항 논리가 이때부터 존재한 셈입니다. 언어학자인 야콥슨 역시 구조주의를 견지하며 이항적 대립은 아동이 경험하는 최초의 논리 작용으로 보았고요.

정신분석학자 라캉도 어린아이가 언어를 배우기 전에 자신과 타자를 구분하지 못하지만, 이항의 의미체계를 배우면서 타자와의 관계성을 통해 자의식을 갖는다고 보았습니다. 어린아이는 어떤 부재나 결핍도 존재하지 않는, 즉 자아와 세상을 구분하지도 못하는 실재계에서 상상계로 진입하는 때를 만납니다. 상상계는 자신을 주체적으로 인식하는 정신세계인데 거울을 보면서 자신에 대한 자의식을 갖는 셈입니다. 이때부터 자아가 타자와 구분되는 이상적 의미체계가 학습됩니다. 그러나 언어의 유연한 의미작용 때문에 인간의 자아는 고정적인 실체가 될 수 없습니다. 자아는 의미구조에 의존하는 유동적이고 모호한 기표일 수밖에 없습니다.

사회인류학자인 레비스트로스 역시 계열체의 축에 배치되는 대립항 속성에 관해 비슷하게 주장했어요. 이항대립이 인간정신이 갖는 불변의 특성이고 문화적 차이마저 초월하는 의미구성의 원리로 보았습니다. 그가 연구한 신화, 토템신앙, 친족의 관계구조에는 늘 의미론적 대립항이 있었습니다. 간단하게만 설명하면, 인류는 차이와 대립의 의미체계로부터 자연, 문화, 자신이 속한 일상을 이해했다는 것입니다. 이항대립의 초기 형태는 남자/여자, 하늘/땅 /왼쪽/오른쪽 같은 눈에 보이는 표층 수준에서 구성되었지만, 문명이 발달할수록 선/악, 고급/저급, 지배자/피지배자 같은 상징적 이항대립으로 확장되었다고 보았습니다.

그와 같은 이항대립은 흔히 유표성과 무표성의 의미구조로도 알려져있습니다. 20세기 초중반에 활동한 프라그 학파Prague School는 언어학과 문학이론을 접합시키고 언어학적 원리로 예술과 문화 현상을 분석했습니다. 20세기 중반을 넘기며 시학, 인류학, 사회심리학, 사회학, 미디어와 커뮤니케이션 학문 분야 등에 영향력을 끼쳤고요. 앞서 소개한 이항대립의 의미구조는 야콥슨이 소속된 프라그 학파가 개척한 논점입니다. 당시 주목받았던 인접 학문, 예를 들면 개별 요소들 사이의 관계성에 주목한 게슈탈트 심리학이나 현상학, 혹은 맥락과 연결해서 언어사용을 탐구한 초기 화용론 연구 등과 영향을 주고받기도 했어요.

프라그 학파는 소쉬르 언어학의 이항성을 '위계적 구조'로 재개념화시키면서 보다 역동적으로 의미가 생성되는 구조를 이해하고자 했습니다. 다음 장에서 자세하게 설명을 하려고 하는데요. 여기서는 계열체적 선택과 연결해서 간단하게만 소개하겠습니다. '남성'과 '여성'의 의미는 병렬적 혹은 대립적 이항의 체계로 관련 의미가 통용되지요. 그런데 '남성'을 '여성'보다 위계적으로 높게 위치시키면 비대칭적 이항으로 '남성'과 '여성'이 구분될 수 있습니다. 예를 들면, '남성'에 무표성의 자질을 갖게 하면 유표적인 '여성'보다 높은 사회적 위치를 함축하게 됩니다.

무표항은 흔히 A항(Term A), 유표항은 B항(Term B)이라고 불립니다. A항인 무표항은 정상적이고 긍정적인 함의를 갖습니다. 이와 달리 B항인 유표항은 무표항과 '다른 것' 혹은 '비정상적'인 속성을 함축합니다. B항은 A항으로 인식되기 때문에 대개 종속적이고, 파생적이고, 보완적이고, 부수적인 속성으로 알려져 있습니다.

'인간'을 지칭하는 단어는 'man'이란 영어 단어가 사용되곤 했습니다. 남성을 지칭하는 'he'도 성별 구분 없이 '어떤 사람'을 지칭하는 무표항으로 오랫동안 사용되었습니다. 그에 반해 여성을 지칭하는 범주체계는 남성의 부속 개념인 유표항으로 규정되었죠. 이건 페미니스트 언어학자들이 자주 주장하는 논점입니다. 형태언어학자들은 영어의 무표항 형태를 동사의 현재형, 명사의 단수형, 능동태의 구문 등으로 봅니다. 그에 반해 과거형, 복수형, 수동태 구문은 '다른 것'을 함축하는 유표항입니다.

시각자료 역시 이항대립의 의미체계로 유통됩니다. 소년 집단을 염두에 둔 장난감 광고는 무표항이 많습니다. 반면 소녀 집단을 염두에 두고 제작한 장난감 광고는 여성성의 유표항 범주가 시각기호에서도 돋보입니다. 예를 들어, 소녀를 대상으로 하는 광고는 샷 길이가 더 깁니다. 샷과 샷이 겹쳐지는 페이드아웃/페이드인인 디졸브 기법을 자주 사용합니다. 인물의 전신을 작게 잡는 롱 샷보다는 얼굴을 크게 보여주는 클로즈업이 빈번하게 사용됩니다.

카메라 높이에도 차이가 있습니다. 피사체와 같은 높이에서 촬영하는 눈높이 샷이 주로 사용되고 피사체보다 높거나 낮은 샷을 많이 사용하지 않습니다. 여성성을 드러내고자 할 때는 흔히 사용하지 않는 '다른 방식'의 유표항이 일부러 배치되는 것이죠. 성별에 따라 인물이 '빠르고 vs 느리고', '갑작스럽게 바뀌거나 vs 천천히 바뀌거나', '요란하거나 vs 조용하거나', '동적이거나 vs 정적이거나', '열정적이거나 vs 초연하거나' 등으로 나타나는데, 이것들은 모두 대립항의 의미체계로부터 상정된 것입니다. 수업이 있는 공간에서 휠체어에 앉은 학생들이 무표항으로 인식되는 경우는 거의 없습니다. 그들은 늘 '비정상적'인 유표항으로 배치되죠. 드라마에서 부잣집 자녀들이 대부분인 어떤 모임에 가난한 가정의 딸이 등장한다고 합시다. 그것은 '가난'과 '여성성'이 유표항으로 선택된 기호입니다.

이와 같은 무표성과 유표성의 위계적 대립관은 17세기 르네 데카르트René Descartes의 이원론을 계승한 것입니다. "나는 생각한다. 고로 존재한다"라는 이성주의 선언을 잘 보세요. 육체와 정신(이성)이 구분되어 있습니다. 육체보다 정신에게 우월한 위치를 줍니다. 인간이 정신적으로 자율적이고 고유한 개성을 가진 존재라고 보는 것이죠.

유표항을 무표항과 구분하는 이항대립의 의미체계는 20세기 후반부터 포스트모더니즘, 탈식민주의, 페미니즘, 생태주의, 담화/담론연구, 사회기호학 분야의 연구자들로부터 거침없이 비판받았습니다. 나중에 더 다루겠지만 이성과 대비되는 감성, 정신과 대비되는 신체, 남성과 대비되는 여성, 인간과 대비되는 자연, 외향성과 대비되는 내향성, 랑 그와 대비되는 파롤 등 이제 B항 혹은 유표항이 특별하고도 유의미한, 혹은 A항과 상보적이면서도 자립적인 가치로 재평가되고 있습니다.

계열체와 통합체로 세상을 다시 바라보기

2장의 핵심 내용은 정리했으니 이제 통합체와 계열체, 혹은 은유와 환 유와 같은 의미체계로부터 우리가 살고 있는 세상의 경관을 한번 바라 봅시다. 의미와 기호에 관한 기본 원리를 배우면 자신의 삶과 세상의 질서를 새롭게 인식할 수 있습니다.

번지르르한 말의 사회적 역할

계열체와 통합체, 은유와 환유로 세상을 보는 연습을 하기 전에 여러 분은 다음과 같은 세상의 말을 어떻게 생각하세요?

"그게 무슨 의미가 있어?"
"모두 말뿐이다."
"말만 번지르르하네요."

어때요? 나는 말과 글, 의미와 기호가 우리의 내면과 사회구조도 바꿀 수 있다고 보는데 이런 말들은 기호/언어의 선택과 배치에 부정적인 가치를 담고 있어요. 마치 경영학 전공자에게 "경영의 기술이란 게 중 요하지도 않아"라고 하거나, 컴퓨터공학 전공자에게 "컴퓨터가 대단해 보여도 별것 아냐"라고 말하는 것이나 다름없는 비아냥입니다. 세상이 말과 글의 기능을 아무리 폄하하더라도 나는 앞으로도 다음처럼 주장할 것입니다.

"모든 것은 의미가 있다."
"세상은 말로 구성되어 있다."
"말이 번지르르한 것은 중요하다."

소쉬르 언어학의 지식전통, '언어적 전환linguistic turn'은 세상이 언어를 통해 구성된다는 사유방식입니다. 언어가 곧 우리가 살아가는 내면이고 세상입니다. 모든 것은 언어로 표현될 수 있는 의미덩어리이며 의미가 없는 것은 없습니다. 의미가 없다면, 또는 의미를 해석하지 못하면, 의미로 구성된 세상도 없고 그것으로 살아가는 나도 온전하게 존재할 수 없습니다. 그런 의미체계는 수사적으로 구성되기 때문에 앎과 삶은 (좀 과장해서 주장하면) "모두 말뿐입니다." 그래서 "번지르르한 말"은 우리 삶을 미학적이고 윤리적으로 다듬기 위해서라면 반드시 배워야 합니다. 눈앞에 펼쳐진 막연한 세상보다 '지금', '바로 여기서' 나누는 "번지르르한 말"이 더 중요합니다.

　1장에서 내가 설명한 것으로 돌아가봅시다. 누군가를 사랑할 때 가장 중요한 것은 무엇인가요? 운명이나 본심이 아닙니다. 오늘도 서로 주고받는, 그렇게 매일 함께 축적하는 언어와 기호입니다. 내가 선택하고 나누고 모아두는 말, 글, 기호의 총합이 내가 실현하는 사랑(의 실체)입니다. 사랑의 추상성(기의)이 말(기표)로 드러나지 않을 수 있을까요? 인삿말이 달콤할 수 있습니다. 입고 온 옷(기호)만으로도 설득될 수 있습니다. 편지글로 화가 나기도 합니다. 그런 언어/기호의 총합이 우리가 머리에 떠올리고 매일 행동으로 실현하는 사랑입니다. 지고 지순한 본심보다 '번지르르한' 언어/기호가 필요합니다. 언어/기호를 잘 교환하면 사랑하는 관계성, 배려하는 정체성이 소멸되지 않습니다.

"수사학은 몽상의 도구요, 허구의 달콤한 속임수"라고 폄하하는 사람들이 있습니다. 그렇게 말한다면 객관적으로 존재하는 세상을 분명하게 전제하는 것입니다. 진짜 세상, 진짜 사랑, 진짜 어떤 것이 분명하게 존재한다면 그걸 표현하는 언어/기호는 어떻게 사용되더라도 온전할 수 없습니다. 언어는 속임수가 될 수밖에 없습니다. 말과 글에 의해 진짜는 왜곡될 수밖에 없죠. 실재론자들은 언어와 현실, 사고와 언어, 형식과 내용이 분리된 것으로 접근합니다. 분리된 것이 아니라도 분리해서 보는 것이 가능하다고 보는 실재론자들이 많습니다. 여러분은 어떠세요? 또는 우리 사회는 어떻게 언어와 세상의 관계를 바라보고 있을까요?

〈개그콘서트〉의 인기를 계열체적 은유체계로 해석하기

이제부터는 재미난 미디어 자료로 설명해 보겠습니다. 계열체와 통합체, 혹은 은유와 환유의 의미체계는 서로 다른 방식으로 특정 매체나 장르에서 선택됩니다. 앞서 간단하게 설명했지만 계열체의 구성을 강조한다면 유사성의 원리로 은유의 의미체계가 근사하게 만들어집니다. 초현실주의, 낭만주의, 상징주의 유파에 잘 맞죠. 〈에반 올마이티〉, 〈매트릭스〉와 같은 기발한 영화, 혹은 독립영화나 K-pop 콘텐츠에 은유적 의미가 자주 등장하는 것과 같습니다. 통합체 구성을 강조한다면 인접성의 원리로 환유의 의미체계가 잘 만들어집니다. 인접한 언어/기호를 통해 알기 쉽게 의미가 구성되는 것이니 줄거리가 중요한 〈미션임파서블〉 시리즈 같은 영화 서사에 잘 나타납니다.

아무튼 계열체와 통합체, 은유와 환유의 의미구조는 식당에서 메뉴를 고를 때도, 패션에 관한 아이디어를 낼 때도, 어느 문화 공간에서나 찾아볼 수 있는데요. 먼저 〈개그콘서트〉에 드러난 계열체와 통합체, 은유와 환유의 문법을 논평해보도록 하겠습니다

〈개그콘서트〉는 오래전부터 우리에게 익숙했던 콩트식 코미디 방송과는 다른 독특한 의미구성 방식을 선택했습니다. 20년 동안 1000화 넘게 방송된 최장수 코미디 방송이었고 화제성도 높았습니다. 〈개그콘서트〉는 처음-중간-끝의 자기완결적인 통합체적 의미체계가 드러나지 않은 방송이었습니다. 전통적인 코미디 서사의 의미구조가 보이지 않는다면 〈개그콘서트〉는 어떻게 의미를 만들었을까요? 박기수 교수의 연구문헌[4]을 참조하면서 살펴보겠습니다.

우선 기억나는 것은 〈개그콘서트〉의 모든 코너가 대사에만 의존하지 않은 점입니다. 대사는 있지만 짧은 편이고 매주 의례적으로 반복되는 말 형태가 많았습니다. 문장 시작과 중간에 삽입된 '자…', '에…' '아하' 등과 같은 말, 의성어, 비문, 사투리가 빈번하게 사용되었습니다. 밴드의 모습이 나오면서 코너의 종결을 알렸고, 코너 중에는 무대뿐 아니라 웃고 있는 관객 모습도 화면에 나왔어요. 춤, 비트박스, 성대모사, 재미난 동작이나 표정, 소도구 사용이 중요했고요.

처음-중간-끝으로 구성되고 시간성이나 완결성이 중요한 통합적 서사구조가 생략되거나 간단하게 압축되었습니다. 코너에서 플롯보다 중요한 것은 인기 캐릭터입니다. 관객은 플롯을 대충 이해할 뿐이고 기승전결은 분명하게 구분되지도 않았죠. 캐릭터가 매력적이고 재미 있으면 코너는 대박이 났다고 했습니다. 플롯은 캐릭터를 돕는 수준이었습니다. 플롯을 보여주기 위해서 캐릭터가 필요한 것이 아닙니다. 개인기나 패러디를 드러내고 싶어서 캐릭터부터 부각시킵니다. 재미난 캐릭터 목소리나 동작 등에 집중하면서 통합체 서사구조에서 자유로

워집니다.

플롯의 순차적 요소가 느슨하게 연결되었고 모든 코너의 상연 시간도 5분 안팎으로 짧았습니다. 문제-갈등-해결의 선형성이 중요하지도 않았습니다. 배경이나 문제가 분명하게 제시되지도 않은 채 캐릭터들이 화를 내면서 코너가 시작되기도 합니다. 해결이 되지도 않고 갈등이나 위기 단계에서 코너가 갑자기 끝납니다. 뭐가 위기인지, 어떻게 해결된 것인지도 그렇게 중요하지 않습니다. 캐릭터가 플롯을 이끌어가는 것이니 캐릭터의 매력을 보여줄 수 있다면 플롯의 완결성은 중요하지 않습니다. 그저 재미를 극대화하기 위해서 계열체 의미구조에 비중을 크게 두었습니다.

예를 들면, '뿜 엔터테인먼트' 코너는 연예기획사 사장과 소속 연예인의 허세를 다룹니다. 코너에서 유명 연예인 역할을 맡은 코미디언 김지민은 "그 드라마 제가 할게요!"라며 늘 동일한 대사와 표정으로 무대에 등장하죠. 대본을 검토할 때는 "이건 또 뭐야?"라고 반색하며, 배우가 도박을 하거나 음주를 하는 불편한 장면에서는 대역을 쓰자는 사장의 제안을 거절하며 자신이 "느낌 아니까" 꼭 하겠다고 합니다.

〈개그콘서트〉에서는 하나의 코너가 시작하면 매주 거의 유사한 플롯을 반복합니다. '뿜 엔터테인먼트'는 10개월 동안 방영됐는데 동일한 형식성과 캐릭터 배치를 시청자에게 매주 각인시켰습니다. 시청자들도 통합체적 기반으로 의미를 숙지하지 않으니까 그저 이번 주에 선택될 계열체적 요소에만 집중합니다. 예를 들어, 어떤 이유로 "느낌 아니까" 대사가 등장할지에 집중합니다. 나름의 형식체계가 구성되었으니 이제 랑그의 규칙체계에서 연기자와 시청자는 예측가능한 파롤을 기대하고 소비할 뿐입니다.

〈개그콘서트〉의 모든 코너는 통합체적 서사의 특성을 과감하게 포기했습니다. 전통적 서사의 구속력이 약해지는 대신에 패러디나 캐릭터의 개인기 구사를 강조했습니다. 이에 따라 즉흥성과 순간성의 가치가 비중 있게 실렸어요. 공개방송이라서 상호작용성, 대화성도 의미가 만들어지는 중요한 요소였죠.

그런 〈개그콘서트〉는 처음 나올 때 파격적인 장르로 보였습니다. 소비자 역시 그걸 적극적으로 수용했죠. 계열체적 선택에 모두가 집중했어요. 상호텍스트성이 활용되면서 엉뚱하게도 코너 사이를 캐릭터들이 넘나드는 것도 재밌었습니다. 캐릭터로 연기하는 코미디언들은 공개녹화 중에 애드리브도 하고 심지어 연기를 하면서 자기도 모르게 웃음을 터뜨리기도 해요. 일일극 같은 전통적인 서사물이라면 상상할 수도 없는 모습이죠.

〈개그콘서트〉에서 코미디는 (기표와 기의가 결합된 특정한 의미체계의) 코미디일 뿐이었습니다. 로맨스 영화를 보면서 우리는 주인공의 연기에 몰입하고 감정을 이입시킵니다. 그러나 〈개그콘서트〉는 코너마다 구분된 독립성이나 자기정체성마저 포기합니다. 시청자가 몰입하는 것을 원하지 않습니다. 오리지널리티의 권위를 포기하는 대신에 재미난 기표에만 집중하죠.

수백 쪽 분량의 소설이나 상영 시간이 1시간 반인 로맨스 영화라면 통합체적 의미관계가 중요합니다. 〈개그콘서트〉도 연애를 소재로 한 코너가 있었지만 오직 계열체적 선택에만 집중하며 간결한 서사 구조만 집중했습니다. 전통적인 통합체적 서사를 만든 콘텐츠와 달리 〈개그콘서트〉는 시간성이나 자기완결성을 당위적인 가치로 삼지도 않았습니다.

〈유미의 세포들〉, 〈효리네 민박〉, 〈삼시세끼〉 다시 보기

교수　팬데믹이 위세를 떨칠 때는 아무래도 집에서 넷플릭스나 TV 방송을 많이 보지 않았나요? 예진은 무슨 프로그램을 봤나요?

예진　저는 드라마 〈유미의 세포들〉이 생각납니다.

교수　아무래도 예진은 남자친구가 생겼으니 재밌게 봤겠네요. 공부하고 운동만 하는 찬희는 뭘 봤을까요?

찬희　저는 좀…예전에 방영된 건데요. 〈삼시세끼〉나 〈효리네 민박〉처럼 좀 한가롭게 앉아서 밥을 해먹고 개랑 뛰어놀고 그런 프로그램이 좋더라고요.

교수　나하고 취향이 비슷하네요. 그런 방송물로도 통합체와 계열체 이야기를 또 해볼 수 있겠는데요.

나도 〈유미의 세포들〉을 봤습니다. 웹툰을 드라마로 전환한 서사물이고, 주인공 유미의 감정이나 충동을 의인화된 뇌세포들간 대화로, 그것도 애니메이션으로 재현한 점이 흥미로운 기획이었어요. 웹툰, TV, 영화 등 매체를 이동하면 텍스트로 만들어지는 의미 효과는 달라질 수밖에 없거든요. 어떻게 만들었을지 궁금했습니다. 그런데 막상 보니까 본방 사수는커녕 졸면서 볼 수밖에 없었어요. 재미가 너무 없었습니다. 이유는 뭘까요?

물론 한참 관심을 가졌던 매체 서사에 관심이 줄기도 했습니다. 아마 나이가 들면서 로맨스 장르물에 흥미를 잃은 것이기도 하겠고요. 무엇보다 시간이 갈수록 나는 TV 로맨스에 몰입하기가 힘들어요. 서사에 감정을 이입해야 하는데, 그런 방송이 사랑하고 살아가는 현실의 실존적 고통을 줄여주는 역할을 할 뿐이라는 비평적 시선을 거둘 수가 없어요. 사랑이 유지되려면 고통스러운 의미협상과 적절한 사회적 조건이 허락되어야 하는데 TV 화면에 나오는 로맨스는 그런 상황적 변수가 늘 제한되어 있고 내면의 모순이나 역동성도 온전하게 묘사되지 않죠.

그건 내가 앞서 비중을 두고 설명한 것입니다. 로맨스 서사의 심층 문법은 처음-중간-끝, 균형-불균형-균형이고, 몇 가지 사건을 사슬처럼 시간의 흐름이나 원인과 결과로 연결하면서 배경-도입-문제-갈등-해결의 기본 구조를 따릅니다. 그러나 우리가 실제로 사랑하고 살아가는 삶은 이와 같은 연애문법의 완결성, 사건의 연속성으로 해석될 수 없을 때가 대부분이에요. 사건이라고 불리는 것은 시간성으로든 인과성으로든 실체가 모호하고도 불확실합니다.

현실에서 둘이 만나서 사랑하고 결혼하는 것은 〈유미의 세포들〉처럼 주연과 조연으로 구성된 사건보다 훨씬 복잡해요. 화면에 나오는 익숙한 로맨스 문법이 우리 기억에서 집단의식이나 문화양식으로 내면화되었을 뿐입니다. 내면화된 로맨스를 각자 삶에서 능동적으로 실천하는 것이기도 하죠.

앞서 설명했지만 서로 다르면서 보다 고유할 수 있는 우리의 서사가 미디어마다 넘치는 획일적인 서사문법을 따르며 유통되고 있습니다. TV에서 방영되는 연애문법이 우리가 실생활에서 연애에 관한 어떤 주체가 되어야 하는지 가르치고 있어요. 구경꾼으로 미디어의 연애문법을 학습한 만큼 자신만의 실천적인 로맨스를 상상할 수 있는 힘은 소멸됩니다. 시작하면 다음 단계로 넘어가고, 갈등은 왜곡되거나 과장되고, 서사는 반드시 종결되어야 한다고 믿게 됩니다.

그런 점에서 나는 익숙한 방송문법을 따르지 않는 서사 콘텐츠가 요즘 재밌어요. 찬희가 좋아한다는 〈효리네 민박〉과 같은 방송물이 그런 것이 아닐까 싶어요. 이 방송은 인접 정보를 묶은 통합체적 콘텐츠라기보다는 계열체적 선택에 집중한 일상으로 화면을 계속 채웠죠. 처음-중간-끝의 완결성보다는 계열체적 선택 정보가 넘치는 콘텐츠였습니다.

〈삼시세끼〉도 마찬가지입니다. 출연진은 어촌이나 산촌에 가서 그저 세끼 식사를 준비해서 먹습니다. 음식 재료도 다양하고 시간도 넉넉해요. 안 먹고 싶으면 굶기도 합니다. 비슷해 보이는 장르의 〈1박2일〉도 어딘가 가서 식사하는 장면이 자주 등장하지만 〈삼시세끼〉와 의미구성 방식이 아주 다르죠. 〈1박2일〉에서는 출연진이 구체적인 장소를 여행하면서 시행착오를 늘 겪습니다. 게다가 음식 재료를 구하려면 게임을 하거나 어려운 과제를 해결해야 합니다. 게임에서 이기면 맛있는 음식을 먹고, 지면 식사도 제대로 못하고 추운 겨울이라도 고통스럽게 밖에서 잠을 자기도 합니다. 달리 말하면 〈1박2일〉은 통합체적 서사처럼 구성된 드라마형 예능입니다. 〈삼시세끼〉는 세끼 식사의 계열체적 선택에만 전념합니다. 통합체적 서사는 느슨하거나 간결하게 처리되죠.

나도 〈효리네 민박〉이나 〈삼시세끼〉의 의미구성처럼 좀 느슨하게 살아가려고 하는데요. 그렇다고 그런 일상에 순차적으로 결속된 사건이 없다는 건 아닙니다. 나는 내 일상을 드라마틱하게 인접성의 통합체로 구성하지 않으려고 할 뿐입니다.

영화는 인접 정보로 순차적으로 의미를 구성하는 장르입니다. 그렇지만 〈리틀 포레스트〉와 같은 작품은 보기가 참 편했습니다. 세상을 버티는 힘은 인접과 인과의 의미구성이 느슨해도 만들 수 있다고 나는 생각해요. 내가 주위 평가에 상관없이 꾸준하게 연구활동을 하면서 책 작업을 계속 하는 이유 역시 '노력한 만큼 해피 엔딩', '인풋으로부터 도출해낸 아웃풋' 등의 인과적 삶의 모형에 연연하지 않기에 가능한 것입니다. 〈효리네 민박〉처럼 〈리틀 포레스트〉도 통합체적 의미구조가 느슨해서 좋았어요.

나는 '이미' 통합적 의미체계에 따라 '다 이루었다는 마음'으로 살고 싶습니다. 결핍의 문제나 원인에서 결과물을 도출하는 서사구조로 살지 않으려고 합니다. 내게 허락된 시공간을 계열체로 놓고 그걸 새롭게 혹은 반복적으로 채우며 살고 싶습니다. 그럼 문제가 해결되지 않아도, 해피 엔딩이 꼭 아니더라도, '이미' 충분히 만족스러운 삶의 양식을 유지할 수 있거든요. 중간부터 봐도 괜찮은 서사, 마지막 장면을 보지 않아도 괜찮은 의미구조, 사건과 사건의 연결이 엄밀하지 않아도 되는 줄거리. 그런 서사 콘텐츠를 내가 버티는 삶의 양식에 적용하는 셈이죠.

기타 대중 콘텐츠를 계열체적 은유체계로 다시 보기

태희 교수님, K-pop 가사나 춤 얘기를 좀 해보고 싶은데요.

교수 그게 아무래도 여러분의 최애 관심사죠?

태희 계열체적 의미체계가 뭔지 좀 이해가 되니까, 요즘 나온 문화콘텐츠는 다 거기에 집중된 것으로 보이거든요.

교수 맞아요. 애니메이션, 스탠딩 코미디, 설치미술, 거리 퍼포먼스, 할 수 있는 이야기가 많은데 먼저 여러분들이 좋아하는 K-pop에 대해 마음껏 이야기해봅시다.

우선 K-pop 가사를 살펴보면 통합체적 의미구조가 잘 보이지 않아요. '너를 만났다. 우린 행복했다. 그날 밤 너와 헤어졌다. 난 아팠다. 너가 보고 싶다.' 이런 시간성이나 인과성의 통합체적 의미구조가 잘 드러나지 않죠. 전주Intro-도입Verse-1절-후렴Hook-간주Interlude-2절-후렴 Hook-브릿지Bridge-후렴Hook-후주Outro로 연결된 아이돌 그룹의 노래를 한번 들어보세요. 대중이 소비하고 열광하는 것은 매번 다르게 선택된 계열체적 요소라는 것이 잘 드러나 있습니다.

BTS의 〈Dynamite〉, 블랙핑크의 〈How you like that?〉에서 제작자나 안무가가 뭘 고민할까요? 앞서 소개한 〈개그콘서트〉 코너의 캐릭터처럼 각 멤버의 개별적이고도 구별된 캐릭터입니다. 멤버의 춤 실력이든, 가창력이든, 외모든, 구간마다 뭔가를 잘 선택해서 보여줘야 합니다. 그게 통합제적 완결성보다 더 중요하죠. 노래에 도입-후렴 등으로 인접된 통합체적 의미구조가 완전히 사라졌다는 것이 아닙니다. 같은 노래를 수도 없이 무대를 옮기며 부르는 것 같지만 멜로디, 가사, 춤, 표정, 의상, 소품, 배경에서 매번 새롭게 선택되는 것이 있거든요. 그게 더 중요하다는 것이죠.

시청자는 도입부에서 제작자가 누군지 알리는 "JYP"와 같은 시그니처 사운드나 한번에 이목을 끄는 새로운 안무에 관심을 갖습니다. 갑작스럽게 고음으로 전달되는 멜로디가 나오기도 하고 어색하게 랩이 끼워지는 경우도 많습니다. 가사는 난해한 시와 같아서 순차적 서사로 이해되지도 않아요. 트로트나 힙합은 아직도 발단-전개-문제-결말과 같은 서사를 갖기도 하지만, 아이돌 그룹의 가사는 몇 가지 키워드만 반복되는 것 같습니다. 문제적인 상황이 갑자기 등장하는 것 같기도 하고 해결 없이 갈등이 반복되기도 합니다.

문장은 짧고 비문이 많고 신조어도 나옵니다. 의성어와 의태어, 또는 '와', '예' 등의 삽입어도 자주 등장합니다. 그룹 멤버들이 돌아가면서 몇 소절씩 노래를 하는 장면이 화면에 나오는데 그걸 보고 있으면 개별적으로 마치 같은 노래를 돌아가면서 바꿔 부르는 것 같아요. 그래도 시청자들은 지루하지 않습니다. 같은 장면이 반복되는 것 같아도 그것이 어떻게 다른 방식으로 선택되고 표현되는지 계속 궁금할 뿐입니다. 몇 분 동안 그냥 홀린 느낌으로 장면마다 선택된 계열체적 요소에 전념합니다.

AESPA의 〈Next Level〉은 가사만 봐도 인접성이 분명하지 않은, 그저 짧은 키워드가 반복되는 후크송입니다. 아래 가사를 한번 보세요. 기승전결을 갖춘 자기완결성의 서사가 없어요. 'la-la-la…'는 뭘 지시하는지 알 수도 없죠. 계열체에서 선택된 것이 주목받고 소비되면 그뿐인 듯합니다.

I'm on the next level
저 너머의 문을 열어
Next level
널 결국엔 내가 부셔
Next level
Kosmo에 닿을 때까지
Next level
제껴라, 제껴라, 제껴라
La-la-la-la-la-la (ha, ha!)
La-la-la-la-la-la
La-la-la-la-la-la

요즘은 제작된 콘텐츠를 모두 소비하기보다 일부만 잘라서 소비하는 경향이 있습니다. 틱톡의 숏폼, 인스타그램의 릴스, 유튜브의 숏츠 등이 그 대표적인 사례이고요. 커뮤니티에서는 영상 일부를 잘라낸 '짤' 형태의 콘텐츠가 유포됩니다. 신곡이 주목을 받으려면 대중이 특정 안무나 가사를 따라하기 좋아야 합니다. 예를 들어, 안무나 가사 일부가 틱톡TikTok에서 틱톡 챌린지로 유행하면 좋습니다. 제작자나 소비자 모두 계열체적 의미구성에 집착하는 셈이죠.

아무튼 그런 콘텐츠를 업로딩할 수 있는 플랫폼 역시 계열체적 선택이 강조되는 문화공간입니다. 숏폼, 릴스, 쇼츠 등에서 누구나 10여 초 정도 짧은 영상을 편리하게 업로드할 수 있습니다. 제작자나 가수는 신곡을 홍보하기 위해 의도적으로 '챌린지'를 기획합니다. 신곡의 후렴(훅)과 포인트 안무를 홍보하려고 다양한 플랫폼에 노출시키고 여러 유명인과 함께 춤을 추는 장면 등을 알립니다. 동료 가수뿐만 아니라 배우, 운동선수, 정치인도 등장하죠. 팬들이 챌린지 콘텐츠를 보고 나름의 방식으로 유사한 내용을 자발적으로 올리기도 합니다.

신곡 챌린지에서 플롯은 중요하지 않아요. 안무의 조형적 완성도도 중요하지 않죠. 신곡을 소개할 때 누구도 전체를 들려주지 않습니다. 끝까지 보면 지루할 수 있죠. 대신 콘텐츠의 BGM, 의상, 표정, 메이크업 등의 계열체적 선택만 부각되도록 합니다. 바이럴된 영상에 자신의 개성을 더해 유행하는 춤이나 동작을 변주하고 흉내내는 챌린저도 많은데 언뜻 보기에는 그것들이 모두 비슷해 보입니다. 사실 조금씩 다른 파롤이 구조화된 규칙체계 안에서 반복되는 것이죠. 엄밀하게 인접된 통합체적 서사구조에 대한 소비는 줄고 있어요. 대신에 짧고도 유희적인 계열체적 선택 게임이 탐닉되고 있습니다.

방송 콘텐츠도 특정 구간만 선택되어 소비되고 있습니다. 시청자는 방송을 통째로 소비하지 않고 서사의 흐름이 분명하지 않더라도 재미난 부분만 짤라 붙여 만든 '짤'을 자주 봅니다. 〈런닝맨〉의 탈락씬을 모은 영상이나 〈무한도전〉에 나온 '무야호' 장면, '형이 거기서 왜 나와' 장면과 같이 유희적으로 소비할 수 있는 명대사나 명장면이 편집되어 온라인 매체에서 유통됩니다.

통합체적 플롯, 혹은 환유적 속성이 강조된 옛날 예능방송조차 유튜브와 같은 매체에서 원하는 장면만 편집되어 소비하는 유행도 생겼죠. '옛능(옛날예능) 다시 보기'라는 트렌드입니다. 물론 도전을 시작하고, 우여곡절을 겪고, 힘들고 아프지만 결국 도전에서 성공한다는 전통적인 의미구조도 여전히 제작되고 많은 시청자로부터 선호되곤 합니다. 그러나 시간이 갈수록 일련의 통합체적 의미구조에 대한 호기심이나 인내심이 사라지고 있어요.

온라인 게임도 계열체적 선택이 중요한 의미구조입니다. 게임 플레이어들은 단순하게 만들어진 통합체적 의미구조보다 계열체적 선택 과정에 몰입합니다. 캐릭터를 다르게 선택하면서 게임을 다시 시작할 수 있습니다. 설치미술도 다른 배경 음악을 선택하고 다른 위치에 작품을 배치할 때 다른 의미를 부여할 수 있으니 작가는 계열체적 선택을 두고 고심하게 됩니다. 마찬가지로 셰프가 등장하는 요리 방송도 계열체적 선택이 중요합니다. 볶음밥을 만들면서 마늘을 넣을 수도 있고 양파를 넣을 수도 있습니다. 떡볶이를 만들면서 맵게도 할 수 있고 달게도 할 수 있고요. 우리가 식당을 예약하고 음식을 소비할 때도 점차 계열체적 의미구조를 선호합니다. 미슐랭 레스토랑에 가서 코스 요리를 시키면 음료로는 탄산수를 시키고, 애피타이저로 감자전과 꽃갈비 만두 중에서 한 가지를 선택합니다. 메인 요리로 양갈비와 한우채끝 중에서 선택하며, 별미로 구운 증편을 옵션으로 추가합니다. 고기를 써는 나이프도 기호에 맞게 여러 개 중에서 하나를 선택합니다. 한끼 식사는 배만 채우는 것이 아닙니다. 계열체적으로 무언가를 자꾸 선택하는 즐거움이 극대화되는 활동입니다.

행사, 축제, 혹은 교육과정을 계열체적 은유체계로 구성하기

이제 여러분이 일상에서 마주치는 계열체적 기획에 대해 얘기해보겠습니다. 우선 우리는 행사, 대회, 축제 등을 계열체 의미구조에 비중을 두면서 새롭게 기획할 수 있습니다. 예를 들면, 대학생이라면 OT, MT, 학술제 등과 같은 학과 행사에 참여합니다. 학교를 졸업한 뒤에도 가정과 직장 안팎에서 이런저런 행사에 참여합니다. 그런데 그런 행사마다 어떤 순차적 요소로 구성되어 있던가요?

학과 OT 행사를 가면, 아마 학생회장이 먼저 인사합니다. 참가한 교수님들을 소개하고 그들이 한마디씩 인사말을 전합니다. 다음으로 학생회 임원들이 자신을 소개하거나 학과 모임에 관한 정보를 전합니다. 선배들이 축하를 전합니다. 그런 다음에 신입생들의 소개 시간이 있습니다. 선임자는 어려움이 있지만 잘해보자고 제안하고, 후임자는 화답하고 그러자고 약속합니다. 질문을 하면 대답을 합니다. 행사나 대회는 늘 그런 식으로 마치 시간표를 따라가듯 차례대로 진행되지 않던가요?

그런 행사나 대회는 인접성 요소를 촘촘하게 연결시킨 통합체적 의미구조입니다. 시간 순서로나 문제-해결의 논리로 차례를 정하고 모두 그걸 동일하게 따르게 한다면 통합체적 결속을 강조하는 문화양식입니다. 그런 곳에서 여러분은 혹시 지루하진 않았나요? 일방적이거나 폐쇄적인 느낌을 받진 않았나요?

행사나 대회는 계열체적 선택에 비중을 둔 의미체계로 얼마든지 바꿀 수 있습니다. 예를 들면, 행사장에는 부스나 텐트가 있습니다. 행사가 시작되는 10시부터 참가자는 자기가 가길 원하는 곳을 선택해서 가면 됩니다. 느슨하게나마 일정은 공지되지만 반드시 지키지 않아도 됩니다. 점심시간을 지키지 않아도 식사는 언제든 할 수 있습니다. 커피만 마셔도 됩니다. 여기저기 둘러보다가 그냥 가도 됩니다.

올림픽 대회를 생각해보면 계열체적 의미구조가 쉽게 이해될 것입니다. 10일 동안 대회가 진행되는데 관객이나 시청자는 개막식과 폐막식을 제외하곤 수많은 경기 종목 중에서 보고 싶은 것을 선택해서 보면 됩니다. 예선전부터 보지 않아도 되고 결승전만 봐도 됩니다. 어느 경기든 처음-중간-끝의 의미구조를 따르지 않아도 됩니다. TV로 본다면 채널을 바꾸며 다른 경기를 수시로 선택할 수 있습니다.

대학의 교육과정도 마찬가지입니다. 어떤 대학이나 학과는 촘촘하게 학년마다, 학기마다 수강해야 할 과목을 명시해둡니다. 교양필수-교양선택, 전공필수-전공선택 순서로 묶은 과목들이 여럿이라 학생들 입장에서 계열체적 선택이 쉽지 않습니다. 중간고사나 기말고사 기간은 동일합니다. 교실에서 지필시험으로 모두 같은 시간에 시험에 응시하는 절차도 동일합니다. 다른 평가방식은 선택될 수 없습니다. 그러나 모든 대학이나 학과가 그런 건 아닙니다. 필수과목이 최소한으로 공지되고 학생들이 학년이나 학기에 상관없이, 심지어 학과, 대학, 지역의 경계를 넘어서 과목을 수강할 수 있습니다. 졸업을 위한 필수요건에도 여러 선택이 있습니다.

문화는 따르는 것이 아니라 향유하는 것입니다. 학교와 학과가 당위적 규범보다 참여자들이 즐길 수 있는 문화적 향유에 관심을 갖는다면 그걸 허락하는 계열체적 의미체계에 관심을 가져야 합니다. 계몽적이고 당위적인 시각으로, 시간과 인접성의 논리로, 통합체의 축만 강조한다면, 보다 다양한 콘텐츠를 유연하고 자유롭게 접근하고 학습할 수 없습니다. 향유는 관행(의 의미구조)을 선행할 수 있습니다. 계열체적인 것, 은유적인 것에 집중하면서 행사, 대회, 축제는 얼마든지 새롭게 기획될 수 있습니다.

개인 삶의 궤적을 계열체적 은유체계로 다시 보기

우리의 개별적인 삶 역시 통합적이고 환유적인 의미구조로 통용되고 있으니 각자의 일상과 인생이 계열체적 선택구조로 전환되면 어떨까요? 대개 우리는 초등학교-중학교-고등학교-대학교의 통합체적 결속으로 학창 생활의 의미를 기억합니다. 10대부터 70대까지 연령대, 혹은 입학-졸업-취업-결혼 등의 연대기적 사건에 따라 시간축의 의미구조를 만듭니다. 고등학교를 졸업하면 대학교에 입학하는 것, 대학교를 졸업하면 회사에 취업하는 것이 중요하다고 생각합니다. 그런 사유방식이라면 여러분은 통합체적으로 삶을 구성하는 것입니다. 전체 인생의 부분을 차지하는 환유적 의미에 전념하고 있는 것입니다.

통합적인 요소는 계속 세밀하게 쪼개지기도 하죠. 고등학교 1학년 1학기 3월에 해야 하는 무언가의 의미는 다음 달, 다음 학기, 다음 학년의 어떤 의미와 시간성 및 인과성의 축으로 결속됩니다. 그런 세부 요소들이 촘촘하게 연결되어야 고등학교를 잘 졸업하고 좋은 대학교에 진학할 수 있다고 믿습니다. 대학교에 입학해도 1학년 1학기에 할 일이 정해져 있습니다. 그걸 해야 2학기 공부로 넘어갑니다. 고등학교를 졸업하고 대학교에 입학하지 못하면 통합체적 결속이 잘 되지 못한 것입니다. 1학기에 시험을 망치면 2학기를 온전히 시작할 수 없습니다. 인접성의 의미정보를 그렇게 온전하게 채우지 못하면 불안하거나 우울한 마음이 생깁니다.

그러나 우리 삶의 서사는 통합체적이거나 환유적 요소로만 촘촘하게 연결되지 않아도 됩니다. 통합체적 결합은 느슨하게 혹은 최소한으로 배열되고 계열체적 선택과 은유적 요소들의 선택에 더 전념할 수 있습니다. 예를 들면, 고등학교를 졸업한 다음의 대학 공부는 괄호 안에 들어갈 수 있습니다. 학교생활을 계열체로 두고 거기서 개별적으로 무슨 선택을 할지 더 고민할 수 있습니다. 대학에 들어가도 1학년 1학기부터 졸업할 때까지 수강하는 과목들이 통합체적으로 결속되지 않아도 됩니다. 입학해서 졸업만 하는 느슨한 통합체 의미구조로부터 무슨 공부를 선택할지 전념합니다. 취업 역시 졸업하자마자 당장 결속되어야 하는 인접 요소가 아닙니다.

서로 다르면서도 존귀한 삶이 존중받지 못하는 사회라면 다수는 통합체적이고 환유적인 의미구조에 종속됩니다. 집단주의, 전체주의 사회에 살고 있다면 그럴 수 있습니다. 계열체적 '선택'은 좀처럼 허락되지 않습니다. 시간의 흐름에 따라 인접성이 강조된 의례를 연결하는 삶을 살 뿐입니다. 그렇지만 인접성의 의미구조는 인생의 모범답안이 될 수 없습니다.

내가 가르친 학생 중에 혜진은 외고를 다니면서도 그림이 너무 좋아서 미대 입시를 준비했습니다. 혜진은 재수와 삼수까지 했지만 미대에 결국 진학하지 못했고 한동안 시간제 아르바이트, 봉사활동, 여행으로 채운 일상을 선택했습니다. 몇 년 후에야 대학에 진학했는데 마치 지난 몇 년 동안 놀듯이 공부했습니다. 1학년부터 4학년까지 수강해야 하는 과목을 엄밀하게 쫓지 않았고, 여러 분야의 전공을 탐색했는데 자신에게 맞는 전공을 찾고는 전과했습니다.

혜진에게는 기간 내 졸업, 대기업이나 공기업 취업이 대학 공부의 목표가 아니었습니다. 카페를 창업해보고 싶어서 카페에서 일하며 시각디자인에 대해 조금 더 배우고 싶다고 했습니다. 코딩도 재미있게 공부했기에 언젠가 대학원에 진학하거나 관련 분야 직업을 가질 수도 있겠다고 생각합니다. 그렇지만 미대에 가려고 애쓴 시간만큼 자신에게 보상해주는 마음으로 당분간 일하듯이-놀듯이-공부하듯이 다소 느슨하면서도 여유롭게 지내고 싶다고 합니다.

혜진은 어린 시절에 공부에 치여 마음을 너무 다쳤고 지금도 아픈 기억이 있습니다. 앞으로도 자신은 잘못된 선택을 할 수 있겠죠. 그러나 능동적으로 '선택을 계속 해보는 삶'을 살고 싶다고 했습니다. 나는 그 말에 정말 감동을 받았습니다. 혜진의 인생은 현재 명문 인생을 살기 위한 통합체적 의미구조에 충실하진 못하지만 자신이 알고 싶고 또되고 싶은 계열체적 선택에 전념하고 있습니다. 나는 혜진을 진심으로 응원합니다. 혜진처럼 통합체적 의미구조에 치이고 지쳤다면 계열체적 의미구조를 자신의 삶에 새롭게 적용해보면 어떨까요?

3장
이항대립, 의미를 만드는 원리 ★

앞선 장에서는 소쉬르와 야콥슨의 지식전통을 일상에서 만날 수 있는 예시로 설명했습니다. 기표와 기의, 통합체와 계열체 등의 이항적 규칙 체계는 우리 내면이나 눈에 보이는 세상을 구조화된 코드로 바라볼 수 있는 원리로 사용될 수 있습니다. 문화연구자들은 그런 원리를 참고하면서 우리 주변의 문화텍스트를 수집하고 분석합니다. 소쉬르 언어학에서 제시된 자의성과 차이의 원리, 야콥슨 언어학으로 계승된 이항대립의 원리는 서로 연결된 언어/기호들을 예측가능한 관계로 이해하도록 돕는 '구조적 코드'로 사용될 수 있습니다. 3장에서는 가장 보편적이면서도 기본적인 코드로 알려진 이항대립과 변별적 자질을 다시 설명하고 거기서 파생된 무표와 유표의 이항적 속성으로 여러 문화현상을 분석하는 방법을 제시해보겠습니다.

이항대립과 변별적 자질

3장에서는 우리가 지금까지 공부한 걸 간단하게 정리하고 흥미로운 예시를 더 보여주겠습니다. 재미있을 겁니다. 잘 들어보세요.

교수 지현, 이항대립으로 만들어진 의미체계는 세상의 언어나 기호를 이 항의 관계성으로 분절할 수 있는 코드라는 것에 관해 이해했죠? 이 항성에는 어떤 예시가 있죠?

지현 뭐 거의 전부 … 예를 들면, 남자/여자, 미남/추남, 좌파/우파, 강남/ 강북, 성공/실패, 원어민/비원어민, 유창성/정확성, 모국어/외국어 등이 있겠죠.

교수 좋아요. 대립되는 이항은 모두 완전히 뜬금 없거나 분리된 의미라기 보다 약간 '톰과 제리'의 관계와 같은 느낌이죠?

지현 대립적 관계인데 꼭 필요한 상대방이랄까? 함께 의미를 만드는 어떤 코드?

지현이 제대로 짚었습니다. 이항대립은 언어학의 세부 분야인 음운론 의 형식성, 혹은 변별적 자질distinctive features 탐구에서 처음으로 개념화 되었거든요. 음운론에서 '차이가 드러나는 형식자질'로 논의된 이항대 립성은 언어학 밖에서 차이만을 드러내는 것이 아니라 동질성을 보여 주기도 합니다. 예를 들면 '결혼'이란 의미는 싸우면서도 서로 아끼는 '사랑과 전쟁'의 이항대립으로 구성됩니다. '사랑'과 '전쟁'은 서로 대립 하지만 결혼이라는 의미를 함께 구성하는 동질적인 속성을 공유하고 있어요.

문화텍스트를 본격적으로 분석하기 전에 대립항에서 의미가 생 성되는 형식체계에 일찌감치 관심을 가진 음운론에 관해 아주 간략하 게 설명하겠습니다. 음운론 연구자는 세상의 모든 음성을 이항대립으 로 분절합니다. 2장에서도 언급된 이항대립과 유표성은 사실 음운론의 '변별적 자질'에서 확장된 개념입니다. 음운론에서 '변별적 자질'은 음운구조를 분석하는 기본적인 단위입니다. '자질'이란 용어도 1928년 국제언어학회에서 2장에서 소개된 언어학자 야콥슨의 논문에서 처음 언급된 것이죠.

변별적 자질에서 흔히 (+)로 표기되는 양성값은 해당 자질을 가졌다는 것을 의미하고, 음성값 (-)는 없다는 것을 지시해요. 즉, 변별적 자질은 (+), (-) 이항을 구분한다고 보면 됩니다. 소리를 구분할 수 있는 이항의 변별적 자질들로 특정 음가를 표기하는데요. 예를 들면 영어 소리인 /b/는 (+)voiced(유성음)로 표기하고, /p/는 (-)nasal(비음) 등으로 표기할 수 있습니다.

이런 음운론의 논점이 의미론에서도 차용되었죠. 단어는 더 이상 쪼개지고 분석될 수 없는 최소 단위가 아니고, 더 작은 의미적 속성 semantic property, 혹은 의미자질semantic features로 구성된다고 전제되었죠. 영어 단어로 예시를 들면, 'boy', 'uncle', 'father', 'grandfather'는 (+)human, (+)male과 같은 의미자질을 공유하고 있는 유사 어휘입니다. 그에 반해 'girl', 'aunt', 'mother', 'grandmother'는 (+)human, (-)male의 의미자질을 갖고 있습니다. 'cat', 'dog'는 (-)human의 속성을 갖고 있죠.

흔히 우리가 말실수speech errors, slips of tongue를 하는 어휘를 묶어 보면 의미적 자질이 이런 식으로 연결되고 있음을 유추할 수 있어요. 예를 들어, "차린 건 없지만 많이 드세요"를 "차린 건 많지만 많이 드세요"라고 말하죠. "She was young"이라고 말할 참이었는데 "She was early"라고 말하거나, "bridge of nose"라고 말할 의도였는데 "bridge of neck"이라고 말합니다. 실수로 뱉은 어휘는 말하려고 의도한 어휘와 대립적인 의미자질을 갖고 있지만 상당 부분 유사한 의미자질을 공유합니다. 의미자질이 (+)와 (-) 이항으로 구조화되어 있다고 추론할 수 있는 근거가 됩니다.

　이와 같은 의미자질의 분류는 언어습득 연구에도 중요한 통찰력을 제공했습니다. 언어발달 과정에서 아기가 "아빠"라는 말을 배운 다음에 모든 사람을 "아빠"라고 부릅니다. 시간이 지나면서 엄마나 할머니에게 "아빠"라고 하지 않지만, 삼촌이나, 옆집 아저씨에게는 "아빠"라고 말합니다. 시간이 더 지나면 '아빠', '오빠', '할아버지', '삼촌', '아저씨'를 각자 다른 단어로 호명하기 시작합니다. 이런 기적과도 같은 언어습득 과정은 어휘 단위의 의미적 자질을 (+)인간, (+)남자, (+)가족, (+)늙음, (+)기혼로 차차 세부적으로 분류할 수 있기에 가능한 것이죠. 이항대립의 변별적 의미자질로 세상에 모든 의미를 체계적으로 인식하는 것이죠.

　의미론적 분류법은 영어 동사를 분류할 때도 적용됩니다. 예를 들면, (+)action, (-)action으로 이항적 분류가 가능합니다. 'come', 'run', 'hit' 동사는 모두 동작에 관한 동사입니다. 'know', 'understand'은 동작이기보다 상태에 관한 동사입니다. 동작이란 의미론적 변별, 혹은 이항의 자질에 따라 행위동사action verb, 상태동사stative verb를 구분할 수 있습니다.

　동의어synonym, 반의어antonym, 부정어negation, 은유metaphor 등의 언어학적 개념도 의미자질에 따라 설명될 수 있습니다. 예를 들면, 은유의 사용은 비슷한 의미적 자질을 가진 어휘로 다른 어휘를 대치하는 것입니다. 반의어란 것이 무엇일까요? 그냥 내용적으로 반대되는 의미일까요? 변별적 자질로 설명하면, 가장 많은 의미적 속성을 공유하면서 대립항 하나를 선명하게 대비시킬 때 반의적 의미체계가 드러납니다. 그걸 우리가 흔히 반대말, 혹은 반의어라고 부릅니다.

　표로 설명해보겠습니다. [표 3-1]을 보면 'father'와 'mother'는

	human(인간)	male(남성)	adult(어른)	married(기혼)
father(아빠)	+	+	+	+
mother(엄마)	+	-	+	+
boy(남자 아이)	+	+	-	-
pine tree(소나무)	-	해당 없음	해당 없음	해당 없음

[표 3-1] 이항으로 구분된 의미자질의 예시

모든 의미자질을 (+)로 공유하지만 male(남성) 자질에서 (+)(-)로 선명하게 구분됩니다. 선명한 하나의 대립항만으로 'father'와 'mother'는 반의어가 됩니다. 그런 논리로 보면 'boy'와 'mother'란 단어는 서로 반의어가 되기 힘듭니다. 모든 의미는 차이와 변별적 자질의 체계로 구조화됩니다. 구조화된 의미체계를 바꾸려면 기표의 의도적 배치로 이항대립의 변별적 자질을 재구조화시켜야 합니다. 'father'의 반의어가 'mother'가 아니려면 서로를 구성하는 변별적/대립적 자질이 바뀌어야 한다는 것이죠.

이항성은 문장이나 담화 단위에서도 적용될 수 있습니다. 예를 들면,《햄릿》에 나오는 구절 "to be or not to be: that's the question"을 살펴봅시다. 흔히 이 문장의 번역어는 '사느냐, 죽느냐, 이것이 문제로다'로 알려져 있어요. 그러나 우리가 지금까지 학습한 이항의 의미체계로 보면 '사느냐, 살지 않느냐, 이것이 문제로다'로 번역하는 것이 더 적절합니다. 의미자질의 관점에서 이항적 구조가 만들어졌다면 '죽느냐'보다는 '살지 않느냐'의 부정항으로부터 의미가 파생된 것입니다. 햄릿은 사는 것에는 긍정항(무표성), 살지 않는 것에 부정항(유표성)의 가치를 보탠 것입니다.

무표성과 유표성의 자질

무표성과 유표성 역시 음운론 연구자들이 발전시킨 개념을 기호학자나 문화연구자들이 문화텍스트를 읽을 수 있는 구조적 코드로 적용한 것입니다. 음운론 연구자들은 두 개의 대립하는 음소phoneme 사이에 비대칭적이고 위계적인 관계가 존재한다고 관찰했고 그걸로 무표성과 유표성의 변별적 자질을 설명했습니다.

음운론 문헌에 제시되는 예시는 이렇습니다.[1] /i/와 /ü/는 비원순음과 원순음이라는 변별적 자질로 구별됩니다. /오/, /우/를 말할 때처럼 입술을 둥글게 하여 발음하면 원순음이라고 합니다. /으/, /이/처럼 입술이 둥글게 되지 않으면 비원순음입니다. 둘은 다르지만 단지 병렬적 대칭의 관계일 수만 없습니다. 그런데 둘의 관계가 단지 병렬적 대칭일 수만은 없어요. 왜냐하면 /i/는 어느 언어에서나 보편적으로 들리는 소리이고 /ü/는 아주 드물게 나타나는 소리이기 때문입니다. /ü/는 /i/를 함축하지만, /i/는 /ü/를 함축할 수 없습니다. 그런 논리로 음운론 연구자들은 두 자질이 위계적 관계가 있다고 보며, /i/는 무표항, /ü/는 유표항으로 구분합니다. 음운론 밖 연구자들은 그런 비대칭적 관계를 자신들이 수집한 텍스트 분석에 적용한 것이고요.

이제 더욱 쉬운 예시로 설명해보겠습니다. 예를 들면, '남성'과 '여성'은 의미적으로 이항적 대립이며 대부분 문화에서 위계적이고 비대칭적 관계로 설정되어 있어요. 우리나라 말에도 그런 관계성이 있습니다. 여성정치인, 여류시인, 여배우, 여교수, 여대생 등의 어휘는 우리 주변에서 자주 사용됩니다. 여성은 정치인, 시인, 배우, 교수, 대학생의 보편적 위치성을 벗어난 유표항으로 사용되는 셈입니다. 우리가 남성정치인, 남배우, 남교수, 남대생 등의 어휘는 사용하지 않으니까요. 할아버지-외할아버지, 삼촌-외삼촌의 관계항을 보면 친가는 무표성, 외가는 '외'의 접두어가 필요한 유표성을 갖습니다. '원어민'에 '비'가 붙은 '비원어민'의 관계항을 보면 원어민이 무표성을 갖는다는 것을 쉽게 알 수 있습니다.[2] 이처럼 무표성은 늘 우월한 위치성을 점유하고 있습니다.

이러한 무표성-유표성의 이항대립은 라이벌 제품을 직접 비교할 수 있는 미국의 광고에 빈번하게 발견됩니다. 예를 들면, 코카콜라와 펩시는 자사의 광고에서 경쟁 제품을 함께 배치하면서 이항대립의 무표성-유표성을 의도적으로 드러냅니다. 펩시 광고에서 펩시 캔은 찌그러짐 없이 온전한 모양으로, 겉면에 물방울이 가득 맺힌 상태로 윗쪽에 나타납니다. 반면에 코카콜라 캔은 찌그러져 눌린 모습으로 아래쪽에 조그만하게 나옵니다. 그럼 누가 무표항인가요? 거기서는 펩시가 정상적 모양과 기능을 가진 콜라가 됩니다. 코카콜라는 주변적이고 결핍된 유표항으로 표시된 것입니다.

2022년에 공개된 삼성 갤럭시 Z플립4 광고를 보면 "난 삼성으로 바꾸지 않을 거예요. 난 내 폰을 사랑해요I will never switch to Samsung. I love my phone"라고 말하는 애플 아이폰 사용자의 일상이 나옵니다. 재미난 광고였는데요. 그녀에게 아이폰은 처음에 너무나 당연히 무표항을 차지했어요. 그동안 다양한 각도로 접히는 Z플립4는 그녀에게 주변적인 유표항일 뿐이었습니다. 물론 광고 후반에 위치성이 바뀌긴 하지만요.

광고에서는 주변적 위치성을 가진 유표항의 역설을 통해 소비자의 이목을 붙잡기도 합니다. 예를 들어, 오래 전에 나온 〈캔디바〉 TV 광고를 보면 "깨끗하고 부드러운 맛"을 강조하는 텍스트가 화면 아래에 처음부터 나옵니다. 그러면서 "남자들은 참아줘요. 깨끗한 캔디바"라는 노래 대사가 들리고 10대로 보이는 여성과 남성이 대립적으로 배치됩니다. "깨끗한 캔디바" 가사가 나올 땐 여성이 등장하면서 '깨끗한' 속성을 지닌 여성성이 은유적으로 환기됩니다. 광고에서는 남성-여성의 이항을 염두에 두면서도 역설적으로 유표항의 여성에게 보다 높은 위계를 허락합니다. '깨끗한' 여성은 남성과 구분된 유표항으로서 광고의 '캔디바'를 먹을 수 있는 (무표항의 남성이 부러워 하는) 젠더로 구분됩니다.

송효섭 교수는 이항대립의 배치에서 유표성에 긍정적 의미를 부여한 광고전략을 폭스바겐 자회사 스코다SKODA와 메르세데스-벤츠 그룹이 참여한 스마트SMART 광고로부터 잘 정리했습니다. 여기서는 스코다 광고 그림을 살펴보겠습니다.[3]

[그림 3-1] 의미체계에 역설을 제공하는 광고(스코다)

우선 스코다 광고를 보면 화면 오른쪽 구석에 스코다 자동차가 조그맣게 등장합니다. 화면 하단에는 '당신의 왼발은 오른발을 부러워할 겁니다Your left foot will envy your right'라고 적힌 광고 문구가 있습니다. 화면 중심을 채우는 발바닥은 (페달을 밟는 발바닥을 가진) 운전자를 환유적으로 표현한 것입니다. 큰 오른발에는 과녁이 그려져 있어요. 비대칭적으로 왼발은 절반 크기 정도로 작아요. 별다른 표시도 없고요. 왼발과 오른발은 다트 게임을 연상하게 하는데 왼발은 다트촉을 과녁이 있는 오른발을 향해 던지는 것으로 보입니다.

운전을 할 때 오른발이 페달을 밟잖아요. 그런 오른발이 별다른 역할조차 없는 왼발에게는 목표점이자 질투의 대상이 되는 셈입니다. 오른발은 더 크고, 약간 앞쪽에 위치하며, 보다 선명한 색을 띠고 있어요. /당당함/, /자유로움/ 등의 의미를 함축하고 있습니다. 작은 크기의 왼발은 그와 대립되는 /불만족/, /질투심/의 의미를 갖고 있는 듯합니다. 운전을 할 때 발은 그저 페달을 밟을 뿐이고 특별한 가치를 보탤 것도 없죠. 그러나 스코다 광고에서는 위계적인 이항의 의미체계를 잘 활용했습니다. 페달을 밟는 오른발은 우리가 상식으로 알고 있는 왼발의 의미와 구분한 유표항처럼 사용됩니다. 역설적이지만 무표항인 왼발보다 위계적으로 높은 가치를 갖습니다. 굳이 다트를 들고 오른발을 겨냥해야만 하는 왼발을 무표항처럼 설정하면서 광고 제작자는 우리에게 익숙한 이항대립의 의미체계에 역설을 제공하죠. 익숙함을 배반하는 것이 광고의 묘미이니까요.

[그림 3-2] 유표항으로 새로운 의미를 만드는 광고(폭스바겐)

이와 비슷한 무표-유표의 배치는 다른 광고에서도 빈번하게 발견됩니다. [그림 3-2] 폭스바겐 자동차 광고를 보세요. 헤어드라이어 안에 폭스바겐 자동차가 들어가 있죠? 폭스바겐 로고가 있는 헤어드라이어는 강력한 바람을 내보낸다는 의미를 함축하겠죠. 헤어드라이어처럼 늘 주변에 있는 조그만 제품이지만 깜짝 놀랄 만큼 강하고 튼튼한 자동차란 의미를 갖습니다. 이것 역시 익숙한 이항의 원리에 위배된 유표항으로 폭스바겐 자동차에 관한 의미를 새롭게 만들고 있어요.

다음 그림은 트위터에 나온 BMW 자동차 광고입니다. 핼러윈 행사를 기념해서 기획되었다고 합니다. 트윗의 맨 위에 "이제 모든 자동차가 좋아하는 슈퍼 히어로로 복장을 할 수 있습니다Now every car can dress up as its favorite superhero"라는 문장이 적혀 있고, 화면 중앙에 파란색 커버를 뒤집어 쓴 흰색 자동차가 놓여 있습니다. 자동차에 관심이 있다면 로고와 디자인만으로도 흰색 자동차는 벤츠 자동차이고, 파란색 커버에 프린팅된 자동차는 BMW 자동차라는 것을 알 수 있습니다. 벤츠 자동차가 핼러윈을 맞아 자신이 동경하는 슈퍼히어로로 BMW 자동차로 커버를 뒤집어쓰는 일종의 '코스프레'를 시도한 것이죠.

[그림 3-3] 부정적인 함축으로 새로운 의미를 만들어낸 광고(BMW)

앞서 스코다 광고에서 왼발이 동경하는 오른발을 향해 다트를 던지는 자세를 취하듯 여기 벤츠 자동차는 자신을 숨기며 BMW 자동차의 커버를 갖고자 합니다. 보이는 그대로의 모습은 무표항이고 그 위에 커버를 씌우는 것은 유표항입니다. 가면을 쓰고, 변장을 하고, 성형수술을 하는 건 커버를 씌운 모습이며 세상에서 부정적인 함축을 지닌 유표항입니다. 그러나 광고에서는 무표항인 벤츠 자동차보다 핼러윈 행사 때 BMW 커버로 덮힌 모습이 유표적이면서도 '슈퍼히어로'라고 할 만큼 더욱 멋진 가치로 재현됩니다. 벤츠 자동차가 유표항인 BMW를 동경하면서 벤츠-BMW의 라이벌 관계는 위계적으로 배치됩니다.

[그림 3-4] 가방이 가볍다는 의미를 만들어낸 광고(샘소나이트)

위 그림은 샘소나이트 가방 광고입니다. 중앙에 놓인 가방이 솜뭉치로 둘러싸여 하늘에 떠다니고 있습니다. 상단에 "여행, 그 참을 수 없는 가벼움" 문구가 함께 제시됩니다. 하단 우측에 샘소나이트 이름과 검은색 가방이 조그만하게 배치됩니다. 여행할 때 필수품인 캐리어가 무겁지 않고 가볍다는 의미를 가진 "여행"과 연결됩니다. 화면 중심에 위치한 '큰' 가방과 주변에 위치한 '작은' 가방이 시각적 배치만으로도 이항으로 대립됩니다. 여행 가방이라고 하면 대체로 크고 무거운 가방이 무표항의 위치를 차지할 것입니다. 솜뭉치와 같고 하늘에 떠 있을 수 있는 가벼운 샘소나이트 여행용 가방은 유표항이지만 오히려 긍정적인 가치를 갖고 있습니다.

이런 모습, 상상은 해보셨나요?

[그림 3-5] 유표성이 무표성으로 전환된 공익광고

위 그림은 저출산을 막자는 의도로 기획된 공익광고입니다. 지하철의 경로석과 일반석 위치를 바꾸어서 저출산으로 인한 고령화 사회의 심각성을 경고합니다. 일반석은 무표적이고 경로석이나 임산부석은 유표적인 것이 우리의 상식입니다. 다수는 대개 일반석에 앉고 교통 약자는 그들만을 위해 구분된 좌석에 앉습니다. 그러나 위 광고에서는 유표성의 노인들이 일반석에 앉는 다수자의 무표성을 가집니다. 아이들이 오히려 소수이면서도 특별한 가치를 갖는 유표성을 차지합니다. 너무나 기발한 공익광고라는 생각이 듭니다.

해외 광고에도 비슷한 원리가 발견됩니다. [그림 3-6]은 모두 비누 광고인데요. 왼쪽은 1875년에 나온 피어스Pears 비누의 지면 광고입니다. "왜 너희 엄마는 페어리 비누로 너를 씻겨주지 않으시니?Why doesn't your mamma wash you with Fairy soap?"라는 문구는 분명 백인 여자아이가 흑인 여자아이에게 묻는 질문일 것입니다. 흑인-백인, 검은색-하얀색 피부가 위계적 이항대립으로 설정됩니다. 검은색, 혹은 흑인의 피부색이 /지저분함/, /비위생/의 의미를 함축하고 있겠죠. 아이를 씻기는 엄마가 위생의 책임자로 언급되면서 엄마는 비누를 구매하는 소비자로 위치됩니다. 백인, 서양문명, 남성, 위생은 서로 연결되어 위계적으로 우월한 항목을 차지합니다.

[그림 3-6] 흑과 백을 이항대립으로 설정한 비누 광고들(피어스, 유니레버)

　　그런 위계적 이항성은 100년 전 비누 광고에서나 나오는 것일까요? 아닙니다. 가운데와 오른쪽 그림들을 보세요. 요즘 광고에도 여전히 흑인이 비누를 사용하면 백인처럼 된다는 의미구조가 보입니다. 흑인과 백인, 더러움과 깨끗함은 이항으로 구분되고 유색이 유표항을 차지합니다. 밝고 깨끗한 것, 하얀색, 혹은 백인의 기표는 위생적이란 의미를 함축하는 무표항입니다.

　　이항대립으로 만들어진 랑그의 규칙체계 안에 갇히면 우리는 파롤을 수행하는 담지자로만 살아갑니다. 살이 쪘다/살이 빠졌다, 예쁘다/못났다, 성공했다/실패했다, 이러한 이항적 의미체계의 바깥은 없습니다. 살이 찌면 쪄서 걱정이고, 빠지면 살이 찌지 않아서 좋지만 다시 찔 수 있다는 이야기만 반복합니다. 그렇게 살이 찌고/빠지는 위계적 이항의 랑그체계 안으로 한번 들어오면 다른 의미를 구성하지 못합니다.

예술과 문학의 의미구조

계열체와 통합체, 은유와 환유의 의미체계를 보다 다양한 문화텍스트 분석을 통해 설명하겠습니다. 먼저 여러 미술작품을 놓고 계열체적 선택과 통합체적 결합으로 의미가 어떻게 구성되는지 설명하겠습니다. '의미는 차이에서 온다', '(내용이 아닌) 형식성으로 의미가 생성된다', '차이에서 가치가 부여된다', '심층이 표면을 설명한다', '심층은 구조화되어 있다' 등과 같은 구조주의 원리를 다시 언급할 것입니다.

먼저 이런 질문을 해보겠습니다. 우리는 누구를 '인간'으로 부르나요? 인문대학에서 '인간(의 언어와 사회)'을 연구하고 가르치는 나는 이 질문을 수업마다 자주 하는 편입니다. '무엇이 인간을 인간답게 하나요?' 역사적 문헌을 보면 과거엔 흑인을 포함한 유색인, 노예, 아동, 여성 등이 인간다움의 기본적 권리도 갖지 못했습니다. 지금 시대도 장애인이나 난민, 이주민, 범법자 같은 인간은 마음껏 폄하되고 제도권 밖으로 쉽게 배제됩니다.

혹시 여러분은 누군가를 '인간 같지도 않다'며 은밀히 따돌리고 소외시킨 적이 없었나요? 자기 편이 아니라면 우리는 누군가를 따돌립니다. 자기와 전혀 다른 삶을 사는 누군가에게 인간답지 못하다는 보편적 근거를 과장합니다. '우리'만 중요하고 '그들'의 권리는 존중될 필요도 없는지 제대로 성찰하지도 않습니다. 무엇으로부터 '그들'은 배제되었나요? 그들의 삶의 내용 때문인가요? 아니면 그들에게 가시적으로 보이는 형식성 때문인가요?

'인간다움'의 질문을 잠시 미뤄두고 언어/기호의 형식성을 두고 비슷한 질문을 해보겠습니다. 무엇이 그림입니까? 무엇으로 그림은 그림답게 됩니까? 그림 안에 담긴 내용입니까, 아니면 그림을 구성하게 하는 형식입니까? 유명한 그림을 하나씩 보면서 얘기해봅시다. 우선 자크 루이 다비드Jacques Louis David의 〈소크라테스의 죽음〉 그림부터 보세요. 이 그림은 재현성과 입체성에 충실한 사실주의, 혹은 신고전주의 화풍의 작품입니다.

[그림 3-7] 자크 루이 다비드, 〈소크라테스의 죽음〉

  제목뿐 아니라 그림의 내용만으로 작가가 뭘 재현하려는지 짐작할 수 있습니다. 소크라테스는 침대 위에 앉아서 제자와 동료인 듯한 사람들에게 무언가를 말하고 있습니다. 그는 죽음을 앞두고 있지만 담대하게 진리를 전합니다. 다른 사람들은 슬픔에 빠져 있지만 소크라테스는 강건하고 차분해 보입니다. 아마도 '순교자적 죽음'과 같은 내용인 듯합니다. 명암 처리만 봐도 소크라테스는 그림의 다른 누구보다도 환하게 빛나고 있습니다.

  작품에 관한 해설을 찾아보면 아주 구체적인 논평이 많습니다. 침대 가장자리에 앉아서 슬퍼하는 자가 플라톤이라고 합니다. 소크라테스의 표정만으로도 그의 존엄성과 신성함이 부각된다고 합니다. 위대한 철학자의 불멸이 배경이나 동작의 배치로 추론된다고도 합니다. 예를 들면, 소크라테스의 표정과 동작에 원칙을 지키고 희생을 감수하는 모습이 드러난다고 합니다. 소크라테스 뒤에 어떤 장식도 없는 것은 그가 자유의지로 행동하는 성스러운 모습으로 해석됩니다. 손가락을 높게 위로 들고 있는 것은 그의 가르침이 위대하다는 것입니다.

[그림 3-8] 빈센트 반 고흐, 〈별이 빛나는 밤〉

    거창한 해석이 가능한 앞선 그림과 달리 인상주의 화가인 빈센트 반 고흐Vincent William van Gogh의 작품, 〈별이 빛나는 밤〉을 한번 보세요. 이번 그림에서 하늘은 하늘처럼 보이나요? 이 그림을 그릴 때 반 고흐는 고갱과 싸우고, 귀를 자르며, 정신병을 앓고 요양원에 있을 때였습니다. 그에게 밤하늘은 무한한 공간의 은유이기도 했을 것이고, 소용돌이와 같은 고통의 현실일 수도 있었겠습니다. 작품이 처음 소개될 때 미술계의 반응도 신통치 않았다고 합니다. 물론 지금은 많은 사람들이 너무나 사랑하는 밤하늘의 풍경입니다. 이런 그림은 그림처럼 보이나요? 앞선 다비드의 그림에 비해 재현성과 입체성에 충실하지 않았지만 그래도 하늘은 하늘처럼 보이고 집은 집처럼 보여서 그림이라고 합시다.
    그런데 이제 피트 몬드리안Piet Mondrian의 그림을 만나면 좀 곤란

해집니다. 이걸 도대체 어떻게 설명해야 할까요?[4]

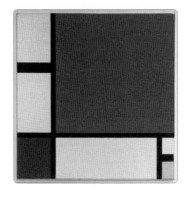

[그림 3-9]
피트 몬드리안, 〈빨강, 파랑, 노랑의 구성〉

교수   예진, 이런 그림도 그림이라고 할 수 있을까요?

예진   저는 솔직히 그런 그림은…전시회가 열리고 사람들이 돈 내고 관람
       하는 것이…이해가 되지 않습니다.

교수   솔직하게 말해줘서 고맙네요. 그럼 그림이라고 하면…

예진   그야 아까 교수님이 보여주신, 〈소크라테스의 죽음〉, 아니면 최소한
       〈별이 빛나는 밤〉처럼 입체적으로 뭔가 제대로 재현되어야만 그림
       같다는 느낌이 있습니다. 그냥 평면적이고 조형적인 그림을 왜 그림
       이라고 하는지 모르겠어요.

예진은 미술 전공이 아니니까 그냥 솔직하게 느낀 점을 말했습니다.
나는 미술평론가가 아니지만 의미체계의 논점으로 몬드리안 그림을
변호해보겠습니다. 몬드리안은 눈에 보이는 물리적 세계에 의존하지
않는 추상적인 회화기법을 사용했습니다. 위의 그림에서 보는 것처럼
수직선과 수평선, 직선의 교차와 직사각형, 공간을 채우는 삼원색과 무
채색의 조화에 집중했어요. 가로와 세로의 선, 직사각형과 정사각형이

교차하고 삼원색은 적절하게 배치되는 구성만을 반복할 뿐이죠. 그는 사물의 형태가 수직과 수평의 대립으로 요약된다고 본 것입니다.

몬드리안이 이런 그림을 그릴 땐 아인슈타인의 상대성 이론이 사실로 입증되었고 과학과 수학은 빠른 속도로 발전하던 때였습니다. 몬드리안은 과학과 수학처럼 예술에서도 눈에 보이는 재현이 전부가 아니라고 보았습니다. 예술 작품을 통해서 심층 구조를 보여주고 싶었죠. 그는 크기와 색상과 관계없이 구성 요소를 '동등'하게 배치하려고 했고 그것으로 유토피아적 세계를 보여주고 싶었습니다.

자세한 작품 해석보다 이런 질문을 해봅시다. 무엇이 몬드리안의 그림을 그림답게 보이게 할까요? 그건 내용일까요? 형식일까요? 무슨 내용인지 보이지 않으니까 몬드리안의 그림은 오직 형식성만으로 타당함을 부여받은 듯합니다. 몬드리안 그림은 통합체적으로 선과 선, 색깔과 색깔, 조형과 조형이 결합된 것이죠. 결합의 일관적인 규칙은 이해하기 힘들지만 인접 요소의 결합이 반복되고 있고 결합의 요소는 충분히 짐작할 수 있잖아요. 계열체적 선택도 있어요. 크거나 혹은 작은, 정사각형 혹은 직사각형, 아니면 빨강 혹은 노랑, 그건 모두 계열체적 선택의 문제죠.

달리 말하면, 이런 그림은 선과 색깔의 통합체적 결과물이면서 계열체적 선택으로 만들어진 구조화된 의미체계입니다. 선택과 결합의 구조적 코드가 있는 그림입니다. 몬드리안과 같은 기호 생산자가 하는 일은 구조화된 (선, 색, 조형으로 구성된) 랑그의 규칙체계에서 절묘하게 결합하고 선택하면서 관객의 이목을 사로잡는 것입니다. 몬드리안의 그림 역시 의미구조의 이원적 원리를 충실히 따르고 있는 셈입니다. 무엇보다 형식성의 의미체계가 그림을 그림답게 보이게 합니다. 〈소크라테스의 죽음〉이나 〈별이 빛나는 밤〉 역시 형식이 있습니다. 다만 내용이 너무 돋보여서 형식이 눈에 안들어오는 것뿐이죠. 어쨌거나 기본적인 형식만으로도 몬드리안의 그림은 그림이 됩니다.

　모든 언어/기호는 구조의 코드가 있다! 그것이 구조주의 학자들이 주목하는 랑그의 규칙체계입니다. 우리가 일상적으로 만나는 모든 기호는 몬드리안 그림을 이해하는 방식으로 해독될 수 있습니다. 예를 들면, 도로 표지판, 식당의 메뉴판, 유행하는 옷차림, 새로 선보이는 아파트 공간 등 유형은 모두 다양하지만 몬드리안 그림처럼 통합체-계열체 정보가 결합되고 선택된 것입니다.

[그림 3-10] 잭슨 폴록, 〈No. 5〉

　마지막으로 [그림 3-10]에 제시된 잭슨 폴록Paul Jackson Pollock의 추상표현주의 작품 〈No. 5〉를 봅시다. 이건 몬드리안 작품보다 더 심합니다. 폴록은 바닥에 천을 놓고 막대기에 물감을 묻힌 뒤에 흩뿌리는 방식으로 그림을 그렸습니다. 이렇게 완성된 그림에는 마치 실타래가 엉킨 듯한 물감 자국만이 남습니다. 떨어뜨린 물감의 흔적이 층위를 쌓아가면서 화면의 밀도를 높입니다. 이런 제작 행위를 '액션 페인팅'이라고 부릅니다.

폴록의 작품은 회화의 기본(평면성, 비재현성)을 제대로 나타낸다
며 극찬을 받았습니다. 새로운 미술사조에서는 평평한 표면에 무언가
를 입체적으로 재현하는 것이 더 이상 중요하지 않습니다. 회화의 기
본은 〈소크라테스의 죽음〉과 같은 그림에서 나타난 입체성과 재현성
이 아닙니다. 내가 앞서 소쉬르 언어학을 이야기할 때부터 계속 말했
죠. '언어/기호의 역할은 세상을 보이는 그대로, 또는 객관적으로 재현
하는 것이 아니다.'

내가 미술 작품을 여기서 나열한 이유는 통합체와 계열체의 기본
적인 형식성만으로 의미가 구성되는 예시를 보여주기 위함입니다. 과
학적 예술로 알려진 옵티컬 아트Optical Art, 혹은 옵 아트Op Art도 기본
적인 형식성만으로 의미를 구성합니다. 팝 아트의 상업주의나 과도한
상징성과 거리를 둔 옵 아트 작품은 통합체적으로 선과 선, 색깔과 색
깔, 조형과 조형으로만 결합된 작업물입니다. 인접된 요소들이 주기적
으로나 특수 배열로 결합되고 선택된 것입니다.

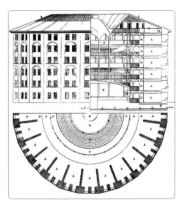

[그림 3-11] 판옵티콘의 모습(위키피디아)

공간미술은 회화보다 더욱 선명하게 형식의 배치만으로 의미적
효과를 만들어냅니다. 우리에게 널리 알려진 공간의 형식성은 영국의

철학자 제러미 벤담Jeremy Bentham이 고안한 '판옵티콘panopticon' 감옥에서도 나타납니다. 감옥이란 공간의 의미 생성은 형식성으로부터 가능했는데 미셸 푸코Michel Foucault가 《감시와 처벌》이란 책에서 자세히 설명했어요.

판옵티콘의 형식성을 간단하게 설명하면 이렇습니다. 감옥 중앙에 높은 감시탑이 있습니다. 감시탑의 바깥쪽 원 둘레를 따라 죄수의 방을 만들도록 공간을 설계합니다. 탑은 늘 어두워요. 방은 상대적으로 밝습니다. 방 안의 죄수는 감시탑을 볼 수 없으며 누군가 늘 감시탑에서 자신을 바라보고 있다고 느끼게 됩니다. 감시자와 죄수에 관한 내용적 의무사항을 기술하지 않더라도 형식적 배치만으로 '갇힌 자의 모든 걸 볼 수 있는 감시'의 의미체계가 자연스럽게 만들어집니다. 감옥의 형식성이 감옥을 감옥답게 만듭니다. 감시자가 바뀌거나, 심지어 아무도 감시하지 않더라도, 감시와 처벌의 의미는 유지될 수 있습니다.

통합체와 계열체의 형식체계로 의미가 생성된다는 논점은 미술 작품뿐만 아니라 기타 예술이나 문학 작품을 통해서도 찾아볼 수 있습니다. 우선 노래는 내용이 애매하더라도 형식성만 갖춰도 노래가 될 수 있어요. 노래의 가사가 내용을 구성한다면 멜로디는 형식이라고 볼 수 있겠죠. 인기가 있는 대중가요라고 하면 가사도, 멜로디도, 모두 대중에게 사랑받는 것입니다.

아이유 노래 좋아하시죠? 가사도 좋고 멜로디도 신선해서 인기가 많습니다. 불면증을 앓던 아이유가 밤에 쓴 편지글이라는 〈밤편지〉의 가사 몇 소절은 다음과 같습니다.

이 밤 그날의 반딧불을 / 당신의 창 가까이 보낼게요
사랑한다는 말이에요 / 나 우리의 첫 입맞춤을 떠올려

그럼 언제든 눈을 감고 / 가장 먼 곳으로 가요

난 파도가 머물던 / 모래 위에 적힌 글씨처럼

그대가 멀리 사라져 버릴 것 같아 / 늘 그리워 그리워

여기 내 마음 속에 모든 말을 / 다 꺼내어줄 순 없지만

사랑한다는 말이에요 / 이렇게 나에게

그대란 행운이 온 걸까? / 아, 얼마나 좋을까요? …

난 파도가 머물던 … / 이 밤 그날의 반딧불을

당신의 / 창 가까이 띄울게요.

좋은 꿈이길 바라요.

교수 지현, 가사가 귀에 잘 들리죠? 뭘 전하려고 하는지….

지현 예. 시간 순서나 인과 관계도 있는 것 같고.. 누굴 좋아하는 사건이나
      감정도 들려요.

교수 그런데 멜로디는 좋은데 가사가 이해되지 않는 노래도 많죠?

지현 2장에서 교수님이 예시로 든 아이돌 그룹의 가사?

교수 요들송 가사는 어때요? '요르레히로로로헤레르…' 그런 이상한 가사를
      붙여도 노래가 되나요?

지현 ….

여러분 생각은 어떤가요? 아이돌이 부르는 노래 가사는 그나마 낫습니
다. 요들송은 이해할 수 없는 소리로 가사를 채웁니다. 그렇지만 노래처
럼 들립니다. 요들송도 노래 맞습니다. 요들처럼 별별 소리로 채워지든,
감미로운 가사로 채워지든, 최소한의 멜로디 기반의 형식만 갖춰진다면
어떤 음악적 의미가 전달될 수 있다고 보는 것이죠. 나는 지금 내용이
아니라 형식으로부터 만들어지는 의미체계를 계속 설명하고 있어요.

문학에서는 소설조차도 통합체적 인접 정보로 묶이지 않는 실험성이 발휘됩니다. 소설가 박태원의 《소설가 구보씨의 일일》을 보면 의식의 흐름대로 지면이 채워져 있어요. 리얼리즘 사조의 문학 작품은 현실을 객관적으로 재현하고 그 재현을 통해 주제의식을 전달합니다. 그렇지만 박태원 작가는 처음-중간-끝을 순차적으로 완결하는 통합체적 의미체계에 연연하지 않습니다. 사건이 시작되고 갈등이 드러나고 그러다가 해결이 되는 순차적 재현에도 충실하지 않습니다. 내용이 왠지 없는 것 같은데요. 그래도 《소설가 구보씨의 일일》은 소설의 최소 형식성을 갖추고 있죠. 인물도 있고 상황의 묘사도 있어요. 일제 강점기에 조선인의 무력감을 구체적인 사건의 전개 없이 내면의 묘사만으로 소설의 플롯으로 채웠습니다. 기본적인 형식성만 붙들고 의미를 생성시킨 일종의 실험적 글쓰기입니다.

시는 소설보다 더 파격적일 수 있습니다. 전통적인 의미체계에 충실한 시도 물론 있습니다. 일제강점기에 활동한 시인 김소월의 〈진달래 꽃〉은 작가의 분신과도 같으며 작가 자신의 희생적이면서도 강렬한 사랑, 혹은 임에 대한 순종을 드러냅니다. 이별의 슬픔을 승화시킨 사랑을 담고 있고 그와 같은 내용은 민요조의 율격인 7.5조, 3음보, 반어법 등의 형식성을 통해 드러납니다. 시의 내용과 형식이 잘 묶여져 있습니다.

그러나 동시대의 작가인 이상의 〈오감도-시제4호〉를 한번 보세요. 내용과 형식 모두 상당히 난이합니다. 내용 차원에서 보면 우선 화자가 누구인지 모호합니다. 내용 해석은 사실상 불가능합니다. 시에서 무엇이 전달되는지 알 수가 없어요. 형식성으로 보면 시의 대부분이 숫자와 점으로만 구성됩니다. 당시 조선중앙일보에 연재되었는데 게재된 첫날부터 '내용을 알 수 없다'라는 비난이 넘쳤고 연재가 일찌감치 중단되었다고 합니다. 그렇지만 이상의 시 역시 숫자, 점, 약간의 문자가 인접된 통합체적 결과물이면서 동일 계열의 특정 요소를 선택하면서 만든 의미구성물입니다. 운문으로 보이는 기본 형식성으로만 시가 될 수 없는 건 아닙니다. 시인 이상은 숫자, 점, 문자로 시의 규칙체계를 따르면서 의미를 만들었습니다. 거기도 결합과 선택의 구조적 코드가 있습니다.

이런 예시로 앞서 내가 했던 인간다움에 관한 질문을 다시 해볼 수 있습니다. '인간이 인간이 될 수 있음은 무엇으로 가능할까요?' 누군가 살아온 내용인가요? 아니면 가시적으로 드러나는 인간이란 형식만으로도 인간다움을 존중받을 수 있을까요? 난민, 이주민, 유색인, 여성, 아동의 차별이 정당화될 수 있었던 것은 눈에 명백하게 보이는 그들의 모습(내용) 때문이었을 것입니다. 하지만 인간의 존재성을 형식성의 차원으로 수용한다면 누구나 존중받지 못할 이유는 없습니다.

그럼 다음 질문은 이런 것이죠. '인간이 인간으로 존재할 수 있는 최소한의 '형식'은 무엇일까?' 호흡을 하고 있는 기관의 배치만 있다면, 생명을 드러내는 모양을 갖추고만 있다면, 누구나 인간다움의 최소 형식성을 갖추고 있는 것 아닐까요? 그런 이유로 기억을 잃어가는 환자도, 태중의 아이도, 낯선 피부를 가진 그 누구도 인간답게 존중받을 권리가 있게 됩니다.

4장
언어를 넘어서, 기호로 가득 찬 세상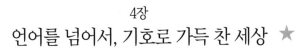

유럽에서 소쉬르의 언어적 전환이 시작되었다면 동시대의 미국에서는 철학자 찰스 샌더스 퍼스Charles Sanders Peirce가 의미의 범주 및 의미작용에 관한 논점을 제시했습니다. 연역법, 귀납법과 달리 가추법abduction이란 추리 방법을 창안하기도 하고 실용주의 원리 역시 제안하기도 했지만 여기서는 기호에 관한 그의 논점만 소개하겠습니다. 그에게 논리학은 기호에 관한 이론, 즉 기호학과 다를 바 없었습니다.

　퍼스의 이론을 숙지하면 다음 세 가지 차원에서 의미체계를 이해하는 데 도움이 됩니다. 첫째, 세상을 모두 기호로 바라보게 됩니다. 이제 언어학이라기보다 기호학으로 의미체계에 관한 논의를 확장하게 됩니다. 퍼스에게는 모든 것이 기호였거든요. 둘째, 이항이 아닌 삼항 모형으로 보다 다양한 범주로 기호의 의미작용을 설명할 수 있습니다. 셋째, '무한대의 기호작용unlimited semiosis' 개념을 숙지할 수 있습니다.

　다양한 범주로 기호(의 의미작용)를 엄격하게 구별한 퍼스의 논점은 좀 지루하게 보이고 지금까지 우리가 공부했던 논점과 다르게 들릴 것입니다. 이해하기 쉬운 예시로 꼭 알아두면 좋은 것만 설명하겠습니다.

퍼스의 기호학

소쉬르는 음성으로 전달되는 언어에 관심을 가진 반면에 퍼스는 언어 뿐 아니라 세상의 모든 기호에 관심을 두었습니다. 세상은 기호로 구성되었고 모든 기호는 구분되고 분석될 수 있다고 보았죠. 사람의 말 뿐 아니라, 번개나 꽃의 모양도, 동물의 소리나 동작도 모두 체계화된 기호인 것이죠. 먼저 퍼스의 주장에 따라 세상을 구성하는 모든 것이 어떻게 기호로 개념화되었는지 살펴보도록 하겠습니다.

모든 것이 기호이다

지금까지는 소쉬르 언어학을 주로 다룬 셈이고 의미체계의 형식성을 설명했습니다. 자의성을 갖는 관습적 의미체계에 집중했습니다. 그렇지만 보다 다양한 기호현상, 기호들을 이해할 수 있는 범주나 분류법은 제대로 언급하지 않았죠. 기표와 기의는 구분되었지만 분류의 범주와 체계가 분명하지 않았고요. 퍼스는 우리를 둘러싼 세상을 기호로 이해하는 체계적인 분류법에 관심을 가졌고, 심지어 기호가 기능하는 인간의 마음까지도 주목했습니다.

　　퍼스는 기호를 '누군가에게 어떤 것을 대신해서 나타나는 무엇'으로 정의하면서 여러 범주별 속성으로 구분했습니다. 그럼 의미체계에 관한 논의는 전통적으로 언어학이 다룬 대상에서 벗어나죠. 무의식적인 커뮤니케이션, 신체언어, 시각기호, 그리고 의미체계뿐만 아니라 의미작용에 관해서도 관심을 가지기 때문입니다.

삼항 구조로 의미체계를 설명한다

퍼스는 모든 기호의 의미체계를 (이항이 아닌) 삼항으로 이해했습니다.

나중에 설명하겠지만 기호의 존재 양상도 삼항성(1차성, 2차성, 3차성)의 범주를 가지고 있고, 기호현상도 세 가지 요소가 있다고 보았습니다. 아무래도 퍼스는 숫자 '3'이 함축하는 완결성에 집착한 듯합니다.

서구 지식전통에서 '3'은 특별한 가치를 갖는 숫자죠. 기독교의 삼위일체, 헤겔의 정-반-합 변증법, 프로이트의 이드-에고-수퍼에고, 언어학의 1-2-3인칭 주어체계, 3대가 기본으로 등장하는 신화나 소설의 서사, 혹은 대중서사에서도 자주 발견되는 삼각의 애정관계 등에 모두 '3'이 등장합니다. 보편성의 근원을 찾기는 힘들지만 오랜 세월이 지나면서 삼항은 우리가 살아가고 세상을 움직이는 원리처럼 인식되었습니다. 아마도 퍼스는 그런 세상적 원리를 자신의 의미론 모형에 직관적으로 적용했을지도 모릅니다.[1]

소쉬르는 기호가 의미를 갖는 과정을 기표와 기의의 연결 모형으로 이해했습니다. 그와 달리 퍼스는 기호representation(표현체, 혹은 표상체), 기호에 의해 지시되는 대상체object, 그리고 해석체interpretant의 삼항적 관계로 의미작용이 만들어진다고 보았습니다. 다시 강조하지만, 소쉬르식 이항 구조가 아닙니다. 삼항 구조입니다.

퍼스에게 기호는 '어떤 능력으로 누군가에게 무언가를 생각나게 하는 것'으로 정의됩니다. 기호로 무언가를 연상하는 의미작용이 있다는 건 소쉬르식 주장과 유사하지만, '어떤 능력'으로 의미작용이 발생한다는 점이나 '누군가'와 같은 특정 수신자가 언급된 점이 흥미롭습니다. 퍼스는 수신자 마음 속에서 기호가 만들어진다고 본 것이죠. 기호 수신자의 마음, 그리고 그의 마음에서 일어나는 기호의 의미작용이 중요합니다. 마음에서 만들어진 기호는 퍼스에게 해석체로 이해되었습니다. 그에게 기호는 기표-기의만의 자의적 결합이 아닙니다. 기호는 의미작용입니다. 기호는 기호로부터 새롭게 해석되는 의미작용입니다.

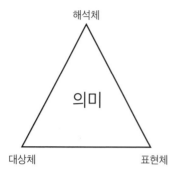

[그림 4-1] 표현체-대상체-해석체로 구성되는 기호

　위 그림의 삼항적 관계를 쉬운 예시로 설명하면 다음과 같습니다. 먼저 표현체, 혹은 표상체로 불리는 기호는 어떤 대상을 대신해서 나타납니다. 예를 들면, 화장실 문에 있는 여성을 표시하는 치마 입은 사람의 기호, 또는 'W'나 '여'로 적힌 텍스트가 표현체의 기호겠죠. 빨간색인 신호등도 표현체의 기호입니다. 맥주 광고에서 맥주로 보이는 캔이나 병도 표현체의 기호입니다. 나이키 광고에서 누군가 운동을 하면서 입고 있는 운동용품의 이미지, 즉 나이키와 함께 등장하는 기호도 표현체입니다.

　다음으로 대상체는 기호가 지시하는 대상입니다. 기호 그 자체가 아니라 기호를 통해 재현되거나 표현되는 목표 대상입니다. 방금 설명한 것처럼 광고 속 나이키 기호로 표현하고자 하는 해당 운동용품이 대상에 해당됩니다.

　마지막으로 어떤 기호를 통해 마음에 떠오르는 해석체입니다. 기호작용은 해석작용입니다. 주어진 기호로 촉발되는 의미효과입니다. 사용자의 문화적 경험에 기반을 둔 정신적 개념입니다. 해석체는 고정되지 않습니다. 시공간에 따라 해석자마다 달라지기 때문입니다. 즉,

기호는 자의적으로만 전달되지 않으며 수신자의 마음에서 새로운 기호로 해석됩니다. 신호등의 빨간불을 보고 보고 '자동차를 세워야겠다'는 생각이 해석체의 기호입니다 맥주 광고를 보면서 '시원함', '휴식', '축제' 등과 같은 은유로 떠오르는 생각이 해석체의 기호입니다. 나이키의 대상과 표현체로부터 '나이키 운동복을 입고 포기하지 않는 청년다움의 정신'을 떠올리다면 그것이 바로 해석체의 기호입니다.

우리는 여자화장실의 'W' 표시나 목욕탕 수도꼭지의 'H' 같은 기호를 보게 되면, '남자가 아닌 여자가 들어가는 화장실' 혹은 '차가운 물이 아닌 뜨거운 물이 나오는 수도꼭지'로 해석합니다. 그렇게 마음에 떠오르는 생각, 지시대상에 대한 정신적 개념은 기호가 어떤 것을 대신할 수 있게 만들어주는 요소가 됩니다. 기호가 우리에게 지시대상을 대신해서 나타낼 수 있는 이유는 오직 해석체에 의한 중개 때문에 가능합니다. 그런데 'H'는 고정된 개념이 될 수만 없고 해석자의 마음에서 다르게 구성될 수도 있습니다. 기호 사용자가 지시대상과 가졌던 경험으로부터 기호의 해석은 얼마든지 다양할 수 있죠. 뜨거운 물이 나오지 않는 곳이라면 'H'는 특별한 의미가 없습니다. 어떤 지역에서 화상을 입을 만큼 뜨거운 물이 나왔다면 'H'에 '뜨거운' 의미보다 '조심해야 하는' 의미가 함축됩니다.[2]

기호의 지시대상은 관찰이 가능한 것이지만 구체적인 존재만은 아닙니다. 이것은 추상적인 존재나 관념까지도 포함합니다. 퍼스의 관점에서는 세상 모든 것이 기호입니다. 여성이나 남성에 관한 기호는 여성이나 남성에 대한 어떤 관념(근육이 있고 키가 크고 똑똑한 남성성, 순종적이고 몸집이 작고 상냥한 여성성)도 포함됩니다. 그렇게 되면 소쉬르의 기의는 퍼스의 삼항 중에 무엇으로 해당되는지 분명하지 않습니다. 소쉬르의 기의는 퍼스에게 해석체일 수도 있고, 대상체일 수도 있죠.

윤희 교수님, 다른 예시를 좀 들어주세요. 소쉬르와 퍼스 관점이 분명 다른 것 같긴 한데….

교수 이렇게 구분하면 어떨까요? 소쉬르는 기표가 나타내는 것을 '기의'라고 규정했고, 퍼스는 현실에서 실제로 존재하는 대상이 있다.

윤희 그러니까 퍼스식 논리를 따르면, 기호는 현실의 특정 대상을 나타내는 것이죠?

교수 맞아요. 예를 들면 하늘에서 UFO가 날라다니는 걸 내 눈으로 봤어요. 그럼 UFO라는 기호는 바로 내 눈에 보인 물체, 물리적 상태로 하늘에 떠있는 대상체를 나타냅니다. 그럼 소쉬르식 기표와 기의로는 UFO를 어떻게 볼까요?

윤희 UFO라고 부를 수 있는 기표의 기의는 UFO라고 할 때 머리에 떠오르는 개념 아닐까요? 실제 상황에서 발생하는지는 모르겠고, 단지 의미체계 안에서만 존재하는 UFO?

윤희가 제대로 구분했습니다. 인간과 사물을 떼어내고 기표와 기의로만 의미체계를 보는 것은 소쉬르 언어학이 갖는 인식론의 한계라고 볼 수도 있어요. 그에 반해 퍼스는 눈에 보이는 대상을 인정했고 인간주체의 마음도 주목했습니다. 퍼스의 기호론은 마음에서 일어나는 의미작용을 주목하는데 그건 인간주체가 상정된 인식론으로 볼 수 있습니다. 다만 기호가 생산되는 과정에 초점이 맞춰졌기 때문에 인간주체의 인식보다는 인식을 통해 표현체로 드러나는 것, 즉 기호가 중요하다는 논점은 여전히 유효합니다. UFO로 보이는 사물을 보고 어떤 해석을 할 때 해석주체의 생각 자체보다는 해석이 이루어지는 의미작용의 과정이 중요하다는 것이죠.

소쉬르 이론은 기표와 기의의 관계를 자의적으로 규정했으니까 퍼스식 심리적 속성은 배제됩니다. 퍼스는 심리적 기제가 개입하여 만들어지는 기호의 의미작용에 소쉬르보다 더 관심을 두었습니다. 그런 차이는 있지만 소쉬르나 퍼스 모두 인간/심리/인식의 요인보다 기호 자체의 작동 원리에 더 주목했습니다.

둘의 논리가 비슷한 듯하면서 다른데요. 이렇게 한 번만 더 부연하겠습니다. 퍼스는 소쉬르보다 기호의 생산, 의미작용 측면을 더 주목했습니다. 기호는 기표-기의로 묶여서 사회적으로 합의된 약속에 따라 즉각 해석되는 것이 아니라는 것이죠. 수신자의 마음에 있는 의미작용으로부터 새로운 기호로도 전환됩니다. 마음에서 생성된 기호라고 해도 해당 기호에 관한 해석이 끝난 것은 아니죠. 기호로 존재한다면 최종적인 해석은 없습니다. 하늘에 UFO가 있다고 해석했지만 그것이 최종적인 해석이 될 수 없어요. 1시간 뒤에 다른 해석이 가능하기 때문입니다. 실제로 UFO라고 생각했던 것이 강풍이 만들어낸 구름이었다는 일화가 많습니다. 그럼 마음에 새겨둔 UFO라는 원래 기호의 작용은 사라지고 새로운 기호로 해석되기 시작하겠죠.

무한한 기호작용이 발생한다

해석체는 기호와 지시대상을 매개하면서 우리 마음에서 나름의 방식으로 기능하는 '보다 발전된 기호(표현체)'로 볼 수 있습니다. 해석체가 대상체와 새로운 관계를 맺는다면, 대상체는 새로운 속성의 해석체와 연결되는 셈입니다. 그런 해석체로부터 기호(표현체)는 새로운 속성으로 연상되며 대상체와도 새로운 관계가 맺어집니다. 이렇게 언어/기호의 의미작용은 무한적으로 발생합니다.

영국인 가수 아델Adele의 노래 〈Easy on Me〉에 나오는 "go easy on me"라는 가사는 다양한 뜻으로 번역되어 한국에 소개되어 있습니다.

영국인의 영어식 표현이 한국인의 한국어 표현에 정확하게 대응할 수만 없기 때문에 해당 의미는 "날 좀 이해해줘", "내게 편하게 대해줘", "날 심하게 대하지 마" 등으로 해석됩니다. 지시되는 대상을 두고 이미 사용되는 해석이 있지만 다른 맥락의 다른 주체에 의해 다른 의미가 생성되는 셈이죠. 음악 프로그램뿐 아니라 코미디 프로그램에서, 혹은 다른 언어로 다른 매체에서 번역되고 소개되면서, 〈Easy on me〉의 작사가가 처음 의도한 가사(의 기호)와 달리 앞으로도 새로운 해석체로 바뀌겠죠. 결국 해석체는 분류를 위해 개념적으로 가정된 것이지 실제적으로 포착될 수 있는 결과물이 아닙니다. 해석체는 형이상학적 본질이 아닙니다.

퍼스에게 기호는 무한대의 기호작용이었습니다. 계속 달라지는 역동적인 과정이라는 것이죠. 기호는 정태적인 결과물이라기보다 어떤 식으로든 변화가 개입됩니다. 무한대의 기호작용이 허락된다면 의미는 고정될 수 없습니다. 어떤 상황에서 벌어지는 기호작용의 역동적인 진행 자체가 기호라면 굳이 어느 하나로 귀결되는 의미, 다시 말해 환원적이고 고정적인 의미가 존재할 필요도 없는 것이죠. 조금 유식하게 말하자면 모든 해석체는 형이상학적 본질을 갖지 않으며, 환원적의미도 존재할 수 없습니다. 이런 논리를 수용한다면 후기구조주의자 자크 데리다가 전통적인 의미의 개념을 해체하고 무한한 기호의 작용으로 비중심을 긍정하는 논리를 알게 됩니다.

밸런타인 데이에 초콜릿을 주며 사랑을 표시하잖아요. 초코파이 광고에는 '추석에 정을 나누세요'라는 문구가 나오는데 '정'이란 은유적 장치가 새롭게 개입된 것이죠. 초코파이라는 기호에 새로운 해석이 그렇게 끼인 것입니다. 사과를 내밀며 미안한 사람에게 "내 사과를 받아줘"라며 말을 건넵니다. 여기도 사과라는 기호에 새로운 해석이 개입된 것이죠. 이런 모든 것이 '어떤 것을 대신하는' 기호의 속성입니다.

이탈리아의 기호학자 움베르토 에코Umberto Eco의 말처럼 기호의 기능은 '우리가 사용하는 거짓말을 그럴싸하게 만드는 것'입니다. 에코의 논점은 유럽의 소쉬르, 나중에 소개할 그레마스의 지식전통과 퍼스의 논리 등을 포함한 미국식 실용주의가 절충된 것으로 알려져 있습니다. 에코도 잠재적이나마 끊임없이 진행되는 해석체의 연쇄 작용인 '무한한 기호작용'을 주목했습니다. 우리가 마치 사전에서 특정 단어의 의미를 찾다가 단어 설명에 나오는 단어를 다시 찾는 것처럼 기호의 무한대 의미작용은 일종의 상호텍스트성intertextuality 현상으로 볼 수 있습니다. 재현은 또 다른 재현이고 모든 해석은 다시 해석되죠. 그럼 어떤 기호든 거짓말이 될 수 있습니다.

예를 들면, 2000년 전의 십자가는 지금과 같은 의미효과가 없었을 것입니다. 그러나 예수가 등장하고 십자가에 종교적 의미가 담기고 기독교 집단도 새롭게 출현했습니다. 십자가의 해석체는 이제 종교 공동체, 메시아, 부활 등의 의미효과를 유도하고 있습니다. 십자가의 해석체는 십자가라는 표현체로부터 나타내는 어떤 대상과 관계성을 갖게 되고 십자가의 대상체는 의미작용을 거치면서 (불교와 이슬람과 다른 기독교 신앙공동체를 연상하게 하는) 해석체와 연결됩니다. 즉, 해석체는 '기독교인'이라는 새로운 기호(표현체)로 발전되었습니다. 어쩌면 시공간을 달리 하면서 특정 집단의 마음에 '무례하고 이기적이며 표리부동한 종교집단'이라는 새로운 해석체를 함의할 수도 있습니다.

퍼스가 보기에는 우리의 생각도 기호입니다. 생각은 기호가 지시하는 대상에 대해 갖는 해석체인 셈입니다. 해석체는 해석자의 마음에 존재하는 또 하나의 기호입니다. 그렇게 되면 '인간은 기호를 통해 생각하고 사물을 인식한다'는 논리가 도출됩니다.

[그림 4-2] 서울대학교 정문 사진을 조합해 만든 샤샤샤(서울연구데이터서비스)

교수 또 다른 예시를 하나 살펴봅시다. 태희, 여기 그림은 무슨 기호죠?

태희 샤샤샤?

교수 아… 이건 서울대학교 입구에 설치된 철제 구조물이고… 그냥 서울
대를 연상시키는 기호 아닐까요?

태희 제 눈에는 '샤샤샤'로 보이는데요. 제가 최근에 댄스동아리에서 트와
이스 춤을 배워서 그런지….

기호가 반드시 눈에 보이는 대상으로 연상될 필요가 없죠. 태희 말이
맞습니다. 내 눈에는 서울대학교를 지시하는 기호지만 태희 마음에는
TWICE의 노래 〈Cheer Up〉 가사 중 일부인 '샤샤샤'의 기호일 수 있죠.
댄스에 관심이 많은 태희의 마음 속에 서울대학교를 지시하는 사회적
의미는 이미 소멸 중이고 K-pop과 국내 아이돌이 부른 노래나 춤이 해
당 기호의 해석체에 개입되었어요. 여전히 해당 구조물이 다수에게 서
울대학교를 떠올리는 기호로 인식되겠지만 '서울대가 밀어주는 트와
이스의 대표 기호'로 기호적 속성이 변질된 건 분명합니다.

트와이스 역시 앨범 표지처럼 트와이스를 연상시키는 여러 기호
를 통해 트와이스로 해석될 수 있지만 서울대 정문 구조물로도 새로
운 의미작용이 만들어집니다. 역동적인 의미작용으로 기호가 새롭게

해석되고 소비되는 다른 예시는 '혜자'입니다. '혜자'는 '김혜자 배우의 이름을 붙여 판매한 도시락'을 지시했습니다. 그러나 낮은 가격에 비해 품질도 좋고 양도 많아서 사람들에게 인기를 끌게 되면서 '가성비가 좋다'는 의미로 해석되기 시작했습니다.

퍼스의 기호작용을 숙고한다면 최근에 빈번하게 제작되는 판타지 서사극의 재현을 비판해볼 수 있습니다. 예를 들어 판타지 TV극에 고려 왕조의 공주가 우연히 현대 사회로 오게 됩니다. 공주는 황당한 실수도 자주 하지만 현대 사회의 구성원으로 능청스럽게 적용하고 살아갑니다. 그러나 퍼스의 해석체로 비평해본다면 공주는 현대 사회의 기호적 의미작용을 이해하고 소비할 수 없습니다. 실수를 하는 수준이 아닙니다. 기호적 문식력의 문제로 시간여행을 한 첫 날에 중경상 혹은 억울하게 사망할 수 있습니다.

퍼스의 분류체계

치밀한 성격의 분류학자였던 퍼스는 세상의 기호를 논리적으로 분류하고 기호의 속성을 정밀하게 부연합니다. 그의 분류법은 기호학을 포함한 여러 학문 분야에서 아직도 인용됩니다. 이제부터는 퍼스가 기호를 어떤 범주와 속성으로 구분했는지 살펴보겠습니다.

존재 양상: 1차성, 2차성, 3차성

퍼스는 기호의 존재 양상mode of being을 1차성, 2차성, 3차성으로 구분했습니다. 우선 1차성은 있는 그대로의 상태, 또는 느낌입니다. 어떤 관계성도 고려되지 않는 상태적 양상이며 다른 것과 비교나 대립을 통해 인식된 것이 아닙니다. 즉, 딱딱하거나 부드러운 질감과 같은 본질적으로 존재하는 속성이라고 볼 수 있습니다. 무엇으로도 나눌 수 없는 궁극적 실재로서 단일항monadic이고 의미적으로 더이상 분해될 수 없습니다. 빨간색의 대상이라면 그것으로만 존재하는 잠재적 가능성입니다. 신호등에 있는 빨간색의 1차적 속성은 '멈춤'의 의미와 아무런 상관이 없습니다..

2차성은 관계를 통해 나타나는 것입니다. 비교되고 대립되면서 생성된 사실actual fact로 보면 됩니다. 주로 이항적dyadic으로 표현되며, 임시적이고 잠재적인 상태인 1차성과 달리 2차성은 감각적으로 일정 시간 지속됩니다. 예를 들면, '[tri]'라고 들리는 음성이나 종이에 연필로 적힌 't-r-e-e' 글자는 감각을 통해 다른 대상, 다른 상태, 다른 상황과 구분되어 경험되는 것입니다. 음성적으로 다른 어휘의 발음과 비교되면서 나무의 형상이 연상될 수 있습니다. 물리적 대상인 나무는 질적 속성(1차성)이 있지만, 2차항은 1차항으로 환원되지 못합니다.

앞의 [그림 4-1]의 기호삼각형으로 보자면 그런 점에서 2차성은 대상체에 해당됩니다. 어떤 개입이나 변화가 있을 때 드러나는 움직임과 같은 것입니다. 우리 감각에 의해 지각되는 것입니다. 신호등에서 빨간색이 꺼지면 우리는 그 빛이 사라진 것을 감각적으로 지각합니다. 어떤 변화가 생긴 것이죠. 쉬고 있는데 어디선가 고함이 들리면 평안의 1차성이 깨지는 것이죠. 어떤 반응이나 저항 같은 움직임으로 '실재하는 사실'이 드러납니다. 사실은 하나의 상황이나 사건이 또 다른 상황이나 사건과 연결된 것입니다. 2차성은 세상에서 일어난 사실이 감각적으로 드러나는 속성입니다.

3차성은 [그림 4-1]의 기호삼각형으로 보면 해석체에 해당됩니다. 3차성은 삼항적으로triadic 존재하며 1차성과 2차성이 서로 연결되도록 매개하는 기능이 필요한데 그걸 3차성이 감당합니다. 앞서 설명한 2차성이 '사실'의 범주라면 3차성은 우리가 긴 세월 동안 붙들고 있는 관습이나 법과 같은 관념의 범주입니다. 3차성은 2차성을 설명할 수 있는 필연성, 혹은 예측가능성의 원리입니다. 그렇다면 특정 대상, 상태, 행위 등에 관해 우리가 공유하고 있는 상식은 모두 3차성의 원리로 작동되는 것입니다.

도상, 지표, 상징

어떤 기호가 대상체와 닮은 모양으로 관계성을 가질 때 해당 기호는 도상icon으로 불립니다. 해당 기호만 갖는 속성(1차성)과 기호로 지시되는 대상이 서로 유사한 예시는 초상화와 같은 그림, 핸드폰으로 찍은 사진, 라디오에서 들리는 효과 음향, 의성어, 더빙된 영화대사, 누군가를 흉내내는 행동 등입니다. TV극이나 영화에 등장하는 모든 소리와 모양은 도상입니다. 대학생처럼 보이는 모델이 대학생으로 나오는 것이고, 고급 자동차로 보이는 기호로 고급 자동차가 등장합니다.

해당 기호가 인과성이나 공간적 근접성으로 대상체와 관계를 맺으면 지표index로 불립니다. 기호와 기호가 지시하는 대상은 서로 닮은 모양이 없습니다. 그렇지만 원인과 결과와 같은 연계성이 있습니다. 자연 기호로 천둥, 연기, 발자국, 메아리가 있겠죠. 예를 들어 천둥은 번개의 지표가 됩니다. 의학 지표라면 기침, 주름살, 발진 등이 있습니다. 기침은 감기의 지표, 주름살은 노화의 지표가 됩니다. 그 밖의 측정 지표로 풍향계, 시계, 온도계, 음주 측정기, 전화벨, 방향 표시판, 등록상표 등이 있습니다.

해당 기호가 오로지 관습에 의해서 대상체와 관계를 맺는다면 상징symbol으로 불립니다. 기호와 그것으로 지시하는 대상과의 관계가 사회적으로 공유되는 규칙(3차성)입니다. 우리가 사용하는 언어(구두점, 단어, 문장구조), 숫자, 모스 부호, 국기, 수학공식 등이 모두 상징의 속성을 갖습니다. 도상은 기호만 봐도 지시대상을 알 수 있고, 지표는 추론을 통해 짐작할 수 있지만, 상징의 기호는 사회적으로 통용되는 규범을 학습해야만 사용할 수 있습니다.

도상, 지표, 상징의 기호를 다음과 같이 구별하여 설명할 수도 있습니다. 우선 도상과 지표 기호의 기표는 기의의 제약을 받습니다. 관습적으로 사용하는 상징 기호라면 기의가 기표의 제약을 받습니다. 도상 기호는 동기화 수준이 높고, 상징 기호는 동기화 수준은 낮습니다. 기표가 기의의 제약을 많이 받을수록 기호의 동기화 수준은 높아집니다. 기호의 동기화 수준이 낮다면 해당 사회적 규칙을 학습해야 합니다. 기호의 동기화 논점은 차후에 더 설명하도록 하겠습니다.

도상, 지표, 상징의 기호는 상호배타적이지 않습니다. 세 가지 모두 결합된 형태로 사용될 때가 많습니다. 사진만 봐도 지시대상의 일부를 담고 있으니 유사성의 도상 기호입니다. 또한 사진은 인화지 위에 맺힌 빛의 효과를 보여주면서 지시대상과 인과성의 관계로 연결된 지표 기호입니다. 사진은 지시대상과 광학적으로 연결되어 있고 사진으로 남긴 결과물은 현실과 부합하기에 법정에서는 실제 증거로, 뉴스 보도에서는 대상을 재현하는 형상으로 자주 등장합니다. 사진은 상징의 속성도 갖습니다. '입맞춤하는 수녀'와 같은 베네통Benetton 광고의 상징적인 사진을 이해하려면 도상과 지표 같은 속성 이외에 사회적으로 통용되는 상식이 먼저 숙지되어야 합니다.

퍼스의 기호론은 비언어적 형태의 기호에 관한 다양한 사회문화적 탐구를 유도했습니다. 세월이 흐르면서 기호는 기능적으로 변할 수도 있고 사회적 조건에 따라 상징의 기호로 진화할 수도 있습니다. 퍼스는 (유사성의) 도상, (관계성의) 지표, (자의성의) 상징 순서로 기호가 발달단계를 거친다고 보았습니다. 도상은 흔히 알려진 것처럼 원시사회의 기호입니다. 고대 이집트의 초기 문자는 모두 비논리적인 도상 형태의 기호였습니다. 고대 문헌을 살펴보면 '죽음'의 의미를 가진 기호는 무엇인가 누워 있고, '생명'의 기호는 무언가 서 있는 도상이었습니다. 사회구조가 점차 정교해지고 복잡해지면서 상징의 기호가 등장합니다. 사회구성원은 도상보다 'die', 'live' 같은 상징의 기호를 사용합니다.

모든 기호를 분류할 수 있는 범주체계[3]

퍼스는 1차성(가능성), 2차성(사실성), 3차성(규칙성)으로 구분된 기호의 존재 양상을 기호현상의 세 가지 요소(기호 자체, 기호와 지시대상과의 관계, 기호와 해석체와의 관계)와 조합하면서 세상의 기호를 분류할 수 있는 범주를 제시합니다.

존재 양상 / 기호의 관계 구조	1차성 (가능성)	2차성 (사실성)	3차성 (규칙성)
기호 자체	속성기호	실체기호	규칙기호
지시대상과의 관계	**도상**	**지표**	**상징**
해석체와의 관계	표징	사실	주장

[표 4-1] 기호의 분류체계

[표 4-1]은 기호 자체의 속성(1차성-속성기호, 2차성-실체기호, 3차성-규칙기호), 기호와 지시대상과의 관계(1차성-도상, 2차성-지표, 3차성-

상징), 기호와 해석체와의 관계(1차성-표징, 2차성-사실, 3차성-주장)를 조합한 기호현상의 범주를 보여줍니다. 퍼스 기호학을 엄밀하게 다루는 연구자라면 훨씬 복잡한 범주로 기호현상을 상술하겠지만 여기서는 [표 4-1]의 분류체계만 간단하게 설명하겠습니다.

9개 범주 중에서 도상, 지표, 상징의 구분이 지금까지도 가장 빈번하게 기호분석에 적용되고 있습니다. 기호와 지시대상과의 관계는 가시적으로 표현할 때 제일 쉽게 이해되기 때문일 것입니다. 실제로 우리 감각기관을 통해서 지각되는 기호현상은 기호가 지시하는 대상과의 관계일 뿐입니다. 기호와 그것이 지시하는 대상과의 관계는 앞서 내가 설명한 것처럼 ①도상(1차성), ②지표(2차성), ③상징(3차성) 중 하나가 됩니다.

기호 자체의 존재 양상은 일항적 실체로 우리 감각으로 지각되기 어렵습니다. 아무튼 기호 자체의 속성에 따라 속성기호, 실체기호, 규칙기호로 구분해보겠습니다. 신호등에서 '빨간색' 속성은 기호입니다. '기호가 어떤 자질인가?' 이건 1차성에 관한 질문입니다. 빨간색을 갖는 실제 신호등도 기호입니다. '실제로 눈에 보이는가?' 그건 2차성에 관한 질문입니다. 빨간색으로 연상되는 '금지'의 사회적 규칙도 기호입니다. '일반적인 규칙인가?' 3차성에 관한 질문입니다. 다시 말하지만 퍼스에게는 모든 것이 기호입니다. 기호는 눈에 보이지 않더라도 어떤 자질만으로도, 또는 추상적인 규칙만으로도 기호가 됩니다.

①품질기호처럼 단지 자질일 뿐이라면 속성기호qualisign, ②실제로 보이는 존재물이라면 실제기호sinsign, ③사회에서 통용되는 규칙이라면 규칙기호legisign로 각각 부릅니다. 속성기호는 품질이나 속성으로 이뤄진 것입니다. 빨간색이 품고 있는 본질적 속성입니다. 실제기호는 감각적으로 눈에 보이며 도로의 특정 지점에 붙어 있는 도로 표지

판이 예시가 됩니다. 규칙기호는 사회적으로 약속된 표현체입니다. 축구 경기에서 심판의 호루라기 소리나 노란색 경고카드는 관행적으로 사용되는 규칙기호입니다.

마지막으로 기호와 해석체와의 관계에 따라 ①가능성(1차성)을 표상하는 잠재기호, 혹은 표징rheme, ②사실성(2차성)을 표상하는 사실기호, 혹은 사실dicant, ③합리성(3차성)을 표상하는 논항기호, 혹은 주장argument으로 구분됩니다. 기호가 본질적 속성을 통해서 고유한 '종류'로 존재할 수 있는 대상을 대신하는 것으로 해석된다면 '표징'입니다. 기호가 있는 그대로의 사실적 존재를 대신하는 것으로 해석된다면 '사실'입니다. 기호가 어떤 진실을 대신하는 것으로 해석된다면 '주장'입니다.

'표징', '사실', '주장'을 다음과 같은 예시로 구분해볼 수 있습니다. 어떤 책의 단락을 떼어 독자에게 보여준다면 독자는 그것이 뭘 의미하는지 제대로 파악하기 힘듭니다. 어떤 대상의 가능성만 잠재된 표징의 해석체입니다. 그러나 해당 단락의 출처인 책 제목, 목차, 내용을 모두 보게 되면 독자는 그것이 실제로 존재하는 사실기호라는 것을 압니다. 그리고 해당 책이 특정 독자를 상정하고 어떤 목적을 이루기 위해서 논증적으로 쓰인 것이라면 사실기호 수준을 넘어 논항기호로 인식될 수 있습니다. 퍼스식으로 애써 분류는 했지만 해석체가 관여된 구분이기 때문에 문화텍스트의 실제 분석과 비평에 유용하게 사용되긴 어렵습니다.

퍼스의 분류체계는 지루해보이지만 기호로 구성된 세상을 분해하고 분석하는 데 통찰력을 줍니다. 문화적 코드가 생성된 과정을 탐구하면 퍼스의 범주가 참고되지 않을 수 없습니다. 퍼스는 논리학자이고 기호학자였거든요. 기호학은 의미가 생성되고 유통되고 소비되는 것을 연구하는 학문입니다. 의미를 탐색하는 모든 연구자는 퍼스의 의미작용 논리를 자신의 분야에서 계승하는 셈입니다.

여러분이 기호에 관한 의미작용을 제대로 숙지했다면 주변의 문화구성물을 직접 한번 분석해보세요. 새롭게 유행하는 옷차림, 각종 디자인, 음식, 건축물, 여가활동, 여행상품, 정치활동, 영어열풍 등 무엇이든 기호적 코드로 분해할 수 있습니다. 문화는 기호로 직조되어 있고, 기호로 구성하고 분해될 수 있는 모든 건 구조화된 범주체계일 것입니다. 임의적이고 우연적인 결과물일 수 없습니다. 우리가 문법의 질서로 인간의 언어사용을 이해하듯이 문화구성물의 의미 생성과 작용방식역시 코드화된 기호범주로 분석될 수 있습니다.

소쉬르의 이항 구조 vs 퍼스의 삼항 구조[4]

소쉬르의 지식전통을 루이 옐름슬레우와 롤랑 바르트 등이 계승합니다. 추후에 옐름슬레우나 바르트가 논술한 1단계 의미작용의 지시적 의미가 퍼스의 기호(표현체)(기호1)와 결속된 해석체(기호2)와 유사하며, 2단계 의미작용에서 나타나는 함축의미나 메타언어는 보다 발전된 해석체(기호n)에 해당된다는 논점을 설명하겠습니다.

그들은 기호표현과 기호내용이 자의적으로만 결속된 소쉬르의 논리를 반박하면서 '기호동기sign motion' 같은 원리가 기호작용에 개입한다고 봅니다. 기호동기는 기호가 지시대상과 맺고 있는 긴밀한 관계성입니다. 앞서 살펴본 것처럼 도상이나 지표의 기호는 지시대상과 밀접한 상관관계를 지니고 있습니다. 즉, 기호동기가 높습니다.

소쉬르는 기표와 기의가 자의적으로 결합되었을 뿐이고 그걸 사회구성원들이 공유하면서 랑그가 운용된다고 보았습니다. 소쉬르식 기호는 지시대상과 긴밀한 관련성이 없으며 비동기화된 것입니다. 현대 언어는 대개 기호동기를 찾기 힘든 비동기화된 상징기호로 보입니다. 그러나 퍼스처럼 세상을 모두 기호로만 본다면 기호동기가 높은 기호를 얼마든지 찾아볼 수 있습니다. 사진으로 표현되는 기호가 인터넷에 넘치는데 도로 표지판의 기호보다 기호동기가 아주 높은 예시입니다. 특히 요즘 시대의 기호경관을 이해하려면 기호표현과 기호내용의 관계를 자의성만이 아닌 기호적 동기로 파악해야 합니다. 콘텐츠 생산자들이 독창적이고도 엉뚱하게 나름의 방식으로 기표와 기의를 자연스럽게 연결시키거든요. 그건 소쉬르 언어학으로는 설명이 안 되는 문화양식입니다.

교수　적용 사례를 조금만 더 이야기하기 전에 소쉬르의 이항, 퍼스의 삼항 구조를 놓고 뭐가 더 나은 모형인지 예진이 한번 비교해볼까요?

예진　퍼스 편은 재미가 없는데 자꾸 제게 질문을….

교수　이제 거의 끝났으니까 한번만 더 대답해보세요. 퍼스의 삼항 구조에 현실의 '지시대상'이 포함되어 있잖아요. 그럼 소쉬르의 이항 구조보다 더 나은 의미체계로 보이지 않나요?

예진　이항보다는 삼항이 더 나은 것처럼 들리는데요.

교수　단지 둘보다 셋이 나으니까?

예진　아니, 눈앞에 보이는 대상을 기호를 구성하는 삼항 중 하나로 인정하니까 그게 맞지 않나요?

흔히 예진처럼 생각합니다. 퍼스의 기호체계가 소쉬르의 것보다 더 온전하게 보인다는 것이죠. 퍼스는 실재론적 입장을 택하고 우리가 실제로 볼 수 있는 것을 대상체로 보았어요. 표현체인 기호는 눈에 보이는 대상을 지시합니다. 그렇지만 대상체와 달리 해석체는 늘 다르게 해석될 수 있습니다. 소쉬르의 자의성 원리는 의미구성을 보다 개방적으로 설명할 수 있도록 돕습니다. 당연한 것도 당연하지 않습니다. 이에 반해 퍼스의 의미체계는 보수적이고 전통적인(인본적인) 입장을 붙들고 있어요. 주체의 경험과 심리적 요인이 해석에 영향을 끼친다고 보잖아요. 의미가 경험에 의존한다고 본다면 퍼스의 의미체계는 자의성의 원리로 설명되지 못합니다. 대신에 퍼스는 세상의 모든 것을 기호로 놓고 구조화된 분류법을 제시했습니다. 그렇게 모든 것을 분류하려는 시도는 퍼스의 의미체계를 더욱 폐쇄적으로 보이게도 합니다.

퍼스의 구조에 언급된 기호적 의미작용의 잠재성, 통시적 변화를 설명할 수 있는 기호 분류법 등은 소쉬르 이론에서 찾을 수 없는 참으로 흥미로운 논점입니다. 퍼스의 기호학은 목적론적teleological 지향점이 있어요. 기호작용이 우리 마음에서 일어난다고 보았잖아요. 그럼 해당 의미체계의 문화로 살아가는 사회구성원들의 마음에서 생성되고 소비되는 기호는 다분히 공동체적이면서 목적지향적인 해석을 할 수밖에 없다고 보는 것이죠. 소쉬르적인 언어중심주의와는 구별된 인상을 줍니다. 기호주체가 어떤 목적을 지향하며 새로운 의미로 조정한다고 보거든요.

그렇지만 퍼스의 기호체계는 복잡하고 애매해요. 기호로부터 지시되는 대상이 구체적인 특정 사물을 의미하는지, 아니면 지시되는 대상 전체를 총체적으로 일컫는지, 아니면 전체 모집단에서 가장 대표성을 갖거나 이상적인 것을 지칭하는지 분명하지 않죠. '책상'이든, '산'이든, '행복'이든, 삼항의 구조라고 해서 이항으로 세상을 구조화하는 방식보다 온전한 의미체계라고 단언하긴 어렵습니다.

예를 들어 이렇게 생각해보세요. 대화 중에 '난 숲이 참 좋아!'라고 하면 거기서 언급된 '숲'이 서울숲이나 광릉숲처럼 어디선가 경험한 구체적 대상을 지시하는지, 자신이 지금까지 갔었던 모든 숲의 공통적 속성이 언급된 것인지, 건물로 빼곡히 둘러싸인 도심과 이항으로 구분되는 '숲'에 관한 대립적 의미자질이 언급된 것인지 알 수가 없죠.

퍼스의 논점을 차용하면 대화 중에 언급된 '숲'을 사회적으로 약속된 '3차성의 상징 기호'라는 식으로 분류할 수도 있겠지만 문제는 다른 존재 양상으로 얼마든지 다르게도 분류될 수 있습니다. 소쉬르식 해석이라면 '숲'은 다른 음운적 배치와 구분되는(즉, 차이의 의미체계로부터 구분된) 자의적으로 만들어진 기호로 설명됩니다. 소쉬르의 언어학으로는 최근에 간 구체적인 숲인지, 그동안 다녀본 숲의 공통적 의미자질인지, 지표인지 상징인지, 그런 복잡한 분류는 중요하지 않아요.

소쉬르적 접근이든, 퍼스적 접근이든, 나름의 방식으로 체계적인 의미구조를 보여줍니다. 자의성과 차이의 소쉬르식 원리도 세상의 의미체계를 설명할 수 있는 원리가 됩니다. 대상체와 표현체를 매개하는 사람의 마음에서 작동하는 해석체 역시 의미작용을 설명할 수 있는 설득력 있는 이론입니다. 그래서 나는 둘의 이론 중에 무엇이 더 우월한지를 따지는 건 별로 중요하지 않다고 봅니다.

퍼스의 시선으로 기호경관 다시 보기

퍼스의 이론을 이해했다면 이제 우리 주변의 기호경관이 해석체로 보일 겁니다. 앞서 내가 대상체인 과일 '사과'가 해석체로서 누군가에게 미안하고 사과하는 마음을 전하는 엉뚱한 기호로도 연결될 수 있다고 했죠. 그런 '사과'는 앞으로 계속 역동적이고도 이질적으로 해석될 수 있습니다.

[그림 4-3] 애플 로고

교수   위의 기호가 뭘로 보이나요?

성식   미국의 글로벌 기업, 애플의 로고입니다.

교수   좋아요. 한 입 베어 먹은 사과 모양입니다. 컴퓨터 회사의 로고, 딱 그것만 생각나는가요?

성식   뭐 저희들 사이에선 국산 컴퓨터보다 비싸고 고급스러운 아이폰이나 아이패드에 그려진 로고로 생각됩니다.

교수   비싸고 고급스럽다?

성식   요즘은 거기서 더 나가서 '기능에 비해 사치스러운 제품' 혹은 '여자들이 좋아하는 핸드폰'이란 해석체를 갖고 있습니다.

보세요, 성식처럼 우리가 조금만 생각해도 '애플(사과)'의 기호로 떠오르는 해석은 시공간에 따라 지금도 달라지고 있음을 알 수 있어요. 대상체는 해석체의 새로운 해석을 자극하고 무한대의 의미작용을 유도합니다.

　　일본 의류 브랜드인 유니클로도 좋은 예시입니다. 유니클로는 값싼 경량 패딩, 혹은 가성비가 좋은 의류 제품으로 수입되었죠. 다수에게 유니클로라는 기호는 긍정적인 의미로 해석되었습니다. 그러나 한국과 일본의 외교적 갈등이 격화되자 한국에서는 유니클로 불매 운동이 시작되었습니다. 해당 대상체는 국내 소비자로 하여금 '일본 기업', '우익 기업', '불매 제품'의 해석체로 연결되었어요. 긍정의 기호는 부정의 기호로 해석되고 유니클로 기호는 전혀 다른 방식으로 유통되고 소비되었습니다. 특정 기호가 단일하고도 지배적인 의미체계를 오랫동안 유지했더라도 언제든 주체의 경험과 사회적 맥락에 따라 다르게 해석될 수 있습니다. 퍼스의 기호론에 따르면 기호는 본질의 해석이라기보다 심리적 사건이기도 합니다.

K-콘텐츠에서도 무한작용의 해석체가 빈번히 발견됩니다. 방탄소년단 BTS의 기호는 무한대의 의미를 생성시켰죠. 사전적인 의미 '방탄' 혹은 '소년'의 기호는 '빌보드 차트 1위를 차지한 세계적인 아이돌 그룹' 혹은 'K-pop 대표선수'라는 해석체로 확장되었습니다. 방탄소년단의 팬클럽을 지시하는 '아미Army' 역시 '군대'라는 지시적 의미보다 방탄소년단을 지키는 팬덤의 해석체로 확장되었어요.

넷플릭스의 〈오징어 게임〉이란 작품은 흥행에 성공하면서 드라마에 등장한 '깐부'의 해석체를 새롭게 확장시켰습니다. '깐부'는 어린 시절에 같은 편이었던 짝꿍이나 친구란 의미였습니다. 그러나 〈오징어 게임〉의 "우리는 깐부잖아"라는 대사가 크게 유행했고 이제는 속이고 배신하는 관계성의 해석체로 달라졌어요. '깐부'는 이제 진정한 친구를 지시하기보다 욕망에 따라 얼마든지 변할 수 있는 사회정치적 관계로 해석됩니다. 단 한편의 드라마로 인해 지배적으로 소비되던 기호의 의미는 전혀 다른 해석체로 연상됩니다.

언어교육, 다문화, 다중언어, 세계화에 관한 기호경관으로부터도 퍼스의 '해석체'나 무한대의 의미작용에 관한 사례를 쉽게 찾을 수 있습니다. 2011년 개봉된 영화 〈완득이〉를 보면 필리핀 출신 어머니를 포함해서 완득이의 다문화 가정이 대상체로 등장합니다. 그런데 의미 작용은 지시되는 대상체뿐 아니라 관객의 마음에서 해석체로도 작동합니다. 완득이의 가정은 누군가에게는 '불우하고도 이질적인 가정'으로 연상되겠지만 또 다른 누군가는 '다르고 낯설지만 여전히 서로 사랑하는 온전한 가정'이란 해석체로 연결될 것입니다. '한국(인)다움'이란 단일한 민족성이 퇴색되는 시공간이라면 완득이와 같은 '다문화 가정'의 기호는 소외와 문제를 극복했거나 흥미로운 문화자원을 보유하고 있다고 해석될 수 있습니다.

'영어(만 사용하는) 유치원'이란 대상을 지시하는 (시각기호를 포함한 다양한 텍스트 유형의) 대상체는 벽보 광고, 전단지, 인터넷 창을 통해 쉽게 발견됩니다. 2000년대에 접어들면서 '영어열풍'이 본격적으로 시작되었을 때 '영어 유치원'은 한국어를 주로 사용하는 공립 혹은 사립 유치원과 다른 해석체로 연상되었습니다. 영어조기교육에 관한 사회적 의미체계가 달라진다면 다수 학부모에게 영어 유치원은 '성공적인 영어학습을 위한 필수 단계' 혹은 '명문 학교 진학과 명문 인생을 위한 출발지'라는 해석체로 연결됩니다.

5장
숨은 의미 찾기, 함축의미와 메타의미 ★

의미작용을 이해하는 방식은 언어/기호를 어떻게 바라볼 것인가에 따라 달라집니다. 소쉬르식 관점을 따르면 의미작용은 기표와 기의의 결합 과정입니다. 퍼스는 기호(표현체), 기호의 지시대상, 해석체, 그렇게 삼항으로 의미작용이 만들어진다고 보았습니다. 지금까지 그걸 설명했습니다. 그런데 의미작용이 그렇게 단순하기만 할까요? 소쉬르식 관점을 따른다고 하더라도, 남성성과 여성성, 원어민과 비원어민 같은 관계성은 기호가 배치되는 시대 풍조에 따라 달라질 수 있습니다. 퍼스식 사유로도 기호는 대상이지만 해석체와 갖는 관계를 통해서 인식되었습니다. 즉, 다른 기호들과의 관계나 다른 통시적 맥락에서 의미는 새롭게 해석될 수 있습니다.

덴마크의 언어학자인 옐름슬레우Louis Hjelmslev는 의미작용에 관한 이러한 논점을 발전시켜서 다양한 유형의 문화텍스트를 분석할 수 있도록 나름의 의미구조를 제시합니다. 그는 스스로 함축의미의 기호학connotative semiotics이라고 명명한 모형에서 기호의 의미작용을 지시의미denotation와 함축의미connotation 2단계로 구분해서 설명합니다. 이걸 세상에 잘 알린 학자는 프랑스의 철학자이자 기호학자인 롤랑 바르트입니다. 바르트는 기호의 함축의미가 현대 문화양식에서 어떻게 작동되고 있는지 설명하려고 신화론의 의미구조를 제시했습니다. 여기서는 우선 언어/기호를 표현과 내용으로 구분하고 형식과 함께 실체 역시 의미구조 안에 입체적으로 배치한 옐름슬레우의 논점부터 살펴보겠습니다.

소쉬르 전통을 계승한 옐름슬레우

구조주의나 형식주의 이론은 옐름슬레우에게 큰 영향을 주었습니다. 그는 내재주의적 구조주의 이론을 계승하면서 형식체계를 계속 강조합니다. 언어학을 일반기호학의 경계 안에서 다루면서 현대 기호학의 인식론적 바탕을 마련했다고 알려져 있습니다.

구조주의 지식전통이 시작되기 전에도 언어를 연구하는 학자군이 있었습니다. 그들은 과거 민족들 간 이동과 접촉을 탐구하기 위한 수단으로 언어를 분석했습니다. 그런 중에 소쉬르는 언어학만의 의미체계를 제시했고 옐름슬레우도 언어학을 '독립적으로 온전한 하나의 구조'로 파악해야 한다고 보았습니다. 언어학이 학문적 독립성을 가지려면 역사학, 사회학, 형이상학 등에 기대지 말고 언어적 요소들의 결속만으로 나름의 보편 구조가 제시되어야 했습니다.

소쉬르 지식전통이 시작되면서 언어학의 고유하면서 특별한 탐구대상은 랑그였습니다. 랑그의 자기충족적인 체계를 고찰해야만 소쉬르식 언어학을 계승하는 것이었습니다. 지시하는 것과 지시대상이 자의적이라는 소쉬르 언어학은 인간주체의 창조성이나 대상 안에 내재된 내용적 본질을 모두 문제화한 것이었습니다. 내가 1장부터 3장에서 설명한 것처럼 '형식 없는 실체는 존재할 수 없지만, 실체 없는 형식은 존재할 수 있다'는 논점입니다. 몬드리안의 그림이나 요들송과 같은 사례처럼 형식만으로도 의미가 생성될 수 있었습니다. 그런데 여기서 나는 과연 형식만으로만 남겨진 언어/기호가 얼마나 유의미할 수 있는지 질문하려고 합니다.

마르셀 뒤샹Henri Robert Marcel Duchamp의 〈샘Fountain〉은 모두 잘 알 겁니다. 1917년에 전시 거부를 당했다고 알려져 있습니다. 당시 미술계의 지배적인 문화양식이었던 예술의 '재현성' 원리에 정면으로 도전한 작품입니다. 남성용 소변기를 90도 뒤집은 이른바 '레디메이드' 기성품에 'R. Mutt'라는 예술가의 서명을 넣으면서 이것 역시 예술작품임을 태연하게 주장합니다.

교수   이번엔 태희에게 한번 물어볼게요. 〈샘〉이란 작품에 의미를 만들 수 있는 어떤 형식성이 보이나요?

태희   ….

교수   몬드리안의 그림이 내용이 아니라 최소한의 형식성으로 구성된 것으로 우리가 이야기했었죠?

태희   예. 도형과 선으로 평면 화면을 채웠고 그래서 비재현적이라고….

교수   몬드리안 작품이 '실체 없는 형식'만 보여주었다면 뒤샹의 작품은 반대로 생각하면 어때요? '형식 없는 실체'?

태희   아… 그런데 알 듯 모를 듯해요.

3장에서 평면 위에서 앙상한 형식성만 재현된 몬드리안 작품을 우리가 이야기했어요. 그런데 몬드리안 작품은 아주 평면적이라고만 할 순 없어요. 물감이 계속 덧칠로 더해지고 질감이 느껴지면서 평면의 표면성이 분명하게 보이진 않습니다. 2차원이 아닌 3차원의 공간적 환영처럼 느껴진다면 회화 작품이라고 평면성이나 비재현성에 묶어둘 수 없어요.

그런 논리에 따라 뒤샹의 〈샘〉을 보면 이건 아무런 형식에 얽매이지 않은 극단의 실체만 작품으로 남아 있습니다. 극단적인 형식성으로 의미를 만드는 문화양식을 완전히 저항하고 부정한 셈이죠. 형식만의 의미체계에서 벗어나기 위해 어떤 형식성도 떠오르지 않는 실체를 하나의 덩어리처럼 보여준 것이죠. 그래서 태희가 〈샘〉에서 어떤 형식성도 찾지 못한 것입니다.

입체파, 인상파, 표현주의와 같은 예술전통은 범주적 형식성을 거부하고 '예술은 형식에 얽매이지 않는다'라고 주장합니다. 붓, 끌, 정으로 특정한 형식의 회화와 조각을 만들지 않아도 예술작품이 될 수 있습니다. 사물이나 경관이 통째로 전시되면 부분들의 관계로부터 구성되는 형식성은 보이지 않고 그저 하나의 (의미)덩어리만 눈에 들어오죠. 서사적이거나 이념적으로 보이지 않지만 역설적이게도 관객은 그걸 보며 의미 생성의 자유로운 주체가 될 수 있습니다.

이와 같은 도발적 발상은 다다이즘Dadaism으로 명명되면서 현대미술의 새로운 전환을 유도하기도 했습니다. 다다이즘은 제1차 세계대전 중에 시작되어 20세기 초반에 유럽과 미국에서 유행한 반이성, 반도덕, 반예술을 표방한 예술 사조입니다. 반문명, 반전통의 예술 운동을 표방하면서 기존의 가치나 질서를 부정하고 야유했습니다. 형식성보다는 실제적 내용에 집중하면서 지배적이고 저항적인 의미체계를 대조적으로 구분한 것입니다.

우리에게 잘 알려진 작품을 몇 가지만 더 언급하겠습니다. 우선 뒤샹이 변기를 사용한 것처럼 행위예술가 백남준은 TV를 쌓아둔 설치

미술로 잘 알려져 있습니다. 1003개의 TV를 탑처럼 쌓아둔 그의 설치 미술 〈다다익선〉에는 어떤 형식성도 찾아보긴 어렵습니다. 앤디 워홀 Andrew Warhol의 팝아트 역시 관객이 형식보다 실체에만 집중하도록 유도합니다. 〈캠벨 수프 캔〉을 보면 수프 캔을 실크스크린으로 찍어내며 마치 공장에서 만든 물건만으로 예술작품이라고 지칭합니다.

[그림 5-1] 7000그루의 떡갈나무를 심은 프로젝트에 참여한 요제프 보이스(디터 슈베르틀레)

1982년 요제프 보이스Joseph Beuys의 〈7000그루의 떡갈나무〉 설치 미술 프로젝트는 더 파격적입니다. [그림 5-1]을 보세요. 회화나 조각이 형식성을 가지려면 색의 조화나 조형의 배치가 필요한데 그런 고려가 아예 없습니다. 작가는 '자연과 인간의 공존'과 같은 주제의식을 전하기 위해 시민들과 나무를 심고 현무암 기둥을 세웁니다. '사회적 조각social sculpture'으로 불리는 이 작품은 작가의 생각이 드러난 실체만 보입니다. 뒤샹은 소변기에 예술가의 서명을 기입해서 공산품을 예술

작품으로 전환시켰잖아요. 작가가 선택하고 서명을 하고 예술 작품의 가치가 부여됩니다. 그러나 보이스는 마을 주민과 나무를 심으며 뒤샹이 작품에 의미를 부여하는 방식을 부정합니다. 창조성은 예술가만의 전유물이 아니란 것이죠. 예술가의 권력을 경계한 셈입니다.

형식 없이 존재하는 실체는 음악 분야에서도 일종의 퍼포먼스처럼 전시됩니다. 음악은 무언가로부터 소리를 새롭게 재현한 것이죠. 1장에서 음표를 일종의 랑그로 보고 서로 다른 연주를 파롤로 보자고 했죠? 같은 형식체계라도 소리는 다르게 들립니다. 음악이야말로 형식으로부터 의미를 만드는 대표적인 장르라고 할 수 있습니다.

교수 음악을 좋아하는 찬희와 한번 이야기해보겠습니다. 음….

찬희 근데 뭘 물어보실지 이미 알겠습니다. 보이스의 설치미술을 예시로 들었으니까… 형식이 없는 극단적 실체만으로 음악의 의미는 만들어질 수 있는가?

교수 같이 공부한 보람이 있네요.

찬희 뒤샹이나 보이스 이야기하실 때 제가 음악을 좋아하니까 재미난 예시가 하나 떠올랐어요.

교수 하긴 음악은 나보다 더 잘 아니까요. 뭐죠?

찬희 존 케이지John Cage의 작품, 〈4분 33초〉가 대표적인 사례입니다.

이 작품은 3악장으로 구성되어 있지만 악보에 쉼표나 음표도 없고 오로지 연주를 멈추라는 의미를 가진 'TACET'만 적혀 있네요. 실제 연주에서도 4분 33초 동안 정적이 흐릅니다. 연주자, 지휘자, 관람객이 모두 있는데 들리는 소리는 없어요. 연주자는 그저 악장의 시작과 끝을 피아노를 열고 닫음으로 표현합니다. 공연자의 숨 소리, 의자 소리, 관객의 말소리, 기침 소리, 공연장 안팎의 미묘한 소음 정도만 들릴 뿐입니다.

음악 작품의 모든 형식은 악보와 소리에서 나옵니다. 악보에는 음표, 음 길이, 혹은 가사가 적혀 있습니다. 악보의 형식체계는 통합체적으로 구성되어 있고 마디마다 작곡가든 연주자든 지휘자가 계열체적 변주를 합니다. 그럼 케이지의 공연도 음악이라고 부를 수 있을까요? 불협화음이든, 정박이 아니든, 음악이라면 (가사는 없더라도) 소리라도 쪼개지고 붙여져야 하는 것 아닐까요? 처음과 끝은 분명하게 있고 거기가 음으로 메워져야 음악일 텐데 조용한 정적만으로 음악이 될까요? 이건 참 흥미로운 질문입니다.

케이지의 퍼포먼스는 뒤샹의 〈샘〉과 크게 다를 바 없어요. 형식이 결여된 실체는 존재할 수 없다는 소쉬르적 논점과 달리 '형식 없는 실체'의 유의미성이 드러난 것이죠. 아무것도 적혀 있지 않은 악보와 달리 버젓이 연주자가 있고 연주도 4분 33초 동안 실행됩니다. 형식은 없지만 눈에 보이고 최소한의 소리도 들리는 음악 작품의 실체가 분명 있는 것입니다. 이렇게 실체를 인정하게 된다면, 형식으로 의미가 생성된다는 소쉬르적 논점을 반박할 수 있습니다.

4분 33초의 정적조차 우리는 감각을 동원하여 연주를 감상하려고 한 것이죠. 그런 모든 것이 음악적 경험이란 것이죠. 케이지는 전통적인 형식성에 묶이지 않고 음악다움을 만들 수 있는 실체의 존재성을 환기시켰습니다. 형식은 보이지도 들리지도 않는데 음악하려는 모습이 전달되는 실체만 있습니다. 그래도 음악의 의미는 여전히 남아 있습니다.

표현과 내용, 형식과 실체

소쉬르적 지식전통은 형식성을 주목했지만, 눈에 보이고 들리는 실체성도 의미체계와 무관하지 않습니다. 그런데 구조주의자로서 형식체계를 강조하면서도 눈에 보이는 실체를 배제하지 않으려면 어떻게 해야 할까요? 눈에 보이는 실체만 주목하면 1장부터 3장까지 부연한 구조주의의 기본 원리(형식체계)를 포기하는 셈이라 실체에만 비중을 둘수 없습니다. 여기서 옐름슬레우가 해법을 내놓습니다. 그는 표현과 내용, 형식과 실체의 구분에 따라 언어/기호의 구조를 보다 입체적으로 설명합니다.

표현과 내용

우선 옐름슬레우는 소쉬르의 기표와 기의를 '표현'과 '내용'으로 구분합니다. 의미구조는 표현과 내용이라는 양면성을 갖습니다. 어떤 언어라도 표현이 있고 표현된 것에서 내용을 갖습니다.

　그는 표현과 내용의 구분이 소리와 문장처럼 언어학적 단위뿐 아니라 모든 기호적 구성물에 동일하게 적용될 수 있다고 보았어요. 예를 들어, 사과를 예시로 놓고 표현과 내용을 구분해봅시다. 사과가 동글동글하고 빨간색을 띠고 있다면 그게 '표현'입니다. 그렇게 표현된 사과의 품질, 혹은 숙성도는 '내용'에 해당됩니다. 표현과 내용은 서로 의존하기 때문에 표현은 내용의 표현이며, 내용은 표현의 내용입니다. 어떤 텍스트를 바로 기표라고 해버리면 텍스트에 포함된 복합적인 요소가 잘 드러나지 않습니다. '표현'에서 다루는 속성은 '기표'보다 훨씬 역동적이고 현실적입니다.

　'사과'라는 예시로 소쉬르의 기표-기의와 옐름슬레우의 표현-내용의 차이점을 다음과 같이 구분할 수 있습니다. 소쉬르식 해석을 하자면 사과라는 기표와 기의는 자의적이면서도 서로 구분된 양면을 가진 실체겠죠? 그런데 옐름슬레우식 해석을 하자면 기호의 표현과 내용은 상호의존적 관계를 갖습니다. 둥글고 빨간색이니 맛난 사과이고, 맛난 사과이니까 둥글고 빨간색으로 표현된 것입니다. 이런 상호의존성은 당연한 상식처럼 이해되지만 옐름슬레우가 처음으로 주장한 논점입니다.

영화에 나타난 기호체계를 분석한다면 배경 음악, 소품, 의상 등에 드러난 모든 것이 표현입니다. 그런 표현을 통해 영화에 담긴 의미는 내용이 됩니다. 영화마다 내용을 지시할 수 있는 표현이 곳곳에 배치됩니다. 그런 표현을 통해 내용은 더욱 선명해지겠죠.

형식과 실체

옐름슬레우는 기표와 기의를 '표현'과 '내용'으로 바꿀 뿐 아니라 그걸 다시 각각 '형식'과 '실체'로 구분했습니다. 세상은 정형화되지 않은 물질로 이루어져 있는데 이것이 '형식'의 틀에 들어가면서 우리가 감각적으로 경험하는 일종의 '실체'가 된다고 본 것이죠. 하나씩 자세히 살펴보면 다음과 같습니다.

우선 형식성으로 드러난 실체는 무엇일까요? 실제로 존재한다는 것입니다. 이는 표현과 내용에 모두 해당됩니다. 표현과 내용의 관계는 이들이 기호기능을 수행하는 기능소functive들로 결속되어 있습니다. 표현 없는 내용도 없고, 내용 없는 표현도 없어요. 이걸 요약하면 소쉬르의 기표-기의 관계는 표현-내용, 형식-실체를 이항씩 각기 조합해서 '표현형식', '표현실체', '내용형식', '내용실체'의 관계로 나눌 수 있습니다. 몇 가지 예시로 각 항목을 부연해보겠습니다.

우선 간단한 예시를 한번 들어볼게요.[1] '고양이', 혹은 'cat'이란 말을 들을 때 떠오른 무정형의 생각 모음은 '내용'입니다. 쉽게 이해하자면 외계인이 지구에 와서 처음으로 본 고양이에 관한 생각의 모음으로 보면 되겠네요. 'cat'이라고 발성하며 만들어질 수 있는 다양한 소리 모음을 '표현'으로 봅시다. 그런 다음에 내용실체, 내용형식, 표현실체, 표현형식은 다음과 같이 나눌 수 있습니다. 이렇게 나누는 것이 꼭 필요한가 싶기도 하겠지만 거대하고 막연한 의미덩어리를 이런 식으로 쪼개지 못하면 해당 의미체계에 대한 비판이든 대안이든, 새로운 통찰력을 갖기 힘듭니다.

　자, 우선 내용실체는 사람들이 'cat'을 말하거나 들을 때 연상되는 것입니다. 내용형식은 'cat'과 내용적으로 대립되는 다른 대상, 예를 들면 'dog'와 구분되는 의미체계입니다. 어떤 무정형의 생각('내용')은 발성기관으로 만들어질 수 있는 무정형의 실제 소리('표현')로 전달됩니다. 이때 내용실체는 흔히 우리가 일상적으로 '의미'라고 부르는 바로 그것으로 보면 됩니다. 소쉬르적 논리로 말한다면 '~가 아님'으로서 만들어지는 부정의 의미가 아닌, 머리에 떠오르는 긍정의 의미'입니다. 그에 반해 내용형식은 'cat'과 관련된 의미사전에서 'dog'나 'mouse' 등이 아닌 'cat'으로 구분되는 내용으로 볼 수 있습니다.

　그런 내용이 전달될 때 의미자질로 구조화된 형식성에 의존합니다. 표현실체는 'cat'이라고 할 때 'c', 'a', 't'로 보이거나 들리는, 즉 표현되는 실체입니다. 무정형의 발성에서 형식체계를 거쳐 구별된 /k/, /t/ 등의 음성적 소재인 셈입니다. 표현실체가 없다면 언어적 기호는 세상에 드러날 수 없고 교환될 수도 없습니다. 표현형식은 'cat'이란 표현이 만들어지는 형식구조를 나타냅니다. 통합체적 축으로 보면 'cap'이나 'cut'이 아닌 'cat'이란 표현이 다르게 구분될 것입니다.

표현실체는 음성일 수도 있고, 도형의 속성을 가질 수도 있습니다. 비언어적 신호도 표현실체를 가질 수 있습니다. 예를 들어 '정지'를 의미하는 교통신호의 표현실체는 동그라미 모양의 빨간색이고, 표현형식은 빨간색 동그라미 아래에 대립적으로 배치된 초록색 동그라미일 것입니다.

신문 기사와 함께 등장하는 사진의 의미체계도 이와 같은 범주로 구분될 수 있습니다. 광화문에서 촛불시위가 있었다고 합시다. 시위가 끝난 후에 기자가 찍은 깨끗한 길거리 사진이 다음날 일간지에 실립니다. 그걸 내용과 표현으로, 그리고 실체와 형식으로 서로 구분하고 조합하면 다음과 같습니다.[2]

우선 내용실체는 길거리 사진을 보면서 떠오르는 의미입니다. 우리 다수가 깨끗한 도로 사진에서 평화적인 시위임을 떠올린다면 그것이 바로 내용실체입니다. 내용형식은 '도로'와 관련된 내용체계(지저분함/깨끗함, 분주함/한가로움 등)에서 '깨끗한' 같은 의미자질이 선택된 것입니다. 내용적으로 '깨끗한 도로'는 '지저분한 도로'로 대립되는 차이체계를 갖습니다. 표현실체는 사진의 색깔, 밝기, 조형물로 독자에게 표현된 실체입니다. 사진에 어떤 표현형식이 사용되었는지 파악하려면 다음과 같은 질문을 해야 합니다. '통합체적으로 왼편-오른편으로, 위-아래로, 중심-주변으로 무슨 요소가 어떻게 결합되는가?' '계열체적으로는 컬러/흑백, 인물 중심/배경 중심, 어두움/밝음, 동그라미/사각형, 직선/곡선, 빨강/파랑, 정형/삐뚤어짐, 전경화/배경화 중에서 무엇이 선택되었는가?' 즉, 표현될 때 어떤 형식성이 선택되었는지 주목합니다. 이렇게 분해하고 분석하면 사진의 기호적 의미체계에 관한 통찰력을 얻을 수 있습니다.

비슷한 방식으로 우리 주변의 언어경관linguistic landscape, 혹은 문화

구성물을 분석해볼 수 있겠죠. 예를 들면, 서울 광화문 광장에 있는 세종대왕 동상에 어떤 의미체계가 지향되어 있는지 추론할 수 있습니다.

[그림 5-2] 광화문 광장의 기호경관(서울시청)

교수 광화문 광장의 경관이 어떻게 보이나요?

윤희 광장에 사람들이 걸어다니고 건물들도 있고 세종대왕이라고 적힌 동상도 있고….

교수 그건 모두 '표현'된 거죠? 그럼 표현된 '내용'은 뭘까요?

윤희 제 눈에 들어오는 광화문 정문, '세종대왕'이라고 적힌 문구, 건물에 매달린 현수막, 근처 도로….

교수 그럼 좀 더 구체적으로 구분해볼까요? '내용'을 전달하는 '표현'에 집중한 후에 '표현'으로 전달된 '내용'을 살펴보죠. 표현형식은 무엇일까요? 광장에서 주목할 만한 기호들이 어떤 형식체계에 따라 어떻게 선택되어 있죠?

윤희 형식성의 예시는 컬러와 흑백, 밝음과 어두움, 한국어와 영어, 단일언어와 혼합언어, 중심과 주변, 뭐 그런 것인 것 같고, 공간마다 특정 형식이 계열체적으로 선택됩니다.

교수 그럼 표현실체는?

윤희 아까 언급한 표현의 형식에서 선택되어 실제로 눈앞에 보이는 모든 것? 한글로 적힌 '세종대왕' 또는 동상의 색깔….

교수 좋아요. 그럼 내용형식 차원으로 넘어가볼까요? 내용적으로 실제로 지시하는 것과 그것과 대립되는 것의 차이가 뭘까요?

윤희 '세종대왕' 문구가 있는 방향만 보면… 우선 세종대왕을 지시하면서 가로 방향으로 한글로 크게 적힌 '세종대왕'은 동상 앞에 세로 방향으로 작은 한자로 적힌 '측우기'와 대립되면서 한국의 왕이라는 내용적 의미를 갖는 것 같습니다. 측우기가 꼭 아니더라도 '세종대왕'과 세종대왕이 아닌 다른 글자들의 차이로부터 의미가 만들어지는 내용입니다.

교수 그럴 듯합니다. 윤희는 지금 의미덩어리를 제대로 분해하고 있어요. 마지막으로 내용실체는?

윤희 세종대왕이 실제적으로 광화문 광장에서 전달하는 의미 아닐까요? 크고 유명한, 혹은 한국인이라면 존경하는 인물, 한국 역사에서 가장 위대한 왕. 광화문을 방문하는 사람이라면 누구나 알게 되는 내용인 것 같습니다.

교수 잘했습니다. 이제 내포적, 메타적 의미체계를 설명해도 되겠네요.

외연적 의미체계를 넘어서

구조주의자라면 이항대립과 같은 형식체계로 의미 생성의 과정을 분석합니다. 이항성이나 자의성과 같은 원리는 기표가 기의를 가리키는 데 작용하는 코드처럼 인식됩니다. 그러나 우리는 기표가 가리키는 외연적, 혹은 명시적manifest 의미만을 세상에서 사용하지 않습니다. 역사적이거나 사회문화적인 맥락에 따른 내포적 의미를 무의식적으로 교환합니다. 이제부터 의미구조를 입체적으로 한번 봅시다.

만약 외연적 의미가 아닌 내포적이고 감춰진 의미를 찾는다면 구조주의 기반의 기호학 원리는 일부 해체되어야 합니다. 기표는 자의적으로 기의와 결합된 것이 아닐 수 있고 기표와 기의는 동기화된 관계로 해석될 수 있어요. 심리적 상태, 개별적 경험, 권력관계, 역사, 사회문화적 풍조 등이 참조되어야 하기에 랑그만이 아닌 파롤의 속성에도 관심을 가져야 합니다. 그렇지만 상징적인, 함축적인, 내포적인, 사회적인 의미를 해석하는 과정에서도 일반적으로 적용할 만한 어떤 규칙체계가 필요할 수 있습니다. 그런 필요에 따라 옐름슬레우는 구조주의를 계승하면서도 입체적인 의미체계를 유연하게 제안한 셈입니다.

앞서 기표-기의 관계를 표현-내용, 형식-실체로 구분한 것은 여전히 평면적이고 외연적인 의미체계 수준으로 보입니다. 외연기호학은 복합적이고 역동적인 변인들을 배제하고 기호학적으로 일관성이 있는 1차적 체계성을 전제하며 성립시킨 것입니다. 그런 모형으로는 사회적이고 함축적인 의미가 있는 현실의 다양한 텍스트를 민감하게 분석하기 힘듭니다. 영화 장면을 분석한다고 합시다. 여러 곳에 암시와 함축이 있고 인물들도 선과 악의 재현으로 선명하게 구분되지 못합니다. 그럼 옐름슬레우가 제안한 내포적, 혹은 메타적 의미체계를 차용해야 합니다.

내포적 의미체계

함축된 의미가 있다고 추론된다면 내포적 의미체계가 필요합니다. [그림 5-3]에 제시된 것처럼 내포적 의미체계 모형에서는 1단계 수준의 표현-내용 기호가 2단계 의미작용에서 기호표현으로 기능하며 새로운 기호내용을 연상하도록 돕습니다. 즉, 표현1-내용1은 1단계 수준의 외연적 의미작용이며 소쉬르가 제안한 기호의 개념과 비슷합니다. 이것이 표현2로 기능하는 것이고 내용2를 새롭게 연상시키면서 2단계 수준의 함축적 의미작용이 발생합니다.

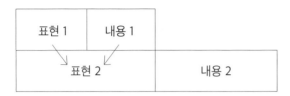

[그림 5-3] 내포적 의미체계 모형

토익학원 광고를 예시로 두고 설명하면 이렇습니다. 광고에는 토익 교재를 가지고 공부하는 학생의 모습이 자주 등장합니다. 토익 교재와 학생을 지시하는 기호표현(표현1)으로 '토익을 공부하는 학생'이란 기호내용(내용1)이 결속됩니다. 1단계 의미작용에서 만들어지는 지시적(외연적) 의미는 토익을 공부하는 학생으로 보입니다. 기호로 표현되는 '토익'은 '미국 ETS가 개발했고, 듣기와 읽기 선다형 문항이 있는 영어시험'이란 개념(기호내용)을 갖습니다. 1단계의 지시적 의미체계에서는 하나의 기호표현이 하나의 기호내용만 갖습니다. 즉, 일의적 의미monosemic meaning만을 포함합니다.

수학이나 화학에서 사용하는 논리적 기호는 일의적 의미, 1단계의 의미작용만으로 소통에 어려움이 없습니다. 하나의 기호표현이 하나의 기호내용만 전달하기 때문에 다른 의미로 해석될 소지 없이 의도된 의미는 분명하게 전달됩니다. 그러나 세상에서 통용되는 기호는 대개 그렇지 않습니다. 동양에서 죽음과 연관 있는 '4'나 서양에서 행운을 의미하는 '7'만 보더라도 겉으로 드러나진 않지만 부정적이거나 긍정적인 2차적 의미를 갖습니다. 영화 〈300〉에서 '300'이라는 숫자도 그렇습니다. 수십만 명이 집결한 페르시아 군대에 맞서 싸운 스파르타 군인 300명을 의미합니다. 그러나 단순히 300명이 싸웠다는 일의적 의미가 아닙니다. 수십만 병력에 비하면 중과부적인데 도망치지 않고 굳건히 맞서 싸운 군인들의 강인한 정신력을 함축합니다. 누군가 표현 내용을 외연으로만 이해하고 2차적 의미로 추론하기 싫다면 그는 1단계 수준의 의미작용만 하며 사는 것입니다.

토익학원 광고 문구의 토익은 단순히 '영어시험 토익'이 아닙니다. 1차적 의미체계의 표현1-내용1은 하나의 기호표현으로 다시 표상되면서 보다 함축적인 의미(내용2: '여러 영어시험 중에서 제일 중요하며 좋은 학원에서 준비하면 성적이 쉽게 오르는 시험')를 갖곤 합니다. 2단계 수준의 의미작용은 여러 개의 기호표현이 하나의 기호내용을 함축적으로 전달할 수 있게 합니다. 성적이 오르지 않을 때 수강료를 환불해 준다는 학원의 또 다른 기호표현(표현2)이 더해지면서 해당 학원에서만 토익을 제대로 준비할 수 있다는 기호내용(내용2)이 함축적으로 전달됩니다. 모든 광고는 이와 같은 의미구조로 유추될 수 있습니다. 코카콜라 광고를 봐도 기호표현은 여름의 야외 축제, 록밴드의 공연, 크리스마스 파티 등 다르게 나타나지만 2단계 의미작용으로 '함께 모여 즐겁게 마실 수 있는 음료'라는 함축적 의미가 유도됩니다.

예술가 장 미셸 바스키아Jean-Michel Basquiat는 〈모나리자〉 형상 위에 낙서를 합니다. 숫자, 선, 글자를 〈모나리자〉 형상 위에 그립니다. 옐름슬레우의 의미체계로 보자면 모나리자 기호 위에 낙서를 보태면서 독특한 모양(표현2)이 되고 그것이 그래피티와 같은 독특한 내용(내용2)으로 해석됩니다. 〈모나리자〉와 같은 전통적 예술 작품과 일상의 낙서, 혹은 길거리의 벽화 사이의 경계가 허물어집니다. 이처럼 내포적 의미체계를 새롭게 구성하기 위해서는 2단계로 확장된 의미를 주목하

지 않을 수 없습니다.[3]

　뒤샹도 1919년에 〈L.H.O.O.Q〉를 그려서 모나리자를 패러디합니다. 거리에서 산 싸구려 엽서에 인쇄된 모나리자 얼굴 위에다 연필로 수염을 그리죠. 맨 밑에 알 수 없는 문자 'L.H.O.O.Q'를 적어둡니다. 뒤샹에 영향을 받은 초현실주의자 살바도르 달리Salvador Dali도 모나리자 얼굴에 자신의 얼굴과 수염을 합성한 작품, '모나리자로서의 자화상'을 남깁니다. 외연적 기호 위에 새로운 표현을 추가하면서 새로운 내용을 구성하는 방식은 모두 비슷합니다.

[그림 5-4] 에두아르 마네, 〈올랭피아〉

　래리 리버스Larry Rivers의 〈나는 흑인 올랭피아가 좋다〉라는 작품이 있습니다. 이 작품에서 리버스는 [그림 5-4] 에두아르 마네Édouard Manet의 〈올랭피아〉를 외연적 기호로 삼고 누워 있는 백인 여성 앞에 흑인 여성을 추가로 배치합니다. 리버스는 2단계 의미작용을 만들며 마네의 작품에 대한 인종차별의 문제의식마저 드러냅니다.

　이처럼 의미를 전환하고 확장하는 방식은 예술 작품뿐 아니라 광고나 방송 분야에서도 자주 등장합니다. 2021년에 큰 인기를 모은 국내 예능방송 〈스트릿 우먼 파이터〉의 안무 '헤이 마마'를 보면 원곡(의 표현1과 내용1)이 있겠지만 나름의 방식으로 새로운 안무형식(표현2)

이 더해지면서 여성 댄스들의 당차고 창의적인 모습(내용2)으로 전환되었습니다. 이 안무는 국내외에서 '헤이 마마 챌린지'의 이름으로 새롭게 모방되고 변주되었습니다.

밀키트는 어디서나 쉽게 해먹을 수 있도록 식재료와 적절한 양념을 조리법과 함께 포함해서 파는 제품입니다. 예를 들면, 인기 음식점인 금돼지식당에서는 가게에서 파는 메뉴를 밀키트로 만들어 판매하기 시작했고 소비자는 기꺼이 그것을 구매하고 음식점이 아닌 본인만의 공간에서 먹습니다. 여기서 금돼지식당에서 줄을 서야 먹을 수 있는 음식(내용1, 표현1)은 밀키트(표현2)라는 방식으로 '어디서나 쉽게 먹을 수 있는 금돼지 식당의 메뉴'(내용2)로 새롭게 확장됩니다.

추후에 자세히 설명할 롤랑 바르트의 '신화론'도 소쉬르의 기표와 기의, 옐름슬레우의 내포기호학이 선택적으로 차용된 것입니다. 많은 학자들이 통시적 의미, 2차적 의미, 사회적 의미, 혹은 이데올로기적 의미를 탐색하고 있습니다. 언어학/기호학이 심리, 사회, 역사, 미디어 환경, 정치권력 등으로 논점을 확장할 수 있는 기반이기도 합니다. 그런 확장된 사유에 옐름슬레우의 내포기호학이 유용한 설명 틀을 제시한 셈입니다. 외연적 의미체계만으로는 복잡하고 함축적인 문화텍스트를 분석할 수 없기 때문입니다.

메타적 의미체계

'메타meta'는 '다음 차원의'라는 뜻을 가지고 있습니다. 메타적 기호는 다음 그림처럼 1단계 수준의 표현-내용 체계를 '다음 차원의' (기호)내용으로 삼는 2단계 의미작용의 (기호)표현으로 볼 수 있습니다. 앞서 내포적 의미체계에서 표현 국면이 입체적으로 겹쳐졌다면 여기서는 1차적 표현1-내용1이 외연적으로 묶이면서 하나의 내용 국면(내용2)으로 작동하고 표현2와 2차적으로 결속됩니다.

[그림 5-5] 메타적 의미체계 모형 1

예를 들어, 상품 광고나 영화 장면에 기모노 의상을 입고 있는 여성이 등장한다고 합시다. 1단계 표현(표현1)으로 '기모노 의상을 입고 있는 여성'이란 내용(내용1)이 드러납니다. 2단계 의미작용에서 일본의 전통 신발인 나막신 같은 새로운 기호표현(표현2)은 표현1-내용1의 '일본인 여성'을 다시 의미화시킵니다(내용2). 또 다른 예시는 버킷 리스트의 기호일 것입니다. '죽기 전에 꼭 해야 하는 것'(내용1)은 '머리 색을 화려하게 염색하기'(표현1)라는 버킷 리스트와 결속됩니다. '유럽 여행 해보기'(표현 2)는 2단계 수준에서 다시 '죽기 전에 꼭 해야 하는 것'(내용2)과 결속됩니다. 비슷한 표현으로 메타적 장치를 계속 보태면서 버킷 리스트의 내용을 강화할 수 있죠.

여러 개의 기호표현이 하나의 기호내용을 중첩적이면서도 점점 구체적으로 나타낼 수 있는데 이러한 기호표현은 흔히 '메타언어'라고 합니다. 영화를 보면 끔찍한 살해 장면(표현1-내용1)은 누군가의 고통스러운 죽음(내용2)을 내용적으로 전하죠. 이때 죽음(의 장면)은 복수의 메타적 장치로 강화됩니다. 공포스러운 무기, 고통스러운 신음소리, 어두운 조명 등은 모두 표현1-내용1의 1차적 의미체계를 넘어서 죽음(내용2)을 표상하는 메타적 장치로 겹쳐집니다.

크리스마스에 관한 광고를 보면 캐롤송, 산타 모자, 루돌프 머리띠, 크리스마스트리, 초록색과 빨간색 포장지 등이 등장합니다. 크리스마스를 지시하는 여러 기호표현이 동일한 기호내용(크리스마스 기념일)에 겹쳐집니다. 크리스마스가 크리스마스가 될 수 있는 이유는 그런 메타적 장치들 덕분입니다. 거기에 또 다른 메타적 표현을 잘 보태면 '크리스마스 휴일에 당연히 해야 하는, 또는 함께 소비해야 하는 무언가'로 의미화될 수 있습니다. 명동 신세계 백화점의 크리스마스 장식 외관, 레스토랑의 크리스마스 한정판 메뉴, 제과점의 크리스마스 에디션 쿠키, 크리스마스 이브의 사랑 고백은 모두 메타적 의미체계에서 자연스럽게 함께 작동(소비)되는 것입니다.

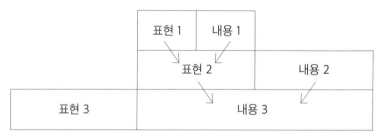

[그림 5-6] 메타적 의미체계 모형 2

[그림 5-6]은 옐름슬레우가 내포적 의미체계와 메타적 의미체계를 결합시켜서 '메타 내포기호학meta-conotative semiotics의 틀로 제안한 것입니다. 이러한 모형으로 다음과 같은 예시 장면을 분석할 수 있습니다. 대학을 배경으로 두고 대학생을 목표 소비자로 설정한 광고에서 농구를 하는 대학생의 기호(표현1-내용1)는 도서관에서 차분히 공부하는 대학생(표현2-내용2)과 중첩되어 '대학생'의 모습(내용2)을 메타적 의미로 중첩시킵니다. 그러다가 대학 밖에서 정장을 입고 인턴으로

일하고 있는 기호표현(표현3)을 연결하면서 대학 안팎에서 열심히 공부하고 일하는 대학생의 기호내용(내용3)을 새롭게 함축합니다. 표현1, 표현2, 표현3으로부터 부연된 내용3의 대학생은 '운동이든 공부든 일이든, 밝은 표정으로 열심히 살아가는 긍정적 주체'로 표상됩니다.

이처럼 내포와 메타의 의미체계를 유연하게 결합하면 세상의 모든 의미덩어리를 효과적으로 분해하고 의미작용을 분석적으로 추론할 수 있습니다. 실제로 신문이나 잡지에 등장하는 의미덩어리는 1단계 수준의 의미만 전하지 않습니다. 보다 복잡한 의미작용 단계가 섞여 있는 것으로 봐야 합니다. 보도기사 텍스트나 그 옆에 붙은 사진, 혹은 타이포그래피는 메타언어로 서로 조합됩니다. 그와 같은 메타 기능은 일련의 함축적 의미작용으로 확장될 수 있습니다.

2단계의 의미작용

하나의 기호표현이 여러 개의 기호내용을 전달하든, 여러 개의 기호표현이 동일한 기호내용을 전달하든, 모두 기호의 2단계 의미작용이며 1단계 의미체계로부터 새롭게 생성된 의미작용입니다. 이럴 때 2단계 의미작용은 1단계 의미체계를 '기호동기'로 삼는다고 말합니다. 기호로부터 의미를 만들고 유통시키는 기획자라면 지시적이거나 함축적인 의미의 본질에 집착하지 말고 2단계의 의미작용이 1단계의 의미작용에 의존하고 있음을 주목해야 합니다. 즉, 새로운 의미의 기획과 유통을 촉발시키는 기호동기가 탐색되어야 합니다.

함축적 의미가 지시적 의미체계를 기호표현으로 삼는다고 하면, 2단계 의미작용은 사실상 1단계 의미체계의 '형식'에 크게 의존하는 것입니다. 페이스북이나 인스타그램에 올린 우리의 얼굴 사진은 화창한 봄날이 배경인가요? 별이 보이는 밤 하늘이 배경인가요? 환하게 웃는 정면의 모습인가요? 하늘을 쳐다보는 옆면의 모습인가요? 함축적 의미의 차이는 그런 기호표현이 갖는 형식의 차이에서 발생합니다. 계열체 축에서 얼굴의 다른 요소만 선택하더라도(예: 입꼬리를 올린다 vs 입을 굳게 다문다, 눈을 감는다 vs 눈을 크게 뜬다) 2단계 의미작용에서 현격한 의미 차이를 만들 수 있습니다.

우리는 직관적으로 의미를 소비합니다. 예를 들면, 상품 광고를 보면서 도상 기호인 어떤 이미지가 유도하는 함축적 의미를 객관적인 수준의 지시적 의미로 동일화합니다. 미디어를 가득 채운 의미덩어리는 함축을 늘 전제하고 있지만 의미작용에 관한 문식력이 없다면 우리는 아무것도 새롭게 기획하거나 기존의 의미체계에 대해 비판할 수 없습니다. 언어와 같은 자의적 기호체계에 관해서는 그나마 기호표현과 기호내용 사이에 커다란 차이가 존재한다고도 생각할 수도 있겠습니다. 그런 반면에 대중은 사진이나 영상으로 만들어진 과장된 의미체계를 명민하게 분별하지 못합니다. 지시의미와 함축의미를 구분할 수 있는 비판적 언어감수성 교육, 혹은 미디어 리터러시 교육이 필요한 이유이기도 합니다.

내포적, 메타적 의미체계로 영상광고 분석하기

옐름슬레우는 공시적 구조주의를 고수했습니다. 외연으로만 이해할 수 없는 내포와 메타의 의미체계조차 표현(기표)과 내용(기의)의 구조적 관계성으로 설명했기에 그는 엄격한 구조주의자 또는 형식주의자로 보입니다. 그러나 옐름슬레우는 소쉬르 언어학에서 배제된 언어 바깥의 요소를 고려했습니다. 앞으로 다룰 그레마스의 구조의미론, 바르트의 신화론은 세상에 끼인, 혹은 인간의 삶과 연관된 언어/기호의 기능에 관심을 두게 되는데 옐름슬레우의 모형이 가시적이지 않은 언어 외적 요소를 분석할 지적 토대를 마련한 셈입니다. 6장에서 소개될 그레마스는 형식주의 기호학을 인간이 살아가는 서사가 반영된 기호학으로 발전시켰고, 7장에서 소개될 바르트는 소쉬르의 형식주의 기호학에 사회적 의미, 즉 이데올로기에 관한 논점을 끼워넣었습니다.

이제 마지막으로 영상 광고 하나를 옐름슬레우 모형으로 분석해 보겠습니다. [그림 5-7]은 온라인 홈스쿨 영어교육 브랜드인 'EBS 초목달(초등목표달성영어)'의 광고 화면입니다. 영상에서는 "바른 공부는 밖에 있지 않습니다"라는 자막이 사용되고 "집에서 함께 웃으며 재밌게, 즐거운 공부가 바른 공부입니다"라는 문구가 들립니다.

[그림 5-7] 내포적 의미체계로 배치된 광고 영상(EBS)

우선 왼쪽 그림에 나타난 장면은 교실에 앉아 있는 학생들의 뒷모습(표현1)이며 교실에서 공부하는 초등학생(내용1)을 지시합니다. 외연적 의미는 초등학생이 교실에서 수업을 듣는 것이지만 표현1과 내용1이 합쳐지면서(표현2) 활기가 없고 지루한 수업(내용2)를 함축합니다. [그림 5-7]의 오른쪽 장면은 정면으로 보이는 학생들이 함께 웃으며 무언가를 쳐다봅니다(표현1). 학교가 아닌 '집에서' '친구와 함께'

공부하는 외연적 의미(내용1)와 연결됩니다. 표현1과 내용1은 하나의
표현(표현2)으로 기능하면서 앞선 장면과 대비되는 '집에서 친구들과
함께 하는 재밌는 공부'라는 함축적 의미(내용2)를 갖습니다.

[그림 5-8] 메타적 의미체계로 배치된 광고 영상 1(EBS)

　　내포적 의미체계를 염두에 두고 [그림 5-7] 장면들이 대비적으로
배치되었다면, [그림 5-8]의 두 장면은 메타적 의미체계로 기획된 것
입니다. 두 장면 모두 앞선 [그림 5-7]의 왼쪽 장면과 연결되었습니다.
[그림 5-7] 왼쪽 장면의 표현1은 [그림 5-8] 왼쪽 장면의 표현2(수업
을 마치고 혼자 학교를 나서는 장면)와 [그림 5-8] 오른쪽 장면의 표현
3(집에 와서 혼자 책상에 앉은 장면)의 메타 장치로 계속 겹쳐지면서 '수
업이 끝난 후에 혼자 있는 학생'이란 내용이 반복적으로 강조됩니다.
장면은 바뀌지만 비슷한 표현이 보태지면서 광고제작자가 의도한 '혼
자 고립된 어린 초등학생'이란 내용을 강화한 것이죠.
　　짧은 광고 시간이지만 적절하게 배치한 기호들로 메타적 의미는
분명하게 전달됩니다. [그림 5-9]의 장면은 앞선 [그림 5-8]의 오른쪽
장면과 연결됩니다. 지루하게 혼자 앉아 있는 장면들과 대비되면서
[그림 5-7] 오른쪽 장면에서는 친구들과 함께 시간을 보냅니다. 그리
고 [그림 5-9]에서는 엄마(혹은 교사) 바로 옆에 앉아 시간을 보냅니

[그림 5-9] 메타적 의미체계로 배치된 광고 영상 2(EBS)

다. '함께 공부하는 장면'의 메타 장치가 겹쳐지면서 초목달의 광고제
작자가 의도한 '내용'이 분명하게 드러납니다.

6장
인생은 서사, 심층과 표층의 변형구조 ★

이제 언어학자이며 기호학자인 알기르다스 줄리앙 그레마스Algirdas Julien Greimas의 구조의미론에 관해 살펴보겠습니다. 서로 다른 층위에서 발생하는 의미작용, 표층과 심층을 이동하는 변형성 등을 다루면서 의미생성행로semantic generative trajectory, 기호사각형semiotic square, 행위소 actant 모형이 언급될 것입니다. 그레마스는 소쉬르, 야콥슨, 옐름슬레우 등의 논점을 참고하면서 자신만의 구조의미론을 발전시켰습니다.

구조와 구조주의 연구

구조주의 언어학자의 관점으로 보면 구조화된 질서는 언어로 재현되거나 언어가 구성합니다. 언어를 통해 문화가 표현되고 전승되는 것만이 아닙니다. 오히려 언어로 구성된 것이 문화이고, 그래서 구조주의 언어학자는 언어의 규칙체계로 문화의 속성도 분석할 수 있다고 봅니다. 앞서 살펴본 것처럼 구조는 개별 요소들이 결합되고 선택되는 관계로 만들어집니다. 그렇다면 개별 요소들의 관계가 이해되면 의미구조도 분석될 수 있습니다.

인간의 언어는 (비언어적 문화양식에 비해) 구조의 원리가 선명하게 드러납니다. 3장에서 음소가 서로 잘 구별될 수 있는 변별적 자질 distinctive features의 원리에 대해 소개했습니다. 어휘, 문장, 담화처럼 음소보다 큰 단위에서는 변별적 자질, 양항대립의 원리가 적용되기 힘들 수 있습니다. 그렇지만 구조주의자라면 가변성이 있더라도, 어떤 언어학적 단위나 다양한 유형의 문화양식이라도 나름의 구조적 원리를 찾으려고 합니다.

인류학에서 구조주의를 개척한 레비스트로스는 이항대립의 의미 구조로 친족이나 음식에 관한 체계적인 원리를 찾았습니다. 그는 앞서 살펴본 구조언어학자 야콥슨으로부터 영향을 받으면서 다음과 같은 음운론 연구의 특성을 자신의 인류학 연구에 동일하게 적용했습니다.

①음소의 구별은 다수에게 무의식적인 언어활동이며 음운론 연구자는 무의식적으로 구조화된 음소체계를 분석한다.

②하나의 음소는 독립된 실체로 인식될 수 없으며 다른 음소와 구별되는 (대립적) 관계로부터 분석되어야 한다.

③음운론 연구자는 음소를 수집하고 분류하면서 보편적 구조를 찾아야 한다.

④구조를 잘 이해할 수 있는 원리를 찾는 것이 음운론 연구의 목적이다.

음소를 연구하는 미시언어학자는 어디에나 분절화된 규칙체계를 가진 언어사용이 있다고 전제합니다. 그리고 연구자료를 수집하고 분류하면서 모집단의 일반화된 언어사용을 추론합니다. 레비스트로스는 음운론 연구자의 이와 같은 실증적 연구방법을 자신의 인류학 탐구에 적용하면서 원시부족의 문화양식에 나타난 보편적 의미구조를 찾고자 했습니다. 그는 데카르트가 주장한 인간 이성의 보편성을 형이상학적으로 가정하지 않았습니다. 대신에 현장에서 수집한 자료로부터 다양한 종족의 문화마다 무의식적으로 조건화된 '심층' 구조를 찾았습니다. 소쉬르를 포함한 다른 구조주의자와 마찬가지로 그는 주체의 주도성, 통시적 관점에 비중을 크게 두지 않고 구조화된 공시적 질서를 탐구했습니다.

인간의 언어와 달리 문화텍스트는 복잡하고 이질적인 요소로 직조된 것이기 때문에 구조주의 원리가 적용되기 쉽지 않습니다. 그럴 경우에 연구자는 무의식적으로 의미화된 의미구조를 사용하면서도, 또 한편에서는 구조를 여러 층위로 나누어 연구자료를 분석하기도 합니다. 구조로 포착되기 힘든 것을 구조로 포착하려는 끊임없는 시도에 의해 구조주의 전통이 지금까지 유지되는 것입니다. 구조주의 원리가 객관적으로 증명될 수는 없습니다. 구조를 하나의 보편적 모형으로 기술하다 보면 결국 환원적이거나 작위적 접근이란 비판을 받습니다. 그럼에도 불구하고 복잡한 현상과 층위를 입체적이고 역동적인 구조로 인식하는 것은 어렵고도 꼭 필요한 작업입니다.

구조화된 층위

먼저 간단하게나마 층위level가 있는 구조에 관해 설명하겠습니다. 구조의 설명력을 높이기 위해서라면 심층과 표층처럼 층위를 구분하고 각각의 층위에서 그리고 서로가 어떤 영향을 주는지 기술되어야 합니다. 그리고 심층과 표층이 구분될 때 두 층위의 관계가 동형적인지, 변형적인지 가장 우선적으로 파악되어야 합니다. 동형성과 변형성이 공존하기는 어렵기 때문입니다.

층위가 구분되어도 둘이 동형으로 전제된다면 표층만 탐구해도 심층의 구조를 쉽게 추론할 수 있습니다. 눈에 보이는 키(표층)만 보면 몸무게(심층)를 추가적으로 엄밀하게 추론할 필요가 없는 것과 같습니다. 둘은 동형이니 구조도 단순하게 기술될 수 있습니다. 두 층위의 관계가 변형성으로 인식된다면 심층에서 표층으로 이동할 때 어떤 규칙적인 변화가 있다고 봐야 합니다. 심층에서 표층으로 이동하는 행로trajectory가 관념적이나마 제시되고 층위를 오갈 때 개입하는 예측가능한 수준의 변형규칙도 찾아야 합니다. 촘스키 언어학으로 알려진 변형생성문법이 하나의 예시가 될 것입니다. 표층과 심층이라는 두가지 층위의 통사론 구조가 있으며 변형의 기제가 작동합니다. 심층의 층위에서도 보편 구조가 기술되어야 하지만 심층-표층의 이동과 변형성도 탐구되어야 합니다.

그레마스는 의미 분석의 최소 단위로 의소seme라는 개념을 제안합니다. 음소가 음운들을 구별해주는 변별적 자질인 것처럼, 의소도 어휘소나 의미소들의 의미를 구별해주는 변별적 자질입니다. 내용의 최소 의미 단위인 의소도, 음운의 단위와 마찬가지로, 개별적으로 고립되어 스스로 존재하지 못합니다. 의소도 다른 의소와의 관계로부터 어떤 의미를 갖습니다. 예를 들어, '표현' 단면에서 하나의 음소는 같은 범주에 속하는 다른 음소와의 대립을 통해 특정한 음소로 파악됩니다. 'pin', 'bin'의 어휘라면 /p/, /b/, 즉 무성음-유성음의 대립적 관계로 음소끼리 구별됩니다. '내용' 단면도 마찬가지입니다. /남성/, /여성/ 어휘라면 둘은 '성별'이라고 하는 동일 범주에 속해 있지만 서로 대립하는 관계적 의소로부터 특정한 의소로 구별됩니다.

그레마스의 구조의미론

이제 본격적으로 그레마스의 구조의미론에 관해 살펴보겠습니다. 의미생성행로를 먼저 설명하고 심층에서 기호사각형, 표층에서 행위소 모형을 각각 소개하겠습니다. 용어가 낯설지만 예시와 함께 숙지하면 전혀 어렵지 않습니다.

의미생성행로

의미작용을 구조적 속성으로 이해한다는 것에 대해 먼저 설명해보겠습니다. 여러분의 인생에서 가장 중요한 '의미'는 무엇인가요? TV 드라마를 보면 돈, 권력, 복수, 사랑, 의리, 행복, 뭐 그런 것들이 나오는데 누구에게나 선뜻 대답하기 쉽지 않은 질문입니다. '돈'이라고 쉽게 말한 분이 있다고 해도 누구를 위해 필요한 돈이고 무엇을 구하기 위해 돈이 중요할까요?

〈미션 임파서블〉을 보고 누군가 거기엔 '권선징악'의 의미가 있다고 말한다면 거기서 '선'은 무엇이고 '악'은 무얼 말하는 것일까요? 그런 명사형의 '의미'는 늘 제한적이고 애매합니다. 그래서 우리는 동사형의 '의미작용'에 주목하면서 서사적 의미체계의 생성과 변화에 대해 보다 분명하게 인식할 필요가 있습니다.

누구의 서사든 정태적이지 않은 동태적인 의미작용으로 설명되어야 하지 않을까요? '가난한 부모님 아래 자랐다. 부자가 되고 싶었다. 지금 부자가 되려고 증권회사에서 일한다.' 명사형의 의미로는 이만한 서사의 행위성도 이해하기 힘듭니다. 조지 오웰George Orwell의 《1984》 소설(텍스트)은 어떤 의미가 있습니까? 그걸 손쉽게 선과 악의 대립으로 인식할 수도 있겠지만 그건 참으로 아쉬운 해석입니다. 빅브라더를

'악' 혹은 '적'이라고 간단하게 고정시킬 수 없다면, 소설을 차라리 표층과 심층으로 구분하거나 의미작용의 과정을 간단하게나마 서사형식으로 전달하면 어떨까요?

《1984》텍스트가 너무 복잡해서 서사구조를 표층과 심층으로 구분하고 의미작용 모형으로도 간단하게 기술할 수 없을까요? 고정된 명사형 의미로도 충분하지 않지만 의미의 흐름이 복잡하니 구조로 설명할 수 없다고 생각할 수 있습니다. 그러나《1984》는 우리가 읽고 전하고 소비하는 문화텍스트입니다. 의미구조로 옮겨지지 못할 정도로 복잡하다면 대중작가의 머리 속에서 나올 수도 없고, 지금까지 문화적 유산으로 계승되고 논평될 리도 없습니다.

태희 교수님, 영화 하나를 봐도 모두 다른 걸 기억하고 다르게 말하는데 서사가 어떤 보편적 구조일 수 있나요?

교수 더 쉬운 예를 들어볼게요. 명동에서 길을 잃은 반려견들이 있다고 합시다. 개도 힘들고 주인 심정도 복잡하고, 아무튼 상황은 모두 다르겠죠?

태희 그럴 것 같습니다.

교수 복잡합니다. 서로 다릅니다. 그런데 서사적 윤곽으로만 보면 사실 비슷하지 않을까요? 개나 주인의 신체 어딘가 카메라를 부착해두고 그로부터 드러난 세상을 관찰하거나, 아니면 면담을 통해 심정이나 상황을 들어봅시다. 그럼 뭐가 보이고 무슨 이야기가 나올 것 같나요?

태희 길을 잃고 서로 막 찾으러 다니고, 울고, 짖고, 힘들고, 속상하고….

교수 맞아요. 그런 의미작용이 사실 모두 비슷하다는 것이죠. 반려견 이름도 다르고 길 잃은 장소도 다르고 사건의 흐름도 조금씩 다르겠지만 그래도 거의 비슷한 의미구조로 서술될 수 있다는 것이죠. 실종 사건은 간단하게 재현될 수 없어요. 그렇지만 '불안', '안심'과 같은 이항을 염두에 두고, 배경, 사건, 캐릭터, 플롯을 하나의 구조처럼 상정할 수 있습니다.

그레마스가 제시한 의미생성행로는 세 가지 층위로 구분됩니다. 생성된 의미는 층위를 이동하며 결속되고 확장됩니다. ①심층에서는 기본적인 의미구조가 발견되고 ②표층에서는 서사의 윤곽이 드러나며 ③담화의 층위에서는 구체적인 서사가 보이고 들립니다. 우리가 보고, 듣고, 소비하는 텍스트는 심층에서 표층을 거쳐 담화의 층위에 이르는 의미생성행로의 실현물인 셈입니다. 의소로 구축된 심층은 기호사각형 모형으로, 표층은 행위소 모형으로 각각 구조화될 수 있는데 하나씩 설명해보겠습니다.

심층

심층의 의미구조는 기호사각형으로 기술됩니다. 앞서 설명한 것처럼 의미 생성은 대립적인 이항의 변별적 자질로부터 추론될 수 있으며 기호사각형으로 이항대립의 의미가 구성되는 기본적인 조건이 제시되는 셈입니다.

기호사각형은 [그림 6-1]에서 제시된 것처럼 이항성을 토대로 대립관계, 모순관계, 내포(혹은 함의, 전제)관계에 놓인 여러 이항들의 관계를 보여줍니다. 사변의 항은 '의소'라는 의미의 최소 단위로 기술됩니다. 예를 들어, /흑/, /백/은 대립하는 의미의 최소 단위로 알려져 있으니 각각 서로에게 의소가 될 수 있습니다. 'boy', 'girl'의 의미자질은 다양하지만 둘이 관계항으로 묶여 있을 때 서로를 구분하는 자질로 'boy'는 남성이고 'girl'은 여성이라고 볼 수 있습니다. 그렇다면 남성성이나 여성성을 의미의 최소 단위인 의소로 볼 수 있고 각각 /남성성/, /여성성/으로 표기합니다.

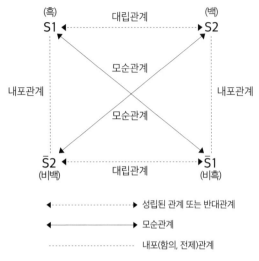

[그림 6-1] 기호사각형 예시

앞서 살펴본 야콥슨 등의 음운론 분야에서 제시된 변별적 자질로 도출된 개념이죠? 구조주의 의미론자들은 음운론의 원리가 의미론에도 적용될 수 있다고 보았습니다. 인류학자 레비스트로스 역시 음운론의 원리를 적용하여 모든 신화의 의미체계에 신화소mytheme와 같은 변별적 자질이 있다고 보았고요. 의소로 조직화된 심층의 구조는 소쉬르에서 시작된 이항대립적 관계구조를 확장한 것으로 보입니다.

[그림 6-1]의 기호사각형을 구체적인 예시로 설명하면 다음과 같습니다. 우선 의소들의 대립관계는 심층 구조의 가장 핵심적인 관계입니다. 우리의 실제적 삶을 생각해보면 기호사각형에 나타난 의소를 통해서만 대립관계가 구축되진 않습니다. 서사의 인물이나 사물은 다양

한 속성들을 포함하고 있어서 최소한의 의미 단위, 대립된 의소만으로 이해될 순 없습니다. 이렇게 한번 생각해 보세요. /선/, /악/은 서로 대립관계이지만 우리는 선하기도 하고 악하기도 합니다. 《지킬박사와 하이드》의 주인공만이 그런 것이 아니죠. 우리 정체성만 봐도 의미적 실체는 모순적이고 복합적입니다. 기호사각형의 대립항이 선택될 때 서로 애매하게 연결된 경우도 많습니다. 그러나 이항대립이란 형식성으로 의미구조를 만들고자 하면 대립적인 관계의 의소는 기호사각형에서부터 의도적으로 나란히 배치되어야 합니다.

그런 점에서 그레마스가 기호사각형에서 대립관계와 별개로 모순관계를 둔 것이 흥미롭습니다. 의미구조에 대립뿐 아니라 모순의 이항도 배치된 것입니다. '부자'와 모순적인 관계에 있는 의소는 무엇일까요? '부자가 아닌 것'입니다. '부자가 아닌 것'은 무엇을 의미할까요? '빈곤', '게으름', '청렴', '정직', '자유', 사실 무엇이라도 모순관계에 놓일 수 있죠. 대립관계는 서로 만날 수 없는 관계입니다. 남자이거나 여자이거나, 선이거나 악인 관계입니다. 거기에는 둘을 중재하는 제3의 항이 없습니다. 그러나 모순관계를 대립관계 옆에 두면 대립하는 항들 사이에서 '모순적으로' 의미작용을 할 수 있는 경로가 열립니다.

〈흥부전〉 서사에서 심층의 의미구조를 찾는다고 할 때 /S1/, /S2/ 항에 각각 /악함/, /선함/의 대립적 의소를 둘 수 있습니다. 그리고 /S1/과 /S̄1/의 관계는 /악함/과 /비악함(악하지 않음)/의 모순적 관계로 둘 수 있죠. 놀부의 행위성을 심층의 의미구조로 보면 놀부는 /악함/(S1)에서 제비 사건으로 반성하고 /비악함/(/S̄1/)의 캐릭터로 달라집니다. 그러다가 /비악함/에서 (함축적으로) /선함/(S2)의 캐릭터로도 이동합니다.[1] 반면 영화 〈조커〉의 서사는 〈흥부전〉과 다릅니다. 광대 일을 하며 코미디언을 꿈꾸는 선한 청년 아서는 조롱을 당하며 /

선/에서 /비선(선하지 않음)/으로 이동하고 그러다가 사람까지 죽이는 /악/의 캐릭터로 이동합니다. 모순관계로부터 /선/이 /악/으로 변하는 의미작용이 나타납니다.

[그림 6-2] 비대면 교육콘텐츠 광고(강남글로벌어학원)

위 그림은 팬데믹 시대부터 본격화된 '언택트untact' 즉 비대면 기반의 교육콘텐츠 광고입니다. 서로 다른 시각기호를 담고 있지만 구조화된 의미작용을 심층 차원에서부터 찾아볼 수 있습니다. 내가 보기에는 /물리적 현실/, /가상적 현실/의 대립적 의소가 이와 같은 광고의 핵심 의미구조로 보입니다. 서로에게 변별적 자질이면서도 대립되는 물리적-가상적 현실은 팬데믹 시대 이후에 [그림 6-3]의 화살표의 이동처럼 비물리적 환경과 온라인교육으로 전환할 것이라는 서사를 표층 차원에서도 유도할 것으로 보입니다.

이항대립의 구조와 변별적 자질의 개념이 도출된 음운론 연구를 보면 이와 같은 모순관계 혹은 중재적 속성의 제3항이 없습니다. 그에 반해 그레마스는 의미구조의 경우 대립관계를 벗어난 모순관계를 추가적으로 설정할 수밖에 없다고 보았습니다. /S1/과 /S2/가 상위 단계의 대립관계라면, 특정 의소와 모순관계에 있는 의소들, /S̄1/, /S̄2/는 하위 단계의 대립관계로 볼 수 있습니다. 기호사각형은 상위 단계와 하위 단계의 대립항들이 서로 연결되어 성립된 모형입니다.

기호사각형의 내포(혹은 함의, 전제) 관계는 하나의 의소가 다른 의소의 의미와 내포되어 있음을 함축합니다. 앞서 살펴본 것처럼 놀부가 /비악(악하지 않음)/의 의소를 갖는다면 여러 종류의 '비악(악하지 않음)' 중에 '선'도 내포될 수 있습니다.

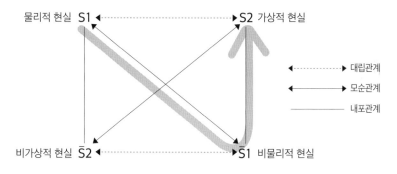

[그림 6-3] 비대면 교육콘텐츠 지면광고의 기호사각형

이제 기호사각형에 대해 정리해보겠습니다. 기호사각형은 의미가 존재하는 양상을 보여줍니다. 또 한편으로 보면 대립, 모순, 내포의 관계로부터 의미가 어떤 지향점으로 움직이는지 보여줍니다. 그래서 '의미'가 아닌 '의미작용'의 심층적 구조가 됩니다. 소쉬르식 대립관계에 의존하는 엄격한 구조주의 논리가 조금이나마 해체됩니다. 공시적 구조에만 의존하지 않고 이제 시간의 축으로 달라질 수 있는 통시적 의미도 기술할 수 있게 됩니다. 대립관계에도 상위와 하위 단계가 있으니 의미작용이 보다 역동적으로 기술될 수 있습니다. 그레마스의 기호사각형 원리는 다양하고 역동적인 속성의 의미작용을 단순한 수준의 형식으로 구조화시켰다고 비판받을 수 있겠지만 아직까지도 다양한

기호분석의 현장에서 빈번하게 사용되고 있습니다.

표층

심층 구조에 잠재하는 의소가 담화의 형태로 실현되려면 표층 구조라는 중간단계를 거쳐야 합니다. 예를 들어 /선/과 /악/의 대립관계로 〈흥부전〉의 심층적 서사구조가 존재한다면, 표층 구조에서는 흥부, 놀부와 같은 핵심 캐릭터의 관계성이나 (이들을 통해 유도되는) 주제가 드러나야 합니다. 즉, 표층에서는 심층보다는 구체적이면서 담화 층위보다는 덜 구체적인 서사의 골격이 보입니다.

표층의 의미구조에서는 의인화된anthropomorphic 서사가 등장합니다. 심층의 /선/, /악/과 같은 의소로는 누가 선하고 누구에게 악한지 알 수 없지만, 표층에서는 '누구'에 관한 무슨 행위성인지 나타납니다. '흥부'나 '놀부'처럼 구체적인 이름을 가진 인물이 등장하는 것은 아닙니다. 행위소 모형은 핵심 의미항만으로 서사의 윤곽을 보여주는 것이죠.

[그림 6-4] 행위소 모형

[그림 6-4]에 행위소 모형의 핵심 의미항을 간단히 요약하면 다음과 같습니다.[2] 주체subject는 어떤 대상object을 욕망합니다. 주체에게는 조력자adjuvant도 있고 적대자opposant도 있습니다. 발신자destinateur는 주체가 욕망하는 대상object의 제공자이며 그런 대상은 수신자destinataire에게 다시 제공됩니다.

그레마스는 심층뿐 아니라 표층에서도 이항의 관계성으로 의미구조를 만들었습니다. 주체-대상, 발신자-수신자, 조력자-적대자의 행위소는 각각 대립적 의미관계를 가지고 있습니다. 심층의 기호사각형 논리를 따르면서 한편으로 표층과 심층의 원리를 유기적으로 결속시킨 것으로 보입니다. 심층이 의소의 관계로만 조직된 것에 비해 표층에서는 인간(주체)이 행위소로 등장하고 서사의 윤곽으로 구조화된 것만 다를 뿐입니다.

〈흥부전〉을 다시 예시로 사용해보겠습니다. /선/과 /악/의 대립관계로 구성된 기호사각형의 심층은 앞에서 다루었습니다. 표층 구조에서는 흥부라고 하는 욕망의 주체가 있고, 성공, 인정, 혹은 박일 수 있는 욕망의 대상도 있습니다. 제비 같은 조력자도 있고, 놀부 가족 같은 적대자도 있습니다. 대상의 발신자는 제비이고, 대상의 수신자는 흥부 가족이 됩니다.

행위소 모형의 각 항목을 좀 더 자세하게 살펴보면 다음과 같습니다. 우선 주체는 행위소 모형의 중심적인 위치를 차지합니다. 표층에서는 대상을 욕망하는 주체가 흥부일 수도 있고, 놀부일 수도 있습니다. 사람이 아닌 동물이나 사물이 의인화된 주체일 수도 있습니다. 담화의 층위에서 보다 구체적인 이름과 성격을 가진 주체가 등장할 것입니다. 여기서는 대상을 욕망하는 주체가 행위소로서 하나의 역할을 맡는 것만 이해하면 됩니다. 표층을 이런 구조로 이해한다는 것은 모든 기호의 의미작용에 주체와 서사가 관여한다고 전제하는 것입니다. 이런 식으로 의미작용을 구조화하는 논리는 어디서도 찾아보기 힘든 그레마스만의 독창적인 접근입니다.

주체는 대상을 향해 무언가를 수행합니다. 대상을 향한 욕망은 양태성modality으로 표현될 수 있습니다. 모든 동사의 의미는 기술적

descriptive이거나 양태적입니다. 예를 들면, '~하다' 혹은 '~이다'와 같은 행위와 상태를 드러내는 기술적 동사는 양태적 동사로 조정되거나 변환될 수 있습니다. 예를 들면, '~하게 하다'와 같은 조종manipulation의 양태성을 갖습니다. '~할 수 있다'와 같은 능력competence의 양태성을 갖기도 합니다. 희망(wanting to), 의무(having to), 가능성(being able to), 아는 상태(knowing to)의 양태성도 표층에서 대상을 향한 욕망을 다른 방식으로 유도합니다.

양태성을 드러내는 형식의 예시로는 동사적 주체가 보여주는 태도나 입장을 보여주는 조동사의 배치입니다. 영어를 예시로 들면 'may', 'can', 'should', 'must'일 수 있죠. 물론 부사나 문장 형태로도 제시될 수 있습니다. '주체 A가 대상 B를 갖는다'라고 한다면 기술적 동사로 충분합니다. 그러나 'A가 B를 갖고자 한다' 혹은 'A가 B를 가질 수 있다' 등의 문장에 담긴 양태성은 주체의 의지나 태도가 드러납니다. 양태성은 주체가 주도하는 표층의 의미구조에서 중요한 기능을 합니다.

주체가 대상을 욕망하고 소유하겠다는 상태는 주체와 대상이 이접disjunction된 것입니다. 이접은 연접conjunction과 대립된 상태이며 이런 관계성은 심층의 기호사각형 구조에서 유도된 것입니다. 주체는 대상과의 이접관계를 연접관계로 변화시키기 위해 어떤 행동을 하는데 이것이 표층에서 중요한 서사구조를 만듭니다. 주체가 대상과 연접하고자 하면 욕망의 양태성이 드러난다고 합니다.

발신자와 수신자의 관계는 욕망의 양태성보다는 지식의 양태성이 관여한다고 봅니다. 발신자는 무언가를 주고, 수신자는 그것을 받는 역할을 합니다. 여기서 준다는 것은 '주겠다는 의지나 태도'가 개입한 것으로 일종의 지식의 증여로 볼 수 있습니다. 발신자와 수신자가 대상을 두고 어떤 형태로든 합의가 있었다는 것을 함축합니다. 조력자와 적대자의 관계도 쉽게 이해될 수 있습니다. 돕는 자와 맞서는 자는 힘의 관계입니다. 다른 행위소처럼 대립적 의미를 갖는 명사적 관계로 보이지만 동사적 속성으로 결합됩니다.

주체가 대상을 소유하려는 욕망, 발신자와 수신자의 대상을 둘러싼 지식, 조력자와 적대자의 관계를 만드는 힘에 관한 행위소 의미구조는 오랜 세월을 거쳐 인류사에 축적된 지배적인 서사문법입니다. 그레마스는 반복적으로 나타나는 서사의 보편적인 규칙체계를 자신만의 의미구조에 적용한 것이죠.

담화 층위

심층, 표층과 달리 담화 층위에서는 우리가 일상적으로 통용하는 서사 텍스트가 등장합니다. 담화로 나타나는 의미구조는 구체적인 맥락에서 텍스트가 선택되고 배치된 결과물입니다. 여기서는 흥부든, 놀부든, 구체적인 누군가의 형상적 속성이 분명한 서사로 나타납니다. 시간, 공간, 인물의 행위, 주제 등 모든 내용이 실제적으로 등장합니다. 표층의 의미구조에서 여전히 추상적인 행위소 개념이 사용되었다면, 담화의 의미구조에서는 구체적인 서사가 등장하는 것이죠.

흥부가 박을 얻는다는 서사의 표층 구조에서 흥부는 주체의 행위소로, 박은 대상의 행위소로 기술될 수밖에 없지만, 담화 층위에서는 흥부는 흥부다운 성격과 외모를 가진 캐릭터로, 박은 박의 특성을 지닌 구체적인 대상으로 드러납니다. 서사의 전개도 이접-연접의 추상적 의미작용 수준이 아닙니다. 흥부가 제비의 다리를 고쳐주고 박을 얻는 구체적인 사건들이 나옵니다. 시작-중간-끝, 사건의 전개-위기-해결과 같은 통합체적 인접 정보도 잘 보입니다.

그레마스는 담화 층위에서도 나름대로 체계적인 의미구조를 제시했습니다. 예를 들면, 그는 담화 층위에서 특정 인물의 개성이 드러나는 부분을 행위화actorialization라고 불렀습니다. 서사를 드러낼 때 시간 흐름이나 공간을 나누거나 뒤섞으며 편집하는 것을 시간화temporalization, 공간화spatialization라고 불렀습니다. 〈미션 임파서블〉 시리즈 서사는 인접 정보가 촘촘하게 연결되어 앞 부분을 놓치면 뒷 내용을 파악하는 데 시간이 걸립니다. 그런 통합체적 서사를 만들 때는 등장인물들의 행위화, 시간과 공간의 분절과 편집 작업이 긴장감과 호기심을 불러일으키는 데 중요한 역할을 하겠죠. 서사 텍스트로부터 독자나 관객에게 전달하는 주제의식을 주제화thematization라고 부르기도 했습니다.

그레마스의 구조의미론은 콘텐츠와 디자인을 새롭게 개발하고, 브랜드를 바꾸고, 마케팅을 기획하는 곳에서 쉽게 적용해볼 수 있습니다. 예를 들면, 기업의 가치를 광고의 시각기호로 높이고 싶은 의도가 있다면 심층의 기호사각형에서 기업의 핵심 가치를 의소로 먼저 탐색해볼 필요가 있습니다. 그런 다음에 표층의 행위자 모형을 사용하면 광고로 전달할 서사구조의 윤곽을 효과적으로 비평할 수 있을 것입니다.

그레마스 모형의 기여

의미와 기호에 대해 가르쳐보면 대다수는 그레마스 모형을 비교적 쉽게 이해합니다. 바로 그런 이유 때문에 그레마스의 서사구조는 간단하게 보이는 만큼 다양한 분야의 문화텍스트 분석과 기획에 빈번하게 사용됩니다. 소쉬르식 구조주의 전통을 이탈(혹은 확장)한 것으로 보이지만 모형의 세부 단면을 살펴보면 여전히 구조주의적 특성이 잘 드러납니다. 서사의 의미작용을 다루긴 했지만 의미가 무엇이라고 콕 찍어 설명되지 않은 듯합니다. 그레마스는 소쉬르의 공리를 충실히 따르면서도 이항대립적 차이로 의미작용의 다층적 모형을 제안했습니다. 즉, 구조화된 관계로 형성되는 의미작용에만 주목한 셈입니다.

그럼에도 불구하고 구조주의자인 그레마스가 '의미작용'을 연구한 접근방식이 흥미롭습니다. 전통적인 구조주의 언어학자라면 형식 체계에 집중하면서 소쉬르의 지식전통인 '의미는 차이에서 나온다'라는 논점을 따릅니다. 즉, 대상은 본질적 속성이 없으며 의미는 그 자체로 존재하지 못합니다. 의미는 '다른 것과 구별되는 차이'로 만들어집니다. 그에 반해 그레마스는 의소의 개념, 의미작용의 기본 구조를 제안하고 심층과 표층으로 구분된 변형성의 구조도 제안합니다.

게다가 그레마스의 구조는 의미(작용)를 서사로 포착하려는 시도입니다. 심층의 의소부터 시작해서 담화 층위의 서사 텍스트까지 층위를 이동하며 서사 기반의 의미구조를 결속시킵니다. 소쉬르에서 출발한 구조주의의 정태적인 공리는 일부 해체됩니다. 이제 의미에 관한 새로운 인식론이 등장한 것이죠. 서사라는 의미구조는 주체 중심의 '목적론적' 속성을 가질 수밖에 없거든요. 인류가 축적한 서사는 모두 결핍, 문제, 파괴 등의 불균형에서 회복, 해결, 통제 등의 균형 상태에 도달하려는 목적성을 갖습니다. 그레마스의 의미구조는 규범적 통제(위기 극복, 갈등 해소, 방해꾼 제거)를 통해 인간주체가 대상을 욕망하고, 위기를 겪지만, 그걸 이겨내는 서사입니다. 즉, 주체의 서사가 기호를 통해 드러나며 그건 보편적 의미구조로 설명될 수 있다는 것이죠. 이렇게 되면 기표의 배치로 구성되는 기호적 정체성은 서사적 정체성으로 논의될 여지가 허락됩니다.

그레마스의 의미구조는 의미(서사)가 만들어지는 동태적 과정에 집중합니다. 흔히 그레마스의 기호학은 서사기호학으로도 불립니다.

서사 기반의 의미구조론은 과학적 담화, 철학적 담화, 법률적 담화, 정치적 담화처럼 모든 유형의 담화, 나아가서는 비언어적인 담화의 의미구조까지도 조직할 수 있는 보편 원리로 위치됩니다.

소쉬르와 야콥슨 지식전통의 구조주의 언어학자는 언어적 전환을 주도하며 언어와 세상을 보는 새로운 지적 토대를 제시했습니다. 퍼스는 인간의 언어뿐 아니라 세상의 모든 것, 심지어 생각까지 기호로 바라보는 의미체계를 제안했습니다. 그레마스에게도 그만한 수준의 대담한 발상이 보입니다. 의미를 다루는 학문은 단지 언어나 기호 차원만 다루는 것이 아닙니다. 인간의 삶을 둘러싼 모든 의미가 서사로 구조화되니까요.

표층의 의미구조가 서사로 구현된다는 논리라면 서사를 특정한 언어학적 장르로 제한시킬 수 없습니다. 이제 인류가 사용하는 모든 의미구조에 서사가 관여한다는 범서사적 세계관이 드러납니다. 그레마스는 전통적으로 의미론이 다루는 영역을 넘어섭니다. 한편으로는 기호사각형과 행위소와 같은 의미구조로 인간을 둘러싼 세상을 동질적이면서도 이질적인 영역으로 구분합니다. 그런 구조는 의미를 서사로 구성하게 하는 기능을 가지고 있고 구체적인 텍스트를 드러내는 담화 층위와도 연결됩니다.

그레마스의 논점을 차용해서 영어영문학과 교육과정에 관해 한 가지 비평을 해볼게요. 아마도 전국의 모든 영어영문학과에서는 여기서 다룬 의미작용에 관한 리터러시를 제대로 가르치지 않을 것입니다. 문학작품에 관해 가르치지만 서사학이나 다양한 유형의 스토리텔링 콘텐츠를 다루지 않는 편입니다. 영어영문학 안에 들어온 문학, 영어학, 영어교육이나 응용언어학, 기타 응용 학문은 좀처럼 서로 연결되지 못합니다. 영어영문학과라는 커다란 교육과정 안에서 분리된 개별 분야가 교차점을 찾지 못하는데 내부적으로는 학문 정체성을 두고 충분히 고민하지도 못합니다.

영어영문학이 기호, 서사, 다양한 문화구성물의 탐구로 확장된다면, 언어와 문학, 미시와 거시, 이론과 응용, 삶과 앎이 얼마든지 새롭게 결합될 수 있습니다. 문학은 문헌일 수 있고, 언어학적 단위로 치부되는 담화는 문화연구, 사회학, 미디어학, 정치학 등에서 다루는 담론일 수 있어요. 언어를 기호적 속성으로도 바라보고, 기호도 언어규칙으로 탐구될 수 있죠. 서사학은 문학 작품뿐 아니라 기타 문화구성물 분석에도 적용될 수 있습니다. 그레마스 모형의 적절성을 두고 논란의 여지가 있긴 하지만 그것이 세상의 언어, 문학, 문화, 사회, 내면을 탐구할 수 있는 지적 플랫폼으로 활용되면 좋겠어요. 미래의 어문학 교육과정이 그레마스식 지적 탐구에 관심을 가지면 좋겠죠. 의미, 기호작용, 담화, 서사성의 구조로 결합된 세상에서 우리가 살아가고 있으니까요. 이 정도만 얘기하고 이제 우리에게 보다 친밀한 예시로 그레마스 모형을 조금만 더 쉽게 이야기하겠습니다.

기호사각형과 행위소 모형으로
세상을 다시 보기

기호사각형과 행위소 모형은 복잡하게만 보이는 세상의 의미덩어리를 층위로 구분하고 의미작용의 구조를 쉽게 이해하도록 돕습니다. 이제 몇 가지 예시를 통해 기호사각형과 행위소 모형으로 어떻게 우리 주변의 기호경관을 새롭게 이해할 수 있는지 살펴보겠습니다.

초등교재로 영어 배우기: 기호사각형의 심층구조

초등영어 공교육이 1997년에 시작되었고 2001년부터 2013년까지 이어진 7차 및 개정 교육과정에 따라 초등학교 3-4학년 영어교과서에 외계인 캐릭터 지토가 등장합니다. 여기서는 지토를 주목하면서 해당 교과서의 심층적 의미구조만이라도 간략하게 살펴보겠습니다.

[그림 6-5] 지토가 등장하는 초등영어 교과서 표지(천재교육)

교과서에 등장하는 지토가 지구에 온 이유는 분명하지 않습니다. 다소 뜬금없이 지구에 와서 놀다가 돌아가죠. 외계인이 영어를 왜 그리고 어떻게 사용할 수 있는지에 대한 설명도 없습니다. 4학년 교과서 5장에서 지구 친구들과 마지막 인사를 하고 우주선을 타고 고향 별로 돌아간 후에는 더 이상 나오지도 않습니다.

표지만으로 의미구조를 심층 단계에서 추론하면 익숙한 /우리/(즉, 평범한 인간 생물체, 지구인)와 낯선 /그들/(특별한 비인간 생물체, 외계인)이 대립적으로 구분됩니다. 지구 '바깥에 있는' 지토는 지구 '안에 있는' 우리와 살지 않는 신비로운 존재입니다. 위쪽 하늘에 있으면서 혼자 있기 때문에 특별하기도 하고, 아래에 집단으로 있는 인간보다 우월해 보이기도 합니다. 영어를 사용하는 지토와 영어를 처음 배우는 우리는 해당 교과서가 구성한 심층의 대립항입니다.

해당 교과서로 영어를 배우고 가르치는 서사는 /우리/가 /그들/과 대립관계가 전제되고, /우리/는 '우리가 아닌' 누군가의 모순적 정체성으로 이동하면서 결국 /그들/과 만납니다. /우리/는 /우리가 아님/이란 의소로 미끄러지면서 여러 종류의 /우리가 아님/ 중에서 /그들/이란 대립적 속성을 내포하게 됩니다. 그림으로 재현된 것도 아이들이 자동차에 타고서 비행선을 타고 있는 외계인에게, 혹은 우주 행성으로 이동합니다. 영어를 공부한다는 것은 학생들이 낯선 곳을 향하고 낯선 누군가를 만나는 행위로 의미화됩니다.

기호사각형만으로도 영어를 공부한다는 의미의 존재 양상과 의미작용의 지향점을 유추할 수 있다는 것이 재밌죠? 우리와 그들, 평범함과 특별함의 이항대립을 선명하게 보여준 20여 년 전의 영어교과서 기호는 시간이 흘러가면서 사라졌어요. [그림 6-6]은 2020년 초등학교 영어교과서 표지입니다. 이전 표지와 비교하면서 한번 보세요.

[그림 6-6] 2020년 초등영어 교과서 표지(와이비엠, 천재교육)

교수 예진, 옛날 초등영어 교과서에 나온 '일반-특수', '우리-그들' 같은 이항대립이 보이나요?

예진 그런 건 이제 안 보이는데요.

교수 의미가 없는 건 없어요. 이 표지도 어떤 의미가 분명 있을 겁니다. 어떤 대립항이 보이나요?

예진 글쎄요. 왼쪽 책의 표지에는 놀이를 하려는 아이들과 여기저기 흩어진 알파벳 언어가 나름의 대립항으로 보이는데요.

예진이 표지의 의미덩어리를 잘 분해하고 있어요. 머리 색은 다르지만, 원어민-비원어민, 내국인-외국인의 대립항은 잘 보이지 않습니다. 분명 예전 표지와 달라졌어요. 여기서는 영어 알파벳은 영어공부를 함축하는 것 같죠? 그것을 찾으면서 놀이를 하려는 아이들은 교과서로 공부하는 학습자로 재현된 듯합니다. 오른쪽 표지에서는 인간은 사라지고 코끼리처럼 생긴 캐릭터가 등장하고 역시 알파벳이 주위에 배치되어 있습니다. 이항대립항을 찾는다면 아마도 (영어를 공부하는) 인간과 (영어)글자가 아닐까요? 의도적으로 원어민-비원어민과 같은 분리와 차별의 함축의미를 제거하고 자유로운 놀이, 친밀한 재미를 드러내기 위한 시각기호의 배치로 봐도 좋습니다.

오디션 방송의 서사: 행위소 모형의 표층구조

서바이벌 오디션 방송은 지금까지 래퍼, 트로트 가수, 댄서, 요리사, 모델, 아나운서, 밴드 등의 대결을 보여주었습니다. 통합체적 서사구조는 모두 비슷합니다. 참여자들이 경쟁을 하며 분투하고 심사자, 동료, 멘토의 도움을 받으며 성장하고 갈등하고 문제를 해결하면서 결국 누군가가 최종 승자로 뽑힙니다. 처음-중간-끝, 혹은 사건의 발단-전개-갈등-결말의 통합체적 선형구조를 선명하게 따르고 있고 계열체적 선택도 중요한 요소로 드러납니다. 유사한 통합체의 서사이지만 〈쇼미더머니)는 래퍼들이, 〈슈퍼밴드〉는 밴드들이 선택됩니다. 〈내일은 미스트롯〉은 여성 트로트 가수들이 등장하지만 〈보이스트롯〉이나 〈트롯 전국 체전〉에서는 여성뿐 아니라 다른 부류의 트로트 가수들이 경연합니다.

오디션 방송의 서사는 기호사각형으로 추론될 수 있습니다. /선발/과 /탈락/ 혹은 /성공/과 /실패/가 가장 돋보이는 의미 존재의 양상입니다. 모든 참여자가 지향하는 의미는 '선발'되고 '우승'하는 것이죠. 이전에 탈락했거나 실패했던 참여자는 다시 경연에 참가하면서 '탈락되지 않고' '실패하지 않는' 정체성을 가지려고 합니다. 종국에는 '선발되고' '성공하는' 대상을 욕망합니다. 이와 같은 기호사각형의 관계성은 표층의 의미구조에서 부여될 수 있습니다.

오디션 방송은 전형적인 영웅 서사입니다. 〈쇼미더머니〉 방송을 보면 참가자들은 1차 예선에 통과하면 유명한 래퍼나 프로듀서인 심사위원에게 금색으로 빛나는 합격 목걸이를 받습니다. 이것은 하나의 관문을 통과했다는 의미입니다. 그러나 심사자들이 모두 둘러보는 2차 예선을 통과하지 못하면 'FAIL'의 기호와 함께 참가자는 불구덩이 아래로 내려가야 합니다.

불합격한 참가자들은 패자부활전을 통해 다시 경연에 참여하기도 하고 상대편으로 나서서 '디스전'을 하며 누군가를 탈락시키기도 합니다. 질투와 비난을 감당하고, 갈등과 고통을 이겨내고, 최종 라운드에서 우승자가 드디어 선정됩니다. 기호사각형에서 언급된 것처럼 합격과 불합격, 선발과 탈락의 이항대립인 /승/과 /패/는 최종 라운드까지 서사구조를 이끕니다. 승자는 웃음, 요란한 배경음, 트로피, 클로즈업, 스포트라이트가 동반되고 이와 대비되는 패자는 아쉬운 표정, 어두운 배경이나 우울한 음악과 연결됩니다.

합격과 불합격, 승자와 패자를 지시하는 기표는 조금씩 다르지만 해당 방송의 표층 구조는 행위소 모형으로 요약될 수 있습니다. 우선 ①주체는 서바이벌 오디션 방송의 참여자가 됩니다. ②조력자는 같은 조에 속한 동료이거나 심사위원, 프로듀서, 멘토 등입니다. ③적대자는 경쟁하거나 시기하는 참여자 집단입니다. ④(주체가 욕망하는) 대상은 합격, 선발, 우승이겠죠. ⑤대상의 발신자는 경연을 제공하는 방송국이나 참가자를 돕거나 응원하는 팬이나 시청자입니다. ⑥대상의 수신자는 역시 경연의 참가자가 될 것입니다. 어떤 오디션 방송을 봐도 비슷한 표층 구조를 가지고 있습니다.

영상으로 전달되는 방송이 아니더라도 간단한 지면 광고의 의미 작용 역시 그레마스의 모형이 활용될 수 있습니다. 학원 강사에 관한 지면 광고물로 설명해보겠습니다. 미국에 가겠다고 영어공부를 열심히 하고 있는 원영에게 한번 물어볼게요.

교수 인강도 자주 들을 텐데 주로 광고를 보면서 어디서 공부할지 결정하죠?

원영 예. 무작정 신청할 순 없으니까요.

교수 기준이 뭘까요? 광고에 주로 어떤 기호가 있나요?

원영 대개 "1위" 혹은 "Best"와 같은 텍스트? 아니면 그런 걸 함축하는 시각기호? 예를 들면 손가락으로 '1'을 표시하는 모습이 많습니다.

교수 지면 광고 수준이긴 한데 그런 광고의 의미덩어리를 기호사각형이나 행위소 모형으로 분해할 수 있을까요?

원영 겨우 지면으로 나온 광고 하나만 보고요?

이렇게 한번 정리해보겠습니다. 그런 학원의 지면 광고는 대개 강사 상반신과 이름을 맨 앞에 혹은 맨 위에 핵심 정보로 전경화하고 "1위",

"Best"와 같은 기호를 후경화합니다. 그런 시각기호의 배치로 해당 강사의 이력을 자연스럽게 결속시키죠. 보이진 않지만 "1위", "Best"와 대립되는 항은 뭘까요? 아마도 "꼴찌" 혹은 "Worst"로 상정될 수 있겠죠. 그와 같은 대립으로부터 /1등/이란 의소는 보다 긍정적으로 위치됩니다. 해당 서사를 심층의 의미구조로 추론하면 /1등/과 /꼴찌/ 또는 /Best/와 /Worst/를 /S1/, /S2/ 항목에 둘 수 있어요. 광고를 보고 해당 강사와 공부하는 /꼴찌/ 학습자는 모순관계로 이동하면서 /꼴찌가 아닌/ 의미를 획득하며 대립된 의미인 /1등/ 학습상태로 이동할 수 있다고 전제됩니다.

행위소 모형으로 보면, 주체는 해당 광고의 소비자인 학습자가 될 것이고, 흥미롭게도 지면을 가득 채운 강사는 조력자 역할을 자처합니다. 적대자는 지면 광고 수준에서 선명하게 드러나진 않지만 영상 광고라면 공부를 방해하는 학습환경이 나올 것입니다. 학습자 주체가 욕망하는 대상은 '1등'이며 대상의 발신자는 해당 광고의 강사나 학원이 됩니다. 대상의 수신자 역시 학습자 주체입니다.

간단한 지면 광고라도 그런 장면들이 반복되는 것은 학원 안팎에서 오랫동안 축적된 사회적 가치나 신념 때문에 가능한 것입니다. 다음 장에서 더 다루겠지만 반복적으로 배치되는 학원 강사에 관한 기표는 신화적 의미구조를 만드는 기호표현으로 기능합니다. "1등"의 의미구조는 사교육 강사에 관한 신화로 우리 사회에서 지배적으로 유통되고 있습니다. 신화가 된 의미구조는 좀처럼 사라지지 않습니다.

7장
신화 훔치기, 신화로 살아간다는 것 ★

이제 프랑스의 기호학자, 문학이론가, 문화비평가로 활동한 롤랑 바르트가 의미와 기호를 구조주의 시각에서 어떻게 보았는지 설명하겠습니다. 그를 구조주의자만으로 볼 순 없습니다. 《현대의 신화》에서 부르주아적인 이데올로기를 비판한 그는 다분히 마르크스주의자, 구조주의자로 보였지만, 《텍스트의 즐거움》에서 텍스트 읽기와 쓰기를 의미 해석의 재창조로 보았고 《저자의 죽음》에서는 저자의 권위를 해체해야 한다고도 주장했습니다. 여기서는 바르트가 구조주의 기호학을 문화구성물 분석에 적용한 방법론에 관해서만 다루겠습니다.

그는 의미작용의 기호학을 통해 당시 프랑스의 자본주의에 통용되는 신화적 규칙체계를 탐구했는데 그런 작업이 내가 연구하는 지금 시대의 응용언어학 연구에도 적용될 수 있었습니다. 응용언어학은 언어(들)를 사용하면서 우리의 삶에서 발생하는 문제를 다루는 학문인데 문제적 삶과 앎은 언어/기호 기반의 신화적 의미구조로 재현되고 구성되어 있기 때문입니다.

바르트, 기호학, 구조주의

문화연구와 현대 문학이론의 새로운 흐름을 주도한 바르트는 현실적이면서도 매력적인 학제적 연구자였습니다. 언어, 인간, 사회를 학제적으로 탐구하던 나는 바르트의 기호학과 (후기)구조주의 문헌에서 통찰력을 얻곤 했습니다. 그는 특정한 이론이나 관점에 오랫동안 경도되지 않았으며, 동시대의 푸코가 그러했듯이, 이데올로기를 비평할 수 있는 구조주의 연구자로 출발했지만, 추후에 그것에서 벗어난 후기구조주의 논점도 발표합니다.

바르트의 연구활동

소쉬르와 퍼스는 현대 기호학이란 학문 분야의 공동 창시자인 셈인데 앞서 소개한 것처럼 소쉬르의 지식전통은 옐름슬레우, 그레마스 등에 의해 유럽의 구조주의 기호학으로 연결되었고, 퍼스식 지식전통은 북미 대륙에서 역동적 기호학이 되었습니다. 그러나 바르트, 푸코, 데리다 등의 등장으로 기호학의 지식전통은 이질적으로 분화되었고, 후기구조주의 사유로 개척되기도 하고 에코의 기호학처럼 양쪽의 지식전통이 접목되기도 했습니다.

그런 중에 바르트는 소쉬르의 구조주의를 계승하면서 옐름슬레우의 공시적이면서 위계적인 의미작용 모형을 참고하면서 다양한 문화 구성물의 함축의미를 분석할 수 있는 방법론을 개척했습니다. 자신의 기호학은 소쉬르식 지식전통에서 온 것이지만 그는 "소쉬르의 기호는 단어 그 자체"일 뿐이라고 비판했습니다. 소쉬르식 접근으로는 사회적으로 통용되는 의미구조를 분석할 수 없다고 본 것이죠.

기표로 기의를 표시하고 둘의 결합으로 기호가 생성된 것으로 본다면, 기호는 역사문화적인 맥락에 따라 부여받은 의미작용을 설명할 수 없었습니다. 그런 이유 때문에 바르트는 옐름슬레우가 제시한 공시적 의미작용 모형을 차용한 것이고 그런 방법론은 60여 년이 지난 지금도 빈번하게 마케팅, 시각디자인, 광고홍보, 문학비평 등을 포함한 여러 분야의 연구자들에 의해 인용됩니다.

기호학은 기의를 주목하는 학문이었습니다. 그렇지만 바르트는 기표 분석에 치중했습니다. 선택되고 배치되는 기표들이 의미작용에서 중요한 역할을 맡고 있다고 보았습니다. 기표와 기의라는 소쉬르식 명칭을 그대로 유지하지만 바르트는 기표로부터 시작되는 의미 생성과 의미작용의 역동성을 주목했습니다. '텅 빈 기표'라고도 불리는 기표의 속성에 관해 곧 자세하게 설명하겠습니다.

바르트는 문학적인 것부터 비문학적이고 비언어적인 것까지 모두 의미를 내포하고 있다고 보면서 무엇이든 기호적 의미구조로 분석하고자 시도했습니다. 바르트는 소쉬르와 달리 언어가 기호학의 특정 분야가 아니라, 기호학이야말로 언어학이 확장된 분야로 보았고, 누구보다도 언어학의 가치를 높게 평가했습니다. 언어학이 문학마저 주도한다고 보았죠. 언어학의 규칙으로 다양한 유형의 기호구성물을 분석하려고 했습니다.

바르트가 보기에 종전의 기호학은 무심하고 유약했어요. 세상의 기호체계에 어떤 이데올로기도 개입되지 않는 것처럼 다뤄지는 관행이 못마땅했습니다. 그런 관점으로는 자본주의 사회에서 생성되고 소비되는 신화화된 의미덩어리를 분석하고 비평할 수 없다고 보았습니다. 그는 《현대의 신화》에서 그런 점을 염두에 두고 다양한 기호적 현상을 이데올로기를 투입시켜 논평했습니다.

바르트의 연구활동은 흔히 시기적으로 셋으로 구분됩니다. 초기는《글쓰기의 영도》등을 집필한 1950년대입니다. 그는 마르크스와 사르트르의 영향을 받고 문학의 역사성과 사회성에 주목하면서 연구문헌을 발표합니다. 중기인 1960년대에 접어들면서 바르트는 이 장에서 내가 설명하고 있는 기호학적 방법론에도 집중합니다. 1940년대 후반에 그레마스와의 인연으로 구조주의를 학습하게 된 그는 1960년대에 본격적으로 소쉬르의 일반언어학과 옐름슬레우의 공시적 의미구조를 섞어서 자신만의 문화비평론을 제시합니다. 건축, 미술, 사진, 광고, 음악, 수사학 등 현대 대중문화와 소비사회의 다양한 단면을 분석하는 데 유용한 도구로 지금까지도 후속 연구자들로부터 참조됩니다. 마지막으로 후기인 1970년대에 와서 바르트는 푸코, 데리다, 라캉, 줄리아 크리스테바Julia Kristeva 등의 후기구조주의자들과 영향을 주고받으며 현대사회를 탐구할 수 있는 새로운 사유방식을 찾습니다.

바르트의 기호학

바르트는 콜레주 드 프랑스Collège de France 고등연구교육기관의 교수로 취임하면서 기호학을 자신의 연구 분야로 지목했습니다. 세상에서 통용되는 익숙한 상식을 기호학의 관점으로 문제화할 때 인간의 행동이나 내면, 혹은 문화양식의 이데올로기적 속성을 제대로 탐구할 수 있다는 기대 때문에 바르트는 기호학 기반의 문화비평에 매료되었습니다. 언어학 개념들을 문화현상의 해석에 적용하면서 새롭고도 대중 친화적인 비평을 발표했습니다.

바르트는 변별적 자질이 내재되어 있고, 일관된 규칙체계가 있으며, 의미작용을 만드는 문화현상을 주목했습니다. 변별적 자질, 규칙체계, 의미작용은 언어학에서 가져온 원리였습니다. 달리 말하면, 바르트의 기호학은 언어학의 원리로 우리를 둘러싼 기호경관을 어떻게 분석할 수 있는지 탐구한 것입니다. 명시적으로 드러나 있지 않지만 다양한 문화현상을 일종의 의미구조로 분석하고자 시도한 것이 바르트의 기호학적 학술활동입니다. 바르트는 언어학이 기호학의 일부일 수 있다고 말한 소쉬르의 논리는 잘못된 것이라고 주장합니다. 오히려 언어학의 원리로 기호의 체계성을 분석할 수밖에 없으니 기호학은 언어학의 일부분으로 봐야 한다고 반박합니다.

바르트는 이처럼 연구자로 활동하던 경력의 전반부에 기호학에 특별한 애정을 가졌지만 후반부로 갈수록 기호구조에 관한 '과학적 탐구'에 회의적인 태도를 갖습니다. 자신의 연구활동을 성찰하면서 '과학성이라는 황홀한 꿈'을 통과했다고도 말했습니다. 의미와 기호를 분석하는 체계적인 혹은 과학적인 접근방식을 냉소적으로 비판한 것입니다. 내가 바르트란 학자를 좋아하다 보니까 배경 설명을 길게 했습니다. 이제 신화에 관한 의미작용에 대해 살펴보면서 우리 주변에서 예시를 찾아봅시다.

신화론

보통 신화라고 하면 먼 과거부터 지금까지 전승되었지만 우리 삶에 더 이상 아무런 영향을 끼치지 않는 서사를 지시합니다. 대개 비현실적이며 삶에 적용하기 힘든 사회적 가치를 함축하고 있습니다. 바르트의 '신화'는 이런 상식과는 다릅니다. 그에게 '신화'는 다수 사회구성원이 일상에서 늘 붙들고 살아가는 의미구조입니다. 우리의 행동양식에 분명한 영향을 끼치는 신념체계입니다.

신화와 함축적 의미

고대든 현대든 신화는 막연하게나마 사회질서를 관례대로 유지하도록 도왔습니다. 해와 달을 보며 주술을 외치던 원시 사회의 조악한 신화 체계가 우스꽝스럽게 보일 수도 있지만 당시만 해도 그건 원시인의 삶과 사회구조를 통치하는 원리였을 것입니다. 현대 사회의 구성원은 원시인의 주술을 버렸을까요? 아닙니다. 여전히 생명과 죽음, 부와 권력, 성공과 실패, 남성성과 여성성, 사랑과 행복, 국가와 개인 등에 관한 신화 수준의 믿음체계를 가지고 있습니다.

예를 들면, 남성성과 여성성에 대한 다음과 같은 신화가 우리 사회에서 여전히 유통되고 있습니다. '남성은 적극적이고 이성적이고 논리적이며, 여성은 소극적이고 감정적이고 즉흥적이다.' 아닌가요? TV 드라마나 예능 방송을 보세요. 위기 상황에서 남성은 여성을 구출하고 보호하는 주인공으로 나옵니다. 갈등하는 상황에서 여성은 눈물을 흘리며 감정에 호소합니다. 신화는 이와 같은 장면에서 함축의미로 만들어진 것입니다.

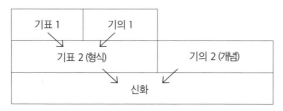

[그림 7-1] 신화가 생성되는 의미작용

함축된 의미가 추론되는 장면은 해당 사회에서 오랫동안 축적된 신념이나 가치로 구성된 것이며, 해당 신화를 만들고 유지하는 재료(기호표현)가 됩니다. [그림 7-1]은 바르트가 제시한 것이며 신화가 생성되는 의미작용-signification 모형으로 보면 됩니다. 1단계 '기표'와 '기의'는 신화가 생성되는 기본적인 형식으로 기능합니다. 바르트는 소쉬르식 용어를 그대로 사용했습니다. 1단계의 '기표', '기의'와 구분되면서 2단계 의미작용에서는 기호표현을 '형식', 기호내용을 '개념'으로 부르기도 합니다. 1단계 '기표'와 '기의'는 2단계에서 하나의 기호로서 '형식'의 기능을 감당하며 함축된 '개념'을 떠올리게 합니다. 이건 옐름슬레우의 내포적 의미체계에서 가져온 것입니다. 신화적 의미는 외연적으로 배치된 1단계의 기호로부터 2단계의 의미작용이 발생한 것으로 보면 됩니다. 2단계 개념이 반복적으로 사회에서 유통되면서 '신화' 수준의 의미작용이 만들어집니다.

다시 정리하면, 1단계의 기표-기의 결합은 하나의 독립적인 기호를 지시하지만 2단계에서 '형식'의 기능을 하는 기표가 됩니다. 2단계의 기표('형식')는 그것과 반드시 연결될 필요가 없는 기의('개념')와 연결되면서 2단계의 의미작용이 발생합니다. 1단계의 지시적 기표와 달리 2단계의 기표('형식')는 새롭고도 함축적인 기의('개념')를 호출합니다. 이는 다수 사회구성원의 기억자원에 의해 이전부터 빈번하게 호출된 함축의미입니다. 2단계의 기의는 본질과 상관없습니다. 가끔 사회정치적인 필요로 해당 의미는 의도적으로 과장되거나 왜곡됩니다. 2단계의 기표가 배치되는 자리는 (미디어가 제공하는, 혹은 정치적으로 의도되는) 신화가 만들어지는 전략적 처소가 될 수 있어서 바르트는 그걸 '텅 빈 기표'라고 불렀습니다.

예시를 하나 들죠. 광고에 '코카콜라'라는 문자가 적힌 캔(1단계 기표)은 우리가 아는 음료(1단계 기의)라는 개념과 연결되죠. 그러나 그렇게 콜라를 지시하는 기호는 2단계 의미작용에서 하나의 형식으로 기능하고 '청년들이 새로운 일에 도전할 때 마시는 시원한 음료'라는 새롭고도 함축적인 개념과 연결됩니다. 콜라가 그렇게 시원하지도 않을 수 있고, 새로운 일에 도전할 때 마실 필요도 없겠지만 광고에서는 마치 신화처럼 그런 함축의미를 작정하고 만듭니다.

이때 시청자나 소비자는 2단계의 텅 빈 기표 뒤에 광고 제작자가 기획한 기의, 혹은 숨겨진 의미작용을 비판적으로 바라보긴 어렵습니다. 오히려 '갈증이 날 때, 또는 새로운 도전을 시작할 때 마시는 콜라한잔'의 신화를 적극적으로 소비하곤 하죠. 2단계 기의가 갖는 임의성, 혹은 누군가 작정하고 만든 의도성이 파악될 수 있다면 세상에서 소비되는 콜라의 신화적 의미는 비판적으로 경계될 수 있습니다.

[그림 7-2] '처음처럼' 광고에서 생성되는 의미작용(롯데)

[그림 7-2]의 '처음처럼' 광고도 소주라는 1단계 기표로 시작해서 2단계 의미작용으로 연결됩니다. 블랙핑크의 멤버 제니는 광고 장면에서 몽환적인 느낌이 드는 배경을 뒤로 하고 그네를 타면서 등장합니다. 코카콜라가 '도전할 때 마시는 청춘의 음료'라는 신화를 형성하듯이 '처음처럼' 광고는 소주를 함께 마시고 권하는 여성미의 2단계 의미

작용을 제니로부터 기획합니다. 소주 광고에 나타난 그만한 여성성을 술을 마시는 남성 집단이 쉽게 탈신화하지 않는다면 소주 광고에 나오는 여성의 기호적 의미작용은 앞으로도 크게 다를 바 없을 것입니다.

신화적 의미구조를 비판적으로 분석하려면 2단계 의미작용에서 기표로 자연스럽게 떠올리는 기의에 주목해야 합니다. 2단계의 기표-기의가 현실을 왜곡하거나 감출 수 있다고 경계해야 합니다. 분석뿐 아니라 미디어 콘텐츠를 만들고, 특정 진영을 지지하는 정치 논리를 기획하고, 상품이나 서비스를 홍보할 때도 2단계의 텅 빈 기표는 새로운 신화 제작에 중요한 처소로 기능합니다. 예능 방송에서 여러 장면을 편집하며 신화적 재미를 만드는 PD가 하는 일이기도 합니다. 예능 방송의 MC가 출연자들의 캐릭터를 재미있게 생성하는 작업도 텅 빈 기표를 채우는 의미화 작업으로 볼 수 있어요.

달리 말하면 의미덩어리를 바르트식 의미구조로 분석하려면, 2단계에서 부각되는 개념이 어떤 기표와 연결되는지 주목해야 합니다. 예를 들면, 요즘 해외여행 콘텐츠로 제작한 예능 방송이 많은데, 외국 음식과 대비적으로 배치된 '얼큰한 라면과 김치'가 자주 등장합니다. "한국 사람은 역시 라면하고 김치야"라며 야식으로 라면을 끓여 먹는 장면이 나오지만 사실 라면과 김치는 그저 라면과 김치일 뿐이죠. 그러나 2단계 의미작용에서 라면과 김치는 텅 빈 기표로 기능하고 '애국심'이란 개념과 연결됩니다.

교수 예시를 하나 더 이야기해볼게요. 윤희, '면치기'가 뭔지 아세요?

윤희 라면이나 국수 같은 면 음식을 먹을 때 '후루룩' 소리를 크게 내면서 통째로 흡입하면서 먹는….

교수 '효과적인 기표'죠? 기표로 기능하면서 2단계 의미작용에서 '맛난 음식' 혹은 '즐거운 식사'의 개념과 연결되는 좋은 예시죠?

윤희 별것 아닌 기표인데 그게 면류 음식을 먹는 행위에 새로운 의미를 만드네요.

교수 그렇습니다. 그런데 윤희, 정말 '면치기'로 먹으면 맛있나요?

윤희 저는 그냥 면을 입에 조금씩 넣고 오물오물 씹습니다.

그렇습니다. 나도 면을 윤희처럼 먹습니다. '면치기'란 기표는 아마 광고나 예능 방송에서 시작된 것 같아요. 축구선수 박지성이 등장한 2009년 농심 신라면 광고에서도 '후루룩' 소리가 있어요. 그러니까 그때도 면치기 기표가 작정하고 드러납니다. '면치기'라는 말이 그때는 없었던 것 같은데 지금은 대중적으로 꽤 알려진 어휘가 되었습니다.

나는 〈전지적 참견시점〉이라는 예능 방송에서 '면치기'를 처음 들었습니다. 방송인 이영자가 조용히 면을 먹던 배우 이정재를 보고 면치기가 없다며 나무라더군요. 그걸 본 많은 네티즌들이 '음식을 소리 내며 먹지 않는 것이 오히려 한국식 식사예절'이라고 반박하기도 했습니다. 그걸 보면 '면치기' 기표는 예능 방송에서 텅 빈 기표의 자리를 성공적으로 훔쳤지만 언제든지 반박되거나 소멸될 수 있는 신화적 의미일 뿐입니다. 맛있는 면 음식과 면치기는 사실 아무 상관도 없어요.

우리가 대중 미디어에서 소비하는 기호는 신화적 의미와 연결됩니다. 그림, 사진, 영상은 신화를 만드는 파롤의 강력한 매개로 기능합니다. 신화는 라면과 김치 같은 기표로 애국심이란 함축의미를 자연스럽고 당연하게 연결시킵니다. 그렇게 보면 신화는 기호의 역사성을 가리면서 정치적 효과를 만들고 있습니다. 바르트가 말한 신화의 기능은 그런 것입니다. 보이지 않는 현실을 마치 잘 보이는 것처럼 유도합니다.

신화론: 바르트의 문헌으로부터

바르트의 신화론은 아직도 여러 분야에서 빈번하게 언급되고 있습니다. 여기서는 바르트가 저술한 《현대의 신화》에 나온 논점 일부를 직접 인용하고자 합니다. 워낙 유명한 예시와 논술이라 몇 가지라도 꼭 언급하고 싶습니다.

바르트는 신화의 기표가 이중적으로 기능한다고 다음과 같이 논술했습니다. "의미인 동시에 형식이고 한편으로는 가득 차 있고 다른 한편으로는 비어 있다."[1] 기호는 그럴 듯한 완전체로 보이면서 무언가를 지시하지만 그것이 느슨한 형식으로 전환될 때 그에 준하는 의미는 늘 빈약해지거나 애매하게 됩니다. 즉, 1단계의 기호가 2단계에서 형식으로서의 기표로 전환되면서 여러가지 잠재적 의미들 중에서 신화적 의미구조에서 필요한 개념으로만 연결되고 나머지 의미는 축소되거나 사라지게 된다는 것이죠.

앞서 내가 예시로 들었던 '코카콜라' 광고의 의미작용도 그렇습니다. '콜라'라는 기호가 갖는 의미는 풍부하고 다양합니다. 그러나 광고에서 '새로운 도전을 시작할 때 마시는 시원한 음료'의 함축의미만 강조되면 콜라에 관한 다양하고도 잠재적인 의미는 모두 빈곤해지고 사라지는 것이죠.

"형식은 의미를 제거하지 않는다. … 형식은 다만 의미를 빈약하게 하고 멀리 떨어뜨려 놓을 뿐이고, 형식은 의미를 마음대로 사용할 수 있도록 만든다. … 신화의 형식이 그 의미를 양분 삼아 살아가[면서]"(277쪽) 본래의 목적인 의미작용을 추구한다고 바르트는 봅니다. 그러한 목적을 수행하면서 형식은 의미 속에 숨을 수 있어야 한다고 바르트는 다음과 같이 주장합니다. "신화를 규정하는 것은 바로 의미와 형식 사이의 숨바꼭질이라는 이 흥미진진한 게임이다."(277쪽)

형식과 달리 "개념은 신화를 말하게 하는 [의도적이고 역사적인] 동기"(278쪽)입니다. 바르트식 탐구는 2단계의 개념 뒤에 숨어 있는 이데올로기적 동기를 찾는 것이죠. 그런 동기는 다분히 기득권력의 정치적 입장이 반영된 것입니다. 개념은 온전한 현실이 될 수 없으며 현실에 관한 누군가의 인식일 뿐이죠. 신화의 개념은 객관적 실재에 기반을 두고 있지 않으며 느슨한 의미작용으로 형성된 막연한 믿음과 신념으로 봐야 합니다. 개념은 보편적인 본질과 거리가 멀고 가변적으로 다시 구성될 수 있는 여지가 있습니다. 에펠탑이란 기호로 파리라는 도시를 쉽게 떠올린다면 에펠탑은 2단계의 의미작용에서 형식으로 제대로 기능한 것입니다. 그리고 파리라는 도시에 관한 다양하고 잠재적인 개념은 모두 제거된 것입니다. 파리는 그렇게 '에펠탑의 파리'라는 신화적 의미로만 남습니다.

바르트는 형식과 개념이 결합되는 의미작용을 마치 '회전문'의 기능처럼 무언가를 계속 변형시키는 신화 그 자체라고 설명했습니다. '회전문'이란 은유는 기표가 기의가 되고, 기의가 기표의 역할로 옮겨지는 과정에서 나온 듯합니다. 신화의 의미작용은 사회적으로 의도된 동기가 반복적으로 부여된 것으로 봐야 합니다.

바르트의 문헌에서 가장 잘 알려진 '신화'의 예시는 [그림 7-3]에 있는 거수경례하는 흑인 병사의 모습입니다. 프랑스인은 프랑크족이고 순수 백인으로 구성된 국가였지만 제국주의 국가정책을 펼치면서 세계 여러 곳에 식민지를 소유했죠. 그리고 식민지에 사는 유색인종을 국내로 유입시킵니다. 아마도 식민지가 된 국가의 후손일 수 있는 그림 속 '흑인' 병사는 프랑스 군복을 입고 프랑스 국기에 경례를 하는 표지 모델로 등장합니다. 바르트는 그런 흑인 병사의 기표로 프랑스의 제국주의 신화구조가 드러나고 있다고 비평합니다.

[그림 7-3] 백인의 국가였던 프랑스의 군복을 입고 경례하는 흑인 병사(파리매치)

　흑인 병사의 표정은 엄숙합니다. 국가에 충성하는 병사의 자세, 국가를 향한 개인의 열의뿐 아니라 경례받아 마땅한 국가의 위치성, 군복무의 엄숙함에 관한 함축의미가 2단계의 의미작용에서 드러납니다. 오랜 세월 동안 다수의 사회구성원에 의해 그러한 함축의미가 공유되고 확장되었다면. 국가를 향한 병사나 개인의 자세, 제국주의로 구축된 국가성은 긍정적인 가치의 신화로 기능합니다.

　신화로 한번 작동하기 시작하면 텅 빈 기표로부터 구성된 의미작용은 좀처럼 제거되지 않습니다. 국가, 민족, 기술, 자본, 자연, 지역성, 인간성에 관한 신화적 믿음체계가 아무리 비상식적이고 심지어 야만적으로 비춰진다고 해도 신화이기에 신화의 기능을 계속 감당합니다. 예를 들면, 식용으로 개를 소비하는 것이 몸보신에 좋다는 신화가 만들어지면 그건 사회구성원의 의식에서 좀처럼 지워지지 않습니다. 바르트는 특히 현대 사회를 움직이는 신화의 생성을 자본주의의 허구적 질서로 보고 거칠게 비판했습니다.

　바르트의 문헌에 이런 말이 있습니다. "영원한 신화들은 없다. 왜냐하면 실제를 파롤의 상태로 이행하게 하는 것은 바로 인간의 역사이고, 신화적 언어의 생사를 결정하는 것도 인간의 역사, 오로지 인간의 역사일 뿐이기 때문이다. … 신화는 역사에 의해 선택된 파롤[이며] … 신화는 사물들의 본질에서 솟아나올 수는 없[다]."(265쪽) 정치도 역사도 그렇게 모두 신화적 효과로 왜곡되고 은폐될 수 있습니다. 그런 점에서 바르트가 제시한 신화적 의미구조는 형식과 의미작용에 관한 과학으로서의 기호학이기도 하겠지만, 동시에 역사적 과학이라고 할 수 있는 이데올로기의 탐구 작업이기도 합니다. 바르트에게 신화 연구는 '형식 안에 감춰진 이데올로기'의 확장성을 고발하는 것이었습니다.

신화의 의미작용

바르트의 모형은 옐름슬레우의 함축적 의미체계와 크게 다르지 않습니다. 그러나 바르트의 신화론은 함축적 의미구조에서 벗어나서 지배계급 혹은 다수 사회구성원에 의해 사회정치적으로 소비되고 있거나 자연화naturalization된 기호성에 주목했습니다. 달리 말하면 바르트의 신화론은 사회계급을 전제한 의미작용 모형인 셈입니다.

구조주의자는 의미 생성에 관한 언어/기호의 독립적인 체계성에 관심을 둡니다. 이데올로기는 구조의 원리로 설명될 수 없는 형이상학적 관념의 영역이었을 뿐이었습니다. 그러나 바르트식 사유로는 이데올로기 역시 언어/기호를 통해서 생성되고, 유포되고, 소비됩니다. 신화는 지배계급이 만든 구조적 산물입니다. 신화가 작동하는 동기는 다분히 정치적일 수밖에 없습니다. 지배집단은 의도적으로 신화를 세상에서 통용되는 의미구조로 자연화하고 사회정치적 효과를 기대합니다.

예를 들면, 남성성과 여성성에 관한 신화는 다음과 같이 동기화되었을 것입니다.[2] 원시 시대부터 현대 사회까지 남성은 '바깥 사람'으로 인식됩니다. 사냥을 해서 식량을 가져오든, 돈을 벌거나 권력을 차지하든, 집 바깥에서 일을 하는 인간유형입니다. 이에 반해 여성은 '집사람'이며 출산과 양육을 맡으며 가사노동을 담당하는 인간유형으로 인식됩니다. 이와 같은 성 역할은 마치 자연의 섭리처럼 구분되어 왔는데 데이트, 결혼, 경력 관리, 가정이나 기업의 운영 등에도 남성성-여성성의 신화는 늘 유사하게 등장합니다.

그러나 그와 같은 의미구조는 유럽에서 중세를 거쳐 강력한 국가와 민족성이 형성되고 도시화나 산업화가 새로운 사회질서로 고안될 때 등장한 것으로 짐작됩니다. 즉, 남성성과 여성성의 신화는 현대화된 자본주의 질서에 맞춰진 것입니다. 농촌에 살던 거주민이 도시로 이주합니다. 산업화된 도시의 주거 양식과 근무 형태는 남편이나 아빠가 밖에 나가서 일을 하게 하고 여성과 아이들은 집과 학교에 머물게 합니다. 미혼과 기혼, 남편과 아내, 아빠와 엄마, 가족과 자본의 가치가 지배계급이나 신흥권력의 이익에 따라 새롭게 생성되었습니다. '모성애', '배려심' 등은 여성성의 기호로, '능력', '성취욕' 등은 남성성의 기호로 구분되었습니다. 지배적 신화구조의 응집력 덕분에 집 바깥에서 능력을 발휘하며 성취하는 삶을 사는 남성성의 신화가 견고하게 유지됩니다.

그럼에도 불구하고 기득권력의 신화가 교체되거나 새로운 신화와 공존할 수 있을까요? 예, 물론입니다. 신화는 좀처럼 소멸되거나 교체되지 않지만 우리는 다양한 미디어와 넘치는 콘텐츠와 함께 살고 있습니다. 텅 빈 기표(형식)에 신화적 의미가 새롭게 생성되지 못할 이유는 없습니다. 예를 들어, 강원도에 많은 관광지가 있습니다. 그러나 누군가 잘 알려져 있지 않은 해변 마을을 '청년을 위한 힐링 공간'으로 새롭게 기획하려고 합니다. 그렇다면 먼저 '청년', '힐링' 등의 개념을 충족시킬 수 있는 몇 가지 텅 빈 기표를 찾아야 합니다. 싸고 맛있는 음식,

온라인 결제 시스템이 잘 갖춰진 카페, 예쁜 둘레길, 바다가 보이는 작은 성당 등이 기표로 선택될 수 있습니다. 해당 형식에서 '청년을 위한 힐링 공간'이라는 개념이 자연스럽고 당연한 관계로 연상되어야 합니다. 음식점, 둘레길, 성당의 사진만으로 청년들에게 쉼과 놀이가 된다는 의미작용이 생성되어야 합니다.

그곳에 신화화된 의미구조가 성공적으로 생성된다면 방문객들은 좀처럼 비판적 시선을 갖지 못합니다. 텅 빈 기표에 채워진 힐링에 관한 막연한 개념에 대해서 의문점을 갖지 못합니다. 해당 신화는 이미 다수에게 노출되고 소비되면서 긍정적인 가치로 자연화되었기 때문입니다. 방송이나 블로그를 통해 신화 수준의 '맛집'으로 소개된 식당을 일부러 찾은 적이 있나요? 거기서 우리는 어떤 맛을 경험하든 특별하거나 좋았다고만 평가합니다.

특정 시공간에서 특화된 관광 상품은 그렇게 새로운 신화로 생성될 수 있습니다. 그러나 다른 신화들과도 경쟁해야죠. 단일한 신화로만 살아야 한다면 거긴 불편하고도 위험한 곳입니다. 차이와 다양성의 삶을 함축하는 복수의 신화들이 공존하지 못한다면 우리의 내면과 사회질서는 획일적으로 구조화됩니다.

그래서 우리는 신화로 살아갈 수밖에 없지만, 신화는 신화일 뿐이라고 누군가는 계속 지적해야 합니다. 신화구조는 분해되고 분석될 수 있어야 합니다. 그걸 '탈신화화' 작업이라고 합니다. 엄밀히 말하면 탈신화화는 신화를 소멸시키는 것이 아닙니다. 모든 신화를 소멸시킨 우리의 삶은 불가능합니다. 탈신화화 작업으로 신화가 지배하는 삶의 양식에 비판적 감수성을 갖는 것이 더 중요합니다.

지배적 권력에 대항적이고 대안적인 신화적 의미구조를 기획한다면 당연하게 선택되고 배치되는 기호부터 경계해야 합니다. 이 논점에 관한 바르트의 주장을 직접 인용하면 다음과 같습니다. "신화에 반대하는 가장 좋은 무기는 아마도 신화를 신화화하는 것으로 곧 인위적인 신화를 만드는 것이다. … 신화가 언어활동을 훔치는데 왜 신화를 훔치지 못하겠는가? 이를 위해서는 신화 자체를 세 번째 기호학적 연쇄의 출발점으로 만들고, 그 의미작용을 두 번째 신화의 제1항으로 제기하는 것으로 충분할 것이다. … 그것은 실험적인 신화, 제2차원의 신화라고 부를 수 있는 것이다."(303쪽) 바르트는 언어를 '훔치고' 신화도 '훔치는' 것으로 표현했습니다. 신화적 의미구조가 텅 빈 기표로 출발한 느슨한 2단계 의미작용으로 만들어진 것이니 언어/기호를 창의적으로 '훔친다면' 새로운 신화구조를 기획하지 못할 것도 없습니다. 신화로 사회질서가 일원화되거나, 다양한 삶의 가치가 획일적으로 통제되지 않으려면 우리는 단일한 신화로만 살지 말고 또 다른 신화, 나만의 신화를 계속 상상할 수 있어야 합니다.

신화에서 벗어나려는 행위가 역으로 신화의 입지를 더욱 견고하게 만들기도 합니다. 그렇다면 포획된 신화에서 자유로울 수 있는 최선의 방법은 보다 높은 단계의 신화화 작업을 통해 기존의 신화구조에 힘을 빼는 것입니다. 바르트의 의미작용 모형으로 보면 이건 1, 2단계 위에 3단계 의미작용을 생성시키는 것입니다. 2단계의 의미작용을 텅 빈 기표로 다시 설정하고 또 다른 개념을 연상시키는 것은 앞서 4장에서 다룬 퍼스식 세미오시스 개념을 떠올리게 합니다. 의미작용의 최종 결과물은 없다고 했으니까요. 지배적으로 소비되더라도 신화는 탈색될 수 있고 다른 것으로 교체될 수 있습니다.

마지막으로 바르트는 신화론에서 부르주아 지배계급에 비판적이었다는 점을 지적하고 싶네요. 부르주아 계급은 자신의 이데올로기를 유지하고 강화하기 위해서 다양한 의미구조를 만들었는데 바르트는 그중에서 살아남은 것이 신화가 되었다고 보았어요. 바르트의 문화비평은 부르주아 계급이 주도한 신화에 집중한 것이고 다음과 같이 주장했어요. "1789년 이래 프랑스에서 여러 유형의 부르주아 계급이 권력을 계승해 왔다. … 경제적인 사실로서의 부르주아 계급은 어려움 없이 명명된다. … 정치적인 사실로서의 부르주아 계급은 쉽게 인식되지 않는다. 즉, 의회에는 부르주아 당이 없다. 이념적인 사실로서의 부르주아 계급은 완전히 사라진다."(307쪽) 이걸 두고 바르트는 부르주아라는 지위가 '탈명명화ex-nomination' 작용을 겪었다고 말합니다. 부르주아 계급은 유표적으로 드러나고 싶지 않은 사회적 기득권이며 마치 어떤 보편적 속성이 있는 것처럼 상정되었다고 본 것이죠.

지금은 바르트가 글을 쓸 당시의 프랑스와는 비교도 할 수 없는 다양한 매체와 무수한 기호들이 새롭게 출현한 시대입니다. 신화에 혼자 저항하는 것도 불가능하고 미디어가 구성한 신화 없이 살기도 쉽지 않습니다. 그런 점에서 볼 때 신화는 탈정치화된 파롤이 되었습니다. 지배계급인 부르주아의 탈명명화 과정으로 고안되었고 지금은 마치 탈정치적으로, 즉 가치-중립적으로 수행되고 있는 파롤인 것입니다. 부르주아적 신화는 부르주아 이름을 감추고서 드라마, 영화, 광고, 뉴스의 매체를 포함한 삶의 모든 문화양식에 부르주아적 속성을 당연한 것으로 드러나게 합니다. 부르주아적 삶의 양식을 탈정치적 신화로 소비하면서 대중의 정치의식은 사실상 탈정치화됩니다.

바르트가 보기엔 부르주아 계급이 부르주아임을 드러내지 않으면서 무표적 신화를 생산하는 반면에 혁명을 신봉하는 소위 좌파 진영은 신화를 만들지 못합니다. 좌파 진영에도 신화가 있지만 스스로를 혁명적이라고 공개하니까 신화적 의미구조가 전략적으로 표상될 지점이 많지 않다고 본 것이죠. 혁명이 너무 선명하게 정치적 파롤을 생산하고 있고 그렇게 되면 신화는 결국 우파-친화적인 의미작용일 수밖에 없다는 것이 그의 주장입니다. 앞으로도 부르주아 계급이 무표성의 전략을 유지할 것이고 사회구성원 다수의 눈에 익숙한 우파적 신화는 더욱 보편화될 수밖에 없다는 전망도 나옵니다.

현대의 신화들

이제부터 본격적으로 신화의 예시를 살펴보기로 하겠습니다. 우선 바르트가 자신의 책에서 소개한 흥미로운 예시 몇 가지만 나열하겠습니다. 그런 다음에 우리 주변에서 쉽게 찾아볼 수 있는 신화를 소개하겠습니다.

바르트의 예시

바르트의 의미작용 모형은 언어뿐 아니라, 사진, 그림, 패션, 건축물, 기타 도시경관 등에서 표현된 내용, 그리고 그런 내용이 드러나는 표현 양식을 분석할 수 있도록 돕습니다. 예를 들면, "지루했던 남친 군대로… 나는 어장관리 홍대로…"와 같은 광고 문구를 제시한 KB 국민카드의 '청춘대로' TV 광고가 있었습니다. 여기서 남자친구가 군대를 가자마자 다른 남자를 만나고 클럽을 찾는 여성성이 부각되었습니다. 그런데 광고주나 광고 제작자의 의도는 그런 여성성에 큰 비중을 두지 않았을 것입니다. 은행카드 광고였으니까요. 대중이 텅 빈 기표를 두고 다른 개념으로 의미화시킨 것이죠.

MBC 예능방송인 〈무한도전〉이 오랫동안 큰 인기를 모았던 이유도 마찬가지입니다. 바르트적 상상력으로 생각해보면 신화 수준의 의미작용이 만들어졌기 때문입니다. 다양한 캐릭터와 화면을 채운 시각 기호들을 소비자들이 텅 빈 기표로 마음껏 소비하고 전유했던 것이죠.

도시경관을 분석하면서 신화적 의미구조를 추론할 수도 있습니다. 뉴욕의 타임스퀘어 건물에 보이는 'SAMSUNG', 'LG' 전광판의 기호는 모두 1단계의 외연적 의미입니다. 해당 기호는 2단계에서 하나의 형식으로 기능하면서 세계적인 도시인 뉴욕 한복판에서 '한국을 대표하는 대기업'이란 함축의미를 갖습니다. 'SAMSUNG', 'LG' 기호는 다른 곳에서는 대기업의 횡포를 떠올리는 다양한 사건사고와도 연결될 수 있지만 뉴욕 타임스퀘어에 배치된 의미론적 동기는 국민 기업, 한국 기업, 글로벌 기업으로 환기됩니다.

이건 해당 기업의 신화적 의미구조를 자연스럽고 당연한 것으로 유도하기 위한 일종의 기호동기화 전략으로 봐도 좋습니다. 프랜차이즈 기업이 임대료가 비싼 서울 강남역 근처에서 불황에 상관없이 매장을 계속 유지하는 이유는 무엇일까요? 손익을 따져보면 적자일 수 있어도 강남에 매장이 있다는 것은 고객들에게 어떤 함축의미를 전합니다. 타임스퀘어의 광고판, 강남에 위치한 매장, 그건 모두 신화적 의미구조를 만들기 위한 전략적 투자일 것입니다.

신화적 의미구조는 문과생, 이과생에 관한 사회의식에서도 나타납니다. 대학도 기업에서도 이과생은 논리적 사고를 갖추고 있다고 인식하는 경우가 많습니다. 이과생이 문과생보다 보다 우월하거나 똑똑할까요? 아닙니다. 그저 문과생에게 배타적인 신화적 의미구조가 만들어진 것뿐입니다. 특정한 시공간에서 텅 빈 기표를 두고 문과생과 이과생을 구분한 개념이 생성된 것 뿐이죠. 경박하게 구성된 신화는 아주 먼 과거에 만들어진 것이 아닙니다. 의미를 주고받는다면 언제 어디서나 새롭게 생성되고 대체됩니다. 신화의 처소는 언어와 기호가 있는 곳이라면 어디든 가능합니다.

바르트도 자신이 살아가는 시대의 기호경관에서 여러 신화적 의미구조를 비평했습니다. 그는 《현대의 신화》에서 프로레슬링, 배우, 비누, 장난감, 포도주, 비프스테이크, 장식용 요리, 스트립쇼, 신형 자동차, 방송으로 본 침수된 도시, 점성술 등에 대한 신화를 논평했습니다. 모두 일상에서 발견한 문화현상이거나 대중 미디어에 노출된 콘텐츠였습니다. 그는 당연한 것으로 소비되고 있는 신화를 들추어내어, 그속에 은폐된 (부르주아 계급이 주도하는) 사회질서와 우리 내면의 규범적 질서를 비판했습니다. 그런 예시들은 언어사회를 탐구하는 나 같은 연구자에게도 특별한 영감을 주었습니다. 몇 가지만 살펴보겠습니다.

첫 번째는 프로레슬링에 관한 신화입니다. 바르트는 레슬링을 마스크, 피, 반칙 도구와 행위, 괴성, 거창한 몸짓과 표정 등이 넘치는 기호들의 잔칫상으로 보았습니다. 선과 악이 프로레슬링만큼 선명하게 재현된 스포츠도 없죠. 프로레슬링에 등장하는 시각기호는 세상의 사건과 인물을 이항대립으로만 압축시킨 듯합니다. 비열한 악당과 그를 징벌하는 영웅이 기호적으로 잘 구분되죠. 악당 역할을 맡은 선수는 심판이 보지 않을 때 상대를 공격하거나 은근슬쩍 급소를 공격해놓고 시치미를 떼죠. 영웅 역할을 맡은 선수는 언제나 정정당당하고 반칙 같은 것은 거들떠보지 않습니다. 영웅은 억울하게 고통받지만 경기 말미에 역공으로 악당을 응징합니다. 이처럼 영웅이 악당을 응징하는 단순 서사는 우리가 살고 있는 인간관계와 사회질서에도 적용될 수 있을까요?

프로레슬링에서 보이는 선과 악의 서사는 만화, 온라인 게임, 드라마, 예능 방송 등과 같은 매체에서 무한적으로 반복되고 있습니다. 애초의 의도와 상관없이 선과 악으로 대립된 신화의 의미작용을 우리가 매일 소비하는 셈이죠. 《현대의 신화》에서 바르트가 지면을 많이 할애한 프로레슬링에 관한 탁월한 문화비평을 인용하면 다음과 같습니다. 우선 이런 논점이 있습니다. "관중은 그 경기가 조작되는 것인지 아닌지는 전혀 알려고도 하지 않는다. 그리고 그것은 옳은 것이다. 관중은 모든 동기와 모든 결과를 제거해버리는 구경거리의 첫 번째 효과에 빠져든다. 즉 관중들에게 중요한 것은 그들이 생각하는 것이 아니라, 보는 것이다."(12쪽) 프로레슬링을 지켜보는 관객은 늘 기대하고 쉽게 예측되는 장면마다 거기에 가득 채워진 기호들을 즉각적으로 소비할 준비가 되어 있습니다.

다른 부분의 논점도 촌철살인입니다. "프로레슬러의 기능은 이기는 것이 아니라, 사람들이 그에게 기대하는 동작들을 정확히 수행하는 것이다. … 프로레슬링은 그 의미작용의 절정에 이를 정도로 이용된 과도한 동작들을 제공한다. 유도에서 바닥에 쓰러진 사람은 쓰러지자마자 즉시 몸을 굴려서 빠져나가 패배를 피한다. 반대로 패배가 명백하면 즉시 경기를 그만둔다. 프로레슬링에서는 바닥에 쓰러진 사람은 자신의 무력을 나타내는 참기 어려운 장면을 끝까지 관객의 눈앞에 제공하면서 과장되게 그대로 머물러 있다."(13쪽) 고대 연극의 연기자처럼 선수들도 얼굴 표정과 동작에 고통을 투명하게 드러냅니다. 선수는 크게 웃거나 눈물도 언제든지 흘려야 합니다. 프로레슬링의 모든 기호는 이처럼 '총체적 명확성'을 가지고 있습니다.

선수들은 "자기 육체의 근본적인 의미작용 위에다 삽화적이지만 언제나 적절한 설명들을 배치하는데 이 설명들은 의도를 최대한으로 명백하게 하는 몸짓, 태도, 무언의 손놀림 등에 의해서 경기의 독서를 돕"(15쪽)습니다. 예를 들면, 선수가 반칙을 준비하면서 짓는 음흉한 표정, 비겁한 행위에 나타나는 거만한 미소, 무시를 드러내는 악수 뿌리치기 등은 언제나 관객에게 쉽게 노출되어야 합니다. 바닥에 누워서 반칙을 당한 선수는 과장된 동작으로 팔을 링 바닥에 몇 번이나 내려 칩니다. 비겁함, 무시, 고통 등의 개념을 드러내는 명시적인 기호형식 입니다. 바르트는 이걸 두고 "관중이 요구하는 것은 바로 열정의 이미 지이지 열정 자체가 아니다"(16쪽)라고 논평하죠. 프로레슬링은 기호 적으로 볼 때 어떤 무언극보다 화려하고 장엄한 고통과 쾌락, 혹은 복 수와 정의의 구경거리입니다. "프로레슬링에서의 동작은 모든 불필요 한 의미들을 잘라내고 관중에게 순수하고 완전한, 자연처럼 둥근 의미 작용을 의례적으로 제시"(25쪽)합니다.

둘째는 비누와 합성세제에 관한 신화입니다. 과거에는 양잿물로 빨래를 하던 시절이 있었습니다. 그러다 언젠가부터 가루비누인 화학 섬유 세제가 대량으로 판매되기 시작합니다. 바르트는 퍼실과 오모라 는 회사가 유니레버라는 다국적 기업이 된다는 점과 사실 어느 회사에 서 만든 세제든 염소와 암모니아가 주원료인 같은 속성의 비누에 불과 하다는 점을 상기시킵니다. 양잿물이 마치 "손상을 입히기도 [하면서] 더러움을 죽인다"면, 가루비누는 옷 표면에서 "더러움을 밀어내고… 전쟁의 기능이 아니라 경찰의 기능"(47-48쪽)을 한다고 지적합니다. 양잿물이 "옷을 두드려서 빠는 세탁부의 동작의 연장선상"으로 놓이는 반면에, 가루비누는 더러움을 옷감의 씨줄을 따라 몰아가면서 추방을 한다는 신화 수준의 의미구성이 흥미롭습니다.

같은 속성의 세제를 두고 오모의 광고는 소비자로 하여금 해방감 을 갖는 공모자로 만듭니다. 세제를 사용하는 단순한 수혜자가 아닙니 다. 가루비누와 합성세제가 양잿물을 대체하는 과정에 '깊이'와 '거품' 이라는 두 가지 기의가 기표로부터 분명하게 연결됩니다. 옷에 깊게 낀 때까지 빼준다는 광고 문구는 그토록 얇은 옷감에 어떤 깊이가 있 는 것처럼 설정된 것이며 이전에는 어느 누구도 기호로 의미화시키지 못한 발상이었습니다. 깊은 곳을 만져주는 인간의 은밀한 본능을 호소하며 소비자를 심리적으로 사로잡았습니다.

거품의 기표 역시 합성세제가 가진 기능을 소비 친화적인 개념으로 전환시킵니다. 거품은 쉽게 발생할 수 있고 무한정으로 증식되는데 그와 같은 거품의 형식이 역동적이거나 깨끗한 속성으로 연결됩니다. "결국 거품은 소비자에게 가벼운 동시에 수직적인 접촉의 양식은 물질에 대한 공기의 상상력을 부추긴다. … 거품은 정신이 무에서 유를, 작은 부피의 원인들에서 커다란 표면적인 결과들을 만들어 낼 수 있다고 여겨지는 것에 따라 어떤 정신성의 기호가 될 수도 있었다."(49쪽)

셋째는 포도주와 우유에 관한 신화입니다. 포도주는 프랑스 국민에게 특별한 문화자산입니다. 국가와 민족의 문화자산은 대개 신화적 의미구조로 형성되어 있습니다. 바르트의 관점에 따르면 "포도주는 그 붉은 형태로 인해 생명을 구성하는 진한 액체인 피를 무척이나 오래된 그 본질"(102쪽)로 삼습니다. 또 다음과 같은 통찰력 넘치는 논점도 있습니다. "포도주는 사회화되었다. 왜냐하면 그것은 하나의 도덕뿐만 아니라 하나의 배경을 형성하기 때문이다. 그것은 프랑스의 일상적인 삶의 가장 사소한 예식들을 장식한다. 간단한 식사(싸구려 포도주와 치즈)에서부터 대향연에 이르기까지, 선술집의 대화에서부터 연회의 연설에 이르기까지 등장한다. 또 포도주는 기후가 어떠하든 그 기후를 찬양한다. 추위 속에서는 덥게 하는 모든 신화와 결합되고, 무더위 속에서는 그늘과 서늘함, 그리고 자극적인 모든 이미지들과 결합된다. 어떤 물리적 제약(기온, 배고픔, 권태, 굴종, 낯설음 등)의 상황도 전부 다 포도주를 꿈꾸게 한다."(104-105쪽)

국내 미디어에서도 소주나 막걸리가 등장하면서 그걸 소비하는 캐릭터의 성격이나 감정이 드러나곤 합니다. 와인이나 맥주를 소비하는 캐릭터와는 다르죠. 프랑스의 포도주처럼 우리도 전통주를 등장시키면서 내면과 관계와 상황을 전환시킬 수 있는 신화적 기호체계로 활용합니다. 예를 들어, TV 드라마에서는 소주가 소비되는 시공간에 등장하는 문제나 갈등은 늘 비슷하게 보입니다. 술과 연관된 의미들은 다분히 신화의 의미구조로 봐야 합니다.

넷째는 비프스테이크에 관한 신화입니다. 바짝 굽지 않는 안심 스테이크 요리는 프랑스 음식문화의 발명품이라고 합니다. 이때 덜 익은 고깃덩어리 기호는 외연적 의미로만 남지 않습니다. 비프스테이크는 포도주와 동일한 '피의 신화학'으로 해석될 수 있습니다. 피가 보인다는 것은 서구의 기독교 문화로부터 '생명'과 같은 확장된 의미로 연결됩니다. 그래서 피가 흐르는 비프스테이크 식사를 서로 권유하고 함께 먹는 것은 타인과 신뢰를 교환하는 성스러움의 상징, 혹은 그에 준하는 삶의 의례입니다. 바르트의 논점을 그대로 옮기면 다음과 같습니다. "피가 보이는 것은 비프스테이크의 존재 이유이다. 즉, 요리가 구워지는 정도는 칼로리 단위가 아니라 피의 형상으로 표현된다. … 포도주처럼 비프스테이크는 프랑스에서 하나의 기본요소로서, 신화화되는 것 이상으로 국민화되었다. … 그리고 그 비프스테이크는 부르주아의 안락한 식사와 독신자의 격식 없는 간단한 식사 등 모든 리듬에 참여한다."(107-108쪽)

다섯째는 점성술에 관한 신화입니다. 천체 현상을 관측해서 운세, 직업운, 가정운, 애정운과 같은 인간의 운명과 장래를 예측하는 점성술은 과학적인 권위를 조금도 갖지 못합니다. 그렇지만 흥미롭게도 현대사회에서 폐기되지 않는 문화양식입니다. 점성술의 기호는 권력관계뿐 아니라 개인의 사소한 삶도 온전히 변화시키지 못하는데 말입니다. 그런 기호가 어떻게 신화의 의미구조로 과장되고 지금도 소비되고 있을까요?

　바르트는 그런 점성술을 다음과 같이 날카롭게 비평했습니다. "그 어떤 꿈 같은 보상도 가져오는 것처럼 보이지 않는 이 단순한 묘사인 점성술이 과연 무엇에 소용될 수 있는가? 점성술은 현실을 명명함으로써 현실을 몰아내는 데 이용된다. 이러한 점에서 점성술은 현실을 객관화시키려는 작업에 몰두하는 절반의 소외(혹은 절반의 해방)의 모든 시도 안에 위치한다. 그렇지만 그 점성술은 현실의 기만을 폭로하는 데까지 이르지는 못한다. 적어도 우리는 이러한 명목론적 시도들의 또 다른 경우를 잘 알고 있는데, 그것은 바로 문학이다. 문학은 그 타락된 형식들 속에서 단지 경험한 일을 명명할 뿐 더 멀리 나아갈 수는 없다. 점성술과 문학은 현실의 한발 늦은 제도라는 동일한 임무를 갖고 있다. 점성술은 프티부르주아 세계의 문학이다."(232쪽)

주변 문화콘텐츠로부터

이제 우리에게 익숙한 문화경관으로 신화적 의미구조를 좀 더 현실적으로 이야기해봅시다. 첫째는 연애감정에 빠진 순간에 관한 신화입니다. 연애 서사는 우리가 직접 경험하기도 하지만 시청자로서 쉽게 소비하는 대중 매체의 문화구성물이기도 합니다. 사랑에 빠지고, 갈등적 상황을 만나고, 내면의 고통을 감당하며, 사랑을 서로 확인하는 남녀 주인공의 연애사는 TV극, 영화, 소설, 광고, 웹툰, 어디서든 쉽게 발견되죠. 그런데 지면이든 영상이든, 단편이든 장편이든, 남녀 주인공이 사랑에 빠지는 과정을 살펴보면 흥미로운 장면이 눈에 들어옵니다. 바로 사랑에 빠지는 순간입니다. 그때 남녀 주인공의 표정을 텅 빈 기표로 포획한 신화적 의미구조에 대해 한번 얘기해봅시다.

교수 성식, 원영, 공개 커플이니 이런 걸 물어봐도 될까 모르겠네요.

원영 물어보지 마세요.

교수 아, 그럴까요. 난 둘이 언제 어디서 서로 좋아하게 되었는지 물어보려고 했는데….

성식 그건 사람들이 자주 물어보는데요. 그냥 어쩌다 그렇게 되었고, 특별한 무슨 사건은 없었습니다.

교수 그렇게 말하면 원영이 섭섭한 것 아니죠?

원영 아뇨, 그건 맞아요. 서로에게 빠진 어떤 특별한 상황은 없었어요.

자, 그럼 우리가 소비하고 있는 대중 매체의 연애 서사는 어떤가요? 성식과 원영처럼 그렇게 밋밋할까요? 혹시 어떤 구체적인 동작과 표정으로 늘 사랑에 빠지지 않나요? 바르트의 의미작용 모형으로 보면 2단계의 기의는 '마음이 설레고 사랑에 빠지는 상태'로 추론되는데 그것과 연결된 텅 빈 기표는 무엇일까요? 내가 직관적으로 관찰한 것인데요. 대개 드라마 속의 한 장면으로 남녀 주인공들이 사랑에 빠졌다는 것을 확인할 수 있습니다.

여자 주인공이 미끄러지거나 넘어질 때 남자 주인공은 그녀의 어깨나 허리를 감싸죠. 살짝 서로 몸이 닿거나 부딪치는 상황도 발생합니다. 일명 '공주님 안기'라는 이 장면에서 나오는 기표는 클로즈업되어 화면에서 잘 보입니다. 아래쪽에서 동그랗게 눈을 뜨며 위쪽의 남성을 바라보는 여성의 얼굴, 혹은 위에서 아래의 여성을 내려다보는 남성의 시선이 보입니다.

해당 장면에서는 대개 달콤한 배경음악 혹은 슬로우 모션이 동반되고, 배경이나 사물은 뒤로 밀리고 두 주인공의 얼굴만 크게 부각되는 편입니다. 시청자라면 화면을 채운 남녀 주인공의 얼굴 표정과 동작만

볼 수 있습니다. 그런 비슷한 기표들이 관례적으로 화면에 배치되면서 2단계에서 함축의미가 생성됩니다. 놀라움, 설렘, 사랑에 빠진 감정의 개념과 연결됩니다. 그런 표정과 동작이 남녀가 사랑에 빠지는 감정의 기호라는 의미체계가 시청자에게 전달됩니다. 우리가 경험한 연애는 대개 그런 사건도, 그런 장면도 없죠. 그렇지만 대중 매체의 의미구조는 그걸 허락하지 않습니다. 연애감정의 의미체계를 분명하게 드러내는 기표가 필요합니다.

드라마에 나오는 남녀 주인공이 사랑에 빠지는 장면을 자세히 한 번 보세요. 여자 주인공은 아찔한 순간을 겪지만 남자 주인공의 순발력으로 위기를 모면합니다. 〈갯마을 차차차〉에서는 미끄러운 돌바닥에 넘어질 뻔한 여자 주인공이 남자 주인공의 도움으로 위기를 벗어나는데 그때 여자 주인공은 눈을 크고 동그랗게, 입을 약간 벌린 상태에서, 볼은 약간 붉게 변하면서, 깜짝 놀란 표정을 짓습니다. 〈어쩌다 발견한 하루〉에서는 여자 주인공이 높은 곳에 위치한 상자를 꺼내다가 의자에서 넘어질 뻔하지만 남자 주인공이 마침 그녀의 어깨를 잡아줍니다. 그녀는 역시 크게 뜬 눈, 놀란 표정으로 남자를 바라봅니다. 〈18 어게인〉에서도 여자 주인공이 서류 뭉치를 들고 걸어가다가 신발이 불편해서 바닥에 미끄러져 넘어질 뻔합니다. 그때 재빠르게 부축해주는 남자 주인공을 바라보는 여자 주인공의 표정과 시선 처리도 〈갯마을 차차차〉의 장면과 크게 다르지 않습니다.

그렇게 바라보는 시선, 표정, 동작은 1단계의 외연적, 환유적 기호이며 사랑에 빠졌다는 감정을 함축하는 2단계의 의미작용과 연결됩니다. 환유의 기표는 은유처럼 의미 추론을 위해 비약적 상상력을 요구하지 않으며 사랑에 빠진다는 전체적 의미의 부분에 속합니다. 서로 쳐다보는 표정은 텅 빈 기표가 되어 위기의 여성과 그녀를 구한 남성

사이의 설렘의 감정으로 의미화되는데 드라마에서는 이런 의미작용이 마치 신화처럼 기능하면서 '사랑에 빠지는 장면'마다 비슷한 기호가 배치됩니다. 위기를 겪는 여성을 바라보는 남성의 사회적 시선이 어느 드라마에서나 비슷하게 나옵니다. 빈틈이 있고 실수가 있는 여성이 귀엽고 사랑스럽다는 사회적 의미는 그렇게 남성의 시선에서 출발한 기표로 만들어집니다.

두 번째 예시로 유색인 차별의 신화에 대해 이야기해봅시다. 팬데믹 시대에 급증했다는 아시아인 증오 범죄에 대해 들어보셨죠? 코로나19 바이러스는 공식 병명 대신에 중국의 특정 지역이 명시적으로 언급된 '우한 코로나'로 불리기도 했잖아요. 중국인뿐 아니라 모든 아시아인, 혹은 유색인, 이주민에 대한 혐오가 세계 어디서나 급증했습니다. 국적도 상관없었어요. 유색인, 특히 극동 아시아 지역 출신으로 추정되는 아시아인이라면 코로나 보균자, 혹은 코로나 질병의 전파자로 공격받았습니다.

유색인에 대한 혐오, 혹은 반아시아인 범죄의 예시는 다양합니다. 길을 걷고 있을 뿐인데 발길질을 하고, 침을 뱉고, 소독제를 뿌리고, 폭언을 합니다. SNS에서 #stopasianhate 해시태그를 달아 혐오 범죄의 문제점을 개선하려는 노력도 있지만 좀처럼 해결되지 못하는 사회적 편견이고 기득권력의 횡포입니다.

이처럼 아시아인을 혐오할 수 있다는 사회의식도 일종의 신화로 기능하는 것입니다. 기호경관에서 어떤 기표가 발견되는지, 그리고 그로부터 아시아인에 대한 혐오의 의미작용이 어떻게 생성되는지 추론할 수 있습니다. 흑인에 대한 혐오와 차별도 심각하게 다룰 수 있지만 대중 매체에 등장하는 기표로부터 아시아인에 대한 혐오의 의미작용만 다뤄보겠습니다.

교수 아시아 지역 밖 매체에서 젊은 아시아인 여성이 어떻게 재현되는지 이야기해볼 수 있을까요?

찬희 제가 어릴 때부터 애니메이션 영화나 시트콤 방송도 즐겨 보고… 인스타그램에 올라오는 이미지도 자주 보는데요….

교수 찬희 같은 20대 아시아인 여성은 어떤 머리 색, 헤어스타일, 표정, 옷차림으로 나오던가요? 나는 지금 기표의 배치에 관해 묻고 있어요.

찬희 그게 좀… 뭔가 예쁜 것 같긴 한데 다 비슷하게 나오는 느낌? 덧니가 있거나, 단발이나 질끈 묶은 헤어스타일이 많고, 눈꼬리가 올라가거나 찢어진 눈이 보여요.

교수 맞아요. 사실성 여부를 떠나서 굉장히 획일적인 기표가 반복적으로 배치됩니다. 그에 비해 백인 여성은 훨씬 다양한 기호로 재현되죠.

아시아인 남성도 다를 바가 없습니다. 요즘 한류 열풍 때문에 호감도가 좀 상승했다고 하지만 아시아인 남성도 할리우드 영화나 북미 지역의 드라마에서 엉뚱하고 성적 매력도 없고 단지 다혈질 성격의 개념과 자주 연결되었어요. 그런데 구체적으로 어떤 기표들이 그러한 개념을 연상시키도록 도왔을까요? 예를 들면, 2011년에 개봉된 영화 〈트랜스포머〉, 2016년부터 2021년까지 방송된 캐나다의 시트콤 〈김씨네 편의점〉 등을 한번 보세요. 1962년 영화 〈티파니의 아침〉에 등장한 아시아인 남성은 안경을 끼고, 얼굴은 둥글며, 화가 난 표정인데 50년이 지난 뒤의 영화나 방송에서도 그런 아시아인 남성의 모습은 크게 다르지 않아요.

그런 획일적인 기표의 배치, 제한적으로 의미화된 환유적 기호는 아시아인 차별과 아무런 상관이 없을까요? 관례적인 기표의 배치에서 2단계 의미작용과 신화가 유도된다면 미디어에 등장하는 아시아인의 외연적 기표는 비판적으로 논의되어야 합니다. 신화를 없애는 것이 불가능하다고 했잖아요. 그렇지만 복수의 신화들이 공존하고 경쟁할 수 있어야 합니다. 지배적으로 차별만을 조장하는 신화라면 그것과 연결되는 텅 빈 기표를 소멸시키거나 새롭게 다른 기표들로 교체해야 합니다. 그런 노력이 없다면 아시아인을 차별해도 되는 신화적 믿음체계는 좀처럼 사라지지 않을 것입니다.

세 번째 예시로 미디어에서 빈번하게 유포되고 있는 멀티미디어 영어교육의 신화에 대해 이야기해보겠습니다. 팬데믹이 시작하기 이전부터 멀티미디어를 활용한 영어교육은 다양한 교육현장에서 신화처럼 서술되고 있었습니다. 학습 부진, 동기 상실 등의 문제가 진단되고, 멀티미디어 교육콘텐츠가 개입되며, 결국 학업성과나 긍정적 감정이 도출되었다는 의미구조입니다. 그런데 정말 멀티미디어 영어교육을 접하면 학습자는 태도부터 달라질까요? 기술과 과학은 문제적 상황을 다르게 바꿀까요?

이와 같은 질문이 너무 거창하다면 일단 영어교육 광고에 재현되는 신화적 의미구조부터 함께 분석해보면 좋겠어요. 다음 광고의 일부 장면만 봐도 학교 안, 혹은 공교육의 영어공부는 재미가 없고, 상대적으로 학교 밖, 혹은 멀티미디어 환경의 영어공부는 재미있다는 이항대립의 의미구조가 분명하게 드러납니다.

[그림 7-4] 멀티미디어 영어교육 광고에서 전달되는 2단계 의미작용(EBS, 튼튼영어)

[그림 7-4]의 왼쪽 그림은 엄마가 자녀와 컴퓨터를 보며 즐겁게 웃으며 공부하는 EBS 초목달 광고의 한 장면입니다. 그리고 가운데와 오른쪽 그림은 2011년 튼튼영어에서 멀티미디어 영어교육을 강조하며 만든 광고의 일부 장면입니다. 10년 전이지만 요즘 소비되는 유사광고와 신화적 의미구조 차원에서 크게 다르지 않습니다. 온라인과 멀티미디어 영어교육의 현장이 드러나는 1단계의 외연적 기표로 헤드폰, 노트북, 컴퓨터 스크린 등이 선택됩니다. 그런 장치를 사용해 공부를 한다는 2단계 의미작용의 기표는 느슨한 형식으로 기능하면서 광고주인 영어교육 기업이 다분히 작정하고 연결한 기의, 즉 '멀티미디어 기반 영어교육은 재미있고 학습동기를 제공한다'는 개념으로 연결됩니다. 워낙 오랫동안 사회구성원 다수의 기억자원에 심겨진 함축의미이기 때문에 멀티미디어 영어교육은 이제 신화 수준으로 작동합니다. 늘 유사한 장면에 비슷한 기표가 배치됩니다. 광고의 기호경관은 멀티미디어 기반의 영어교육 신화를 정당화시키는 전략적 처소인 듯합니다.

마지막으로 장난감 표지에 드러난 신화에 대해 생각해보세요. 앞서 여러 예시를 나열했으니 장난감 표지에 관한 신화는 자세히 설명하지 않겠습니다. 장난감 표지 디자인을 몇 가지 요소들로 구성된 하나의 통합체로 이해하고 각각의 계열체적 선택을 통해 기호적 요소가 어떻게 구성되는지 생각해보세요. 장난감 표지가 수만 가지가 있을 듯해도 결국 구조화된 통합체의 형식 속에서 특정한 속성의 기호들이 계열체의 축에서 선택됩니다. 계열체를 이루는 기호 요소는 결국 차이의 체계 속에서 다른 의미지향성을 갖는다는 논점을 도출할 수 있어요. 장난감 표지들을 서로 비교하면서 계열체와 통합체의 축으로 구분해보세요. 서로 다른 장난감 표지에 등장한 기표를 주목하면서 1차적 외시의미, 2차적 함축의미, 그리고 신화적 의미를 각각 구분해서 추론해보세요.

8장
시각문법, 대중문화 다시 보기

이제 기호의 선택과 배치를 사회적 실천이면서 관행으로 보는 사회기호학의 지식전통을 다루겠습니다. 언어학자 마이클 할리데이Michael Halliday의 체계기능문법systemic functional grammar을 변주한 시각문법visual grammar도 소개하겠습니다. 비언어적 기호작용을 다채롭게 분석할 수 있는 방법으로 활용될 수 있습니다.

사회기호학, 기호자원, 시각기호, 다중모드

언어가 아니라 시각영상에 배치되는 비언어적 기호체계에 대해 지각하려면 단일한 모드가 아니라, 다중모드multimode 또는 복합양식으로 전달되는 의미에 대해 생각해봐야 합니다. 문자, 시각기호, 혹은 타이포그래피 등으로만 구분해도 복수의 모드로 다양한 종류의 기호가 서로 상보적으로 조합되면서 의미가 생성된다는 것을 쉽게 알 수 있습니다. 그런 이해를 돕기 위해서 사회기호학, 기호자원, 시각기호, 다중모드에 대해 간략하게 하나씩 정리하겠습니다.

사회기호학의 출현

구조주의가 붙든 존재론적 입장은 결정론입니다. 규칙체계로 존재한다는 것이죠. 전통적인 기호학자가 그러한 구조주의 사유에서 자유로울 수 없었다면 사회기호학자는 구조주의의 결정론에만 의미론적 해석을 맡기지 않습니다. 사회기호학자는 랑그보다는 파롤의 연구자입니다. 인간주체가 선택하고 배치한 기호의 효과, 즉 퍼스식 세미오시스를 거친 기호의 사회문화적 맥락과 결과에 관심을 더 가집니다. 특정 기호의 선택과 배치에 관한 다중모드적 해석, 사회문화적 맥락에 비중을 더 둡니다. 물론 구조화된 코드로 의미의 생성과 변화를 추론할 수 있습니다. 그러나 단일성과 보편성의 구조에 집착하는 구조주의자는 기호작용의 통시적 변화나 다중모드적 기능을 간과하게 됩니다.

사회기호학에서 탐구되는 기호는 인간주체가 능동적으로 선택하고 배치하는 실천이면서 또 한편으로는 이데올로기적 사회질서로부터 자연스럽게 재생산되는 관행입니다. 즉, 기호경관은 인간주체가 의도한 미시적 실천인 동시에 사회질서가 거시적으로 작동하는 관행으로 탐구되어야 합니다. 그렇다면 시각기호를 분석할 때 일련의 규칙성이 있는 코드만으로 충분하지 않죠. 모드나 매체를 바꾸는 사회적 변인, 이데올로기, 소비심리, 시장의 유통과정 등이 종합적으로 분석되어야 합니다.

'기호학' 앞에 '사회적' 용어를 붙이면 기호에서 생성되는 '사회적' 의미에 관심을 갖는 것입니다. 사회기호학의 접근은 기호구조의 형식성과 가치중립적 속성에만 주목하지 않습니다. 관련 연구자라면 공시적이지만 통시적인, 미시적이지만 거시적인 방법론을 혼합해서 사용합니다.

기호자원

우리가 세상에서 의미를 만들고 교환할 때 기호는 일종의 자원입니다. 그래서 사회기호학자들은 '기호자원semiotic resource'이 의미잠재태meaning potentional로 예비되어 있으며 필요와 맥락에 따라 유연하게 선택되고 사용될 수 있다고 봅니다.

언어학자 할리데이는 1978년에 발간한《사회적 기호학인 언어 Language as Social Semiotics》에서 '기호자원', '의미잠재태'의 개념을 일찌감치 언급하면서 사회기호학의 지적 토대를 제시했습니다. 1970년대만 해도 언어/기호는 내연에 위치하고 우월하면서도 자립적인 의미구조를 가지고 있고, 그걸 사회나 맥락과 같은 외연이 감싸고 있다는 식의 분리주의 사유가 지배적이었습니다. 할리데이는 텍스트와 콘텍스트, 혹은 내연과 외연을 굳이 구분하지 않고 언어/기호가 바로 사회이고 맥락이라고 주장한 셈입니다. 그에 따르면 텍스트가 곧 콘텍스트이고 콘텍스트가 텍스트입니다. 모두 의미잠재태로 기능하는 기호자원이라는 뜻이죠.

할리데이가 의사소통에 의미잠재태인 기호자원이 동원된다고 주장했지만 그의 논증에는 여전히 인간의 언어사용만 자주 언급되었습니다. 그러나 그의 제자인 귄터 크레스Günther Rolf Kress는 언어-중심주의에서 벗어나 시각자료를 포함한 기호자원의 개념을 다시 정비합니다. 예를 들면, 할리데이가 소통의 모드를 구술과 문자로만 구분한 것에 비해 크레스는 다중모드로 전달되는 (의미잠재태로서의) 기호자원을 주목했습니다. 크레스는 할리데이 언어학을 계승하면서 복수의 모드로 의미자원들이 상보적으로 결합된다는 점을 제대로 보여준 것이죠. 기호보다는 자원, 혹은 기호자원이란 용어를 빈번하게 사용하면서 의사소통을 위한 다양한 유형의 텍스트, 복수의 경로, 매체, 행위성이

나 도구성 등을 모두 자원 안에 포함시켰습니다.[1]

시각기호

사회기호학자들은 랑그의 보편성보다 다양한 매체 위에서 다중모드로 전달되는 파롤의 특수성을 연구합니다. 그중에서 가장 돋보이는 연구성과는 크레스나 테오 판 레이우엔Theo van Leeuwen 등이 주도한 시각기호의 분석입니다. 그들은 시각기호의 선택과 배치에도 인간의 언어처럼 나름의 규칙성이 발견된다고 보았습니다. 그리고 할러데이의 체계기능문법을 변조하여 시각기호만의 범주를 나누고 실제적인 분석을 위한 방법론도 제시했습니다.[2]

그와 같은 방법론은 시각기호로 의미를 적극적으로 생성하고 사용자와 소통하는 디자인, 건축, 광고, 홍보, 경영전략, 문화콘텐츠 등을 연구하는 학문 분야에서 차용되기 시작했고 분석의 절차와 내용이 현장마다 조금씩 다르게 적용되고 있습니다. 초기 문헌으로 로버트 호지Robert Hodge와 크레스가 발간한 《사회기호학Social Semiotics》이 자주 인용됩니다. 이 책은 말과 글로 전달되는 모드뿐 아니라 다양한 (시각)기호자원이 범주별로 자세하게 제시되었기 때문에 시각기호의 분석방법론이 사용되는 현장에서 자주 언급됩니다.[3]

시각영상 매체에서 다양한 기호들이 선택되고 배치될 때 의미작용은 복수의 모드에서 이루어집니다. 언어뿐 아니라 시각기호나 타이포그래피가 개별적이지만 상보적으로도 의미 생성에 개입합니다. 언어만큼 메타기능이 없는 것으로 간주되었지만 시각정보로 구성된 경관이 마치 거울처럼 수동적으로 재현된 것만은 아닙니다. 이해당사자들이 개입하고, 사회정치적 질서와도 결부된, 일종의 '이념적' 기호자원으로 보는 것도 필요합니다.[4]

사회기호학자들은 시각문법의 틀을 할리데이의 체계기능문법과 유사하게 재현적representational, 상호작용적interactional, 구성적composition-al 기능으로 구분하면서 특정 시각기호가 어떻게 그리고 왜 선택되고 배치되는지 해석합니다. 곧 하나씩 자세하게 설명하겠습니다. 대중문화와 예술 분야에서는 동화 그림이든 책 표지든 조각품이든 모든 시각기호가 막연하고도 임의적으로 선택된 의미덩어리로 인식되지 않습니다. 시각기호의 문법은 범주로 구분되고 해석되고 설명되어야 하니 그걸 체계적으로 분석할 수 있는 방법론이 중요합니다. 디지털 미디어 기반의 기호경관 역시 예전과 달라 보이고, 또 막연하고 복잡하게 보여도 나름의 질서(시각문법)로 구성된 것으로 볼 수 있습니다.

다중모드

체계기능언어학과 사회기호학 문헌에서 빈번하게 언급되는 모드, 혹은 양식은 '의미를 구성하고 기호자원이 선택되는 경로'로 정의됩니다. 다중모드는 우리가 의미를 생성하고 교환하기 위해서 동원하는 복수의 경로입니다. 색깔, 밝기, 동작, 표정, 응시, 음성, 음악이나 배경 소리, 기타 다양한 유형의 기호는 언어로 불리는 전통적인 형태(말, 글)와 상보적으로 결합됩니다. 다중모드로 생성되는 의미작용을 분석하는 사회기호학 연구도 체계기능문법론을 빈번하게 참조합니다.

디지털 매체에 배치된 기호자원이야말로 다중모드로 전달되지 않을 수 없습니다. 거대 자본이 디지털 매체에 투입되면서 시각성을 강조한 다감각적 재현이 시도되고 있고 지금까지 경험하지 못한 새로운 기호경관을 일상적으로 만날 수 있습니다. 다중모드의 의미 생성은 복잡합니다. 시각기호만 하더라도 서로 다른 형태, 색깔, 명암, 대비, 프레임, 농도, 움직임과 같은 요소가 있고, 기호 사용자의 동기, 신념, 배경

지식이나 경험, 감정 등과 상호작용합니다. 다양한 모드로 기호자원이 전달될 때 어떤 사용자는 비언어적 모드를, 어떤 수용자는 언어 모드를 선호합니다. 다중모드로 만들어지는 의미효과는 짐작조차 어려울 때가 많습니다.

그런 중에 시각기호, 타이포그래피를 문자 텍스트와 함께 상보적으로 결합하여 분석할 수 있는 방법론이 고안되었고 실제 분석의 절차와 사례가 학계에서 발표되고 있습니다. 예능 방송, 광고, 영화 등에서 화면을 채우는 문자, 청각자료, 시각기호의 혼합체가 상보적으로 의미를 전달하는 다중모드의 예시가 될 것입니다. 디지털 플랫폼, 포스트-팬데믹 시대, 후기-민주주의 사회에서는 다중모드의 의미 생성이 대단히 중요한 탐구주제가 될 것입니다. 그러나 이와 관련된 연구문헌이 많지 않고 전문성도 이제 축적되고 있기 때문에 신진 학자나 학제적 연구자들의 관심이 큽니다.

시각자료 분석을 위한 기본 틀: 체계기능문법[5]

이제부터 비언어적인 시각자료를 체계적으로 분석할 수 있는 시각문법을 설명하겠습니다. 체계기능언어학을 주도한 할리데이는 '언어가 일종의 사회적 기호체계'라고 설명했습니다. 언어뿐 아니라 시각기호로 구성된 경관도 규칙성이 있는 의미구조로 본 것이죠. 시각기호도 체계성이 있고 구체적인 범주와 절차로 분석될 수 있다는 논점을 개시한 할리데이의 체계기능문법을 숙지하면 사회기호학자들의 시각문법론도 쉽게 이해됩니다.

언어습득이나 언어사용을 인간의 인지능력으로만 파악하지 않고 언어를 사회적 상호작용을 위한 기능적 단면으로 주목한 학자들은 1980년대부터 등장했습니다. 체계기능문법도 기능주의 언어학이라고 할 수 있는데 할리데이가 그의 스승인 영국인 언어학자 존 루퍼트 퍼스John Rupert Firh의 논점을 새롭게 확장하면서 본격적으로 알려졌습니다. 시각문법의 범주를 하나씩 소개하기 전에 먼저 할리데이의 체계기능문법을 개괄적으로 소개하겠습니다.

체계기능문법은 페다고지 문법pedagogy grammar(주어-동사-목적어 문장구조)이나 촘스키 학파의 보편문법universal grammar과 다릅니다. 보편문법으로 보면 문장sentence은 명사구NP와 동사구VP로 구성되며(S → NP + VP), 명사구는 관사det와 명사noun로 구성되거나(NP → det + noun), 대명사pronoun로 대체됩니다(NP → pronoun). 관련 연구자는 이와 같은 보편적인 문법규칙을 계속 찾는데 통합체적 인접성에 주목하는 '구조'의 언어학으로 볼 수 있습니다. 하나의 요소가 다음 요소와 어떻게 연결되는지에 관한 규칙은 구조의 원리로 설명됩니다.

그에 반해 체계기능언어학자는 언어학적 요소가 어떤 '체계system'에서 어떻게 '기능function'하는지 실제적인 언어사용을 통해 분석합니다. 인접 요소가 통합체로 결속될 때 계열체적 선택은 어떻게 이뤄지는지, 즉 '체계'에 관해 관심을 갖습니다. 그런 다음에 체계 안에서 다르게 '기능'하는 언어학적 요소를 분석합니다. '주어'와 '목적어'와 같은 페다고지 문법의 요소는 체계기능문법에서 '행위자agent', '운반자carrier', '감지자sensor', '목표goal' 등으로 '기능'합니다.

'체계'에서 '기능'하는 텍스트의 의미를 파악하려면 텍스트가 위치한 콘텍스트, 즉, 상황적 맥락context of situation을 알아야 합니다. 콘텍스트를 제대로 이해하면 텍스트의 의미를 알게 됩니다. 상황적 맥락은 크게 세 가지 기능으로 구분됩니다.[6] 첫째는 의미 생성의 목적이 드러나는 '내용field', 둘째는 해당 맥락의 참여자들이 맡은 '역할tenor', 셋째는 텍스트가 조직되는 '양식mode'입니다. '내용'은 구체적인 상황 속에서 일어나는 행위성에 관한 정보입니다. '역할'은 청자와 화자, 교사와 학생처럼 참여자들 사이의 관계성을 보여줍니다. 참여자에게 부여된, 혹은 스스로 부여하고 있는 사회적 지위가 드러납니다. '양식'은 어떤 유형의 텍스트가 어떻게 배치되고 배열되는지 보여줍니다. 그와 같은 상황적 맥락에서 선택된 언어는 경험적experiential, 대인적interpersonal, 혹은 텍스트적textual 의미로 기능합니다. 이제 하나씩 다시 부연하겠습니다.

경험적 의미

경험적 의미란 경험한 것이 사건의 인과 관계, 시간 순서로 재현된 것입니다. 여기에는 특정 텍스트의 선택inclusion, 부각prominence, 배제exclusion의 규칙성이 나타납니다. 경험적 의미가 전달될 때 유사 어휘가 과도하게 선택될 수도 있고, 동사성transitivity으로 불리는 통사구조의 변형도 나타날 수 있습니다.

할리데이는 절 단위에서 경험적 의미를 분석했습니다. 절의 기본 요소는 ①참여자, ②과정, ③상황 등입니다. 이중에서 과정은 행위나 관계를 재현하는 동사(구)이며 할리데이는 사건의 발생이나 참여자의 경험을 효과적으로 재현할 수 있는 과정의 유형에 특별히 주목했습니다. 과정은 행위자의 행동으로 누군가에게 영향을 끼칠 수도 있고, 속성이나 존재를 나타낼 수도 있고, 생각하고 느끼는 정신적 경험이 제시될 수도 있습니다. 눈에 보이고 들리고 기억하는 모든 현상은 텍스트 생산자에 의해 특정한 '과정'으로 선택되고 기술되는 것입니다.[7]

대인적 의미

대인적 의미에서 두 가지 관계성이 추론될 수 있습니다. 하나는 어떤 대상에 대한 텍스트 생산자의 태도나 평가방식입니다. 또 하나는 화자와 청자, 저자와 독자 사이에 형성되고 있는 사회적 관계성입니다. 예를 들면, 화자와 청자의 상호작용에서 광고 텍스트는 ① 제공하기, 또는 ② 요구하기의 의미를 가질 수 있습니다. '제공'은 소비자에게 상품과 용역의 가치를 '제공'하거나 관련 정보를 '진술'하는 것입니다. '요구'는 상품과 용역에 관해 소비자에게 특정한 행위를 '요청'하거나 '질문'하는 것입니다. 경험적 기능이 경험을 반영하는 반면에 대인적 기능은 참여자의 역할과 태도를 보여줍니다.

대인적 의미에서는 의사소통 참여자들의 사회적 역할, 태도, 감정 등이 자주 분석됩니다. 상호작용성이나 권력관계를 짐작하기 위해서 연구자는 주로 호칭, 자주 등장하는 명사나 대명사 형태, 명령법과 같은 서법mood, 조동사 등을 사용하는 양태성modality, 기타 화행적인 전략으로 평가어를 어떻게 사용하는지에 주목합니다.

텍스트적 의미

청자나 독자가 의미를 잘 이해하려면 화자나 저자의 텍스트가 적절하게 선택되고 배열되어야 합니다. 즉, 내용의 재현이나 역할의 관계성이 기능적으로 잘 전달되려면 텍스트가 특정한 위치에 잘 배치되어야 합니다. 텍스트적 의미는 주로 테마와 레마rheme, 전경화foregrounding와 배경화background, 결속력cohesion 등으로 정보구조가 매끄럽게 조정되면서 만들어집니다.

시각기호 분석의 틀: 시각문법의 범주

사회기호학자들은 시각기호를 분석하기 위해 체계기능언어학을 참조하고 또 변조했습니다. 시각기호의 규칙성은 재현적, 상호작용적, 구성적 기능으로 구분되었고, 각 범주마다 하위 요소도 제시되었습니다. 시각기호의 분석 범주는 앞서 살펴본 할리데이의 경험적, 대인적, 텍스트적 범주와 용어만 살짝 바뀌었을 뿐이니 같은 속성의 범주로 보면 됩니다. 시각기호 역시 ① 세상의 경험을 관념적으로 재현하거나, ② 재현된 행위자들, 또는 그걸 바라보는 관람자들과 상호작용을 하며, ③ 재현과 상호작용이 잘 되도록 특정 위치에서 전략적으로 배치되고 배열됩니다. 각 범주마다 시각기호가 의미를 어떻게 구성하고 있는지 여러 예시와 함께 하나씩 설명하겠습니다.

재현적 기능

시각기호의 재현적 기능을 분석하려면 화면에 나온 인물, 사물, 장소 등이 서로 연결되면서 어떤 의미가 드러나는지 파악되어야만 합니다. 재현은 크게 서사적narrative 의미구조와 개념적conceptual 의미구조로 나뉩니다. 서사적이라면 시간 순서나 인과 관계로 참여자들이 서로 연결된 행동을 합니다. 개념적이라면 하나의 개념과 다른 개념이 연결되어 의미가 생성됩니다. 서사적 구조에서는 변화를 함축하는 동태적인 기호가 배치되며, 개념적 구조에서는 개별 기호들이 선명하게 분류되거나 위계적으로 배치됩니다.

우선 서사적 구조부터 살펴보겠습니다. 흔히 시각기호로 벡터가 드러난다면 서사적 의미구조가 있다고 봅니다. 벡터는 크기나 방향을 알려주는 물리량입니다. 시각기호의 분석에서는 재현된 행위자들을 연결하는 선으로 이해하면 됩니다. 시각문법의 벡터는 언어문법으로 보면 행위동사action verbs인 셈입니다. 시각기호를 바라보는 관람자(소비자)는 벡터의 목표 대상을 따라가면서 서사적 재현을 짐작합니다. 시각적 재현을 구성하는 입장이라면 벡터를 의식하면서 시각기호를 선택하고 배치합니다.

시각기호로 재현된 행위 주체는 '행위자'가 됩니다. 행위자의 시선이 닿거나 동작이 향하는 대상은 '목표'가 됩니다. '목표'는 벡터가 향하는 대상이고 '수동적 참여자'이기도 합니다. 행위자와 상호작용을 하는 또 다른 참여자는 '반응자reactor'라고도 부릅니다. 이때 행위자나 반응자가 반드시 인간일 필요는 없습니다. 영화 〈라이온 킹〉에서처럼 사람이 등장하지 않아도 서사가 만들어집니다. 서사의 제작자는 행위자, 반응자, 목표 사이의 벡터를 의식하면서 기호를 배치합니다. 관람자는 행위자가 목표로 향하는 벡터를 통해 화면 속 서사를 짐작합니다.

앞서 설명한 체계기능언어학에서 경험적 의미를 재현하는 (동사성에 해당되는) '과정'의 기능처럼 시각기호 분석에서 '과정'은 시각적으로 재현된 행위에 관한 내용입니다. 시각기호의 '과정'은 흔히 행동, 반응, 정신, 전환, 기하학적 상징이라는 다섯 유형으로 구분됩니다.

[그림 8-1] 행동 과정을 보여주는 〈뱀파이어 다이어리〉(워너브라더스)의 한 장면과 명화 알렉산드로 말로리, 〈물 위를 걷는 베드로〉

첫 번째는 행동 과정action process입니다. 복수의 행위자들이 등장하고 행위자 A가 행위자 B를 '목표'로 설정한 교류적transactional 행동과 단일한 행위자만 있을 뿐 목표가 없는 비교류적non-transactional 행동으로 구분할 수 있습니다. 교류적 행동은 언어학 범주로 보면 타동사 기능이고 비교류적 행동은 자동사 기능입니다. [그림 8-1]의 왼쪽 그림의 시각기호를 보면 복수의 행위자가 등장합니다. 여자 주인공의 얼굴을 잡은 남자 주인공의 손과 시선은 벡터의 방향이 됩니다. 오른쪽 그림에서 행위자인 예수는 물에 빠진 베드로를 목표로 설정하고 손을 잡습니다. 여기서 벡터는 위에서 아래로 향합니다. 뜨거운 사랑과 고난의 서사는 대개 이와 같은 수직의 벡터를 사용합니다. 위에서 아래로 향해 내려가는 조형성이 분명할수록 벡터는 시각적으로 강력한 효과를 만듭니다. 외형까지 선명하게 대비된다면 참여자 사이에 벡터의 강한 운동성을 제대로 드러낼 수 있습니다.

[그림 8-2] 반응적 과정을 보여주는 사례(언스플래쉬, 배기학원)

두 번째는 반응적 과정reactional process입니다. 재현된 행위자가 무언가를 바라보는 방향으로 벡터가 만들어집니다. 이때 '행위자'와 '목표'라는 용어보다 응시하는 표정을 가진 '반응자'와 '현상phenomenon'이란 기능어가 사용됩니다. 역시 교류적-비교류적 과정으로 구분할 수 있는데 반응자만 있고 현상이 없다면 비교류적 과정입니다. 보통 비교류적이면서 반응적인 과정은 누군가 혼자서 생각하고 있거나 (관람자는 볼 수 없는 무언가를) 바라보는 장면에서 자주 나옵니다. 관람자는 그걸 보면서 서사적 재현을 짐작해야만 합니다.

[그림 8-2]의 왼쪽 그림은 반응적 과정을 보여주는 예시입니다. 강아지(현상)를 바라보고 있는 남성(반응자)의 기호가 배치되어 있습니다. 벡터는 강아지를 향한 남성의 시선으로 그려집니다. 오른쪽 그림은 문·이과 통합형 교육과정에 관한 지면 광고입니다. 아이의 시선은 하얀색 분필로 그려진 듯한 우측 상단의 수학기호 '$C=2\pi r$'을 향합니다. 수직의 벡터이며 커다란 운동성이 드러납니다. 화면 배치로 보면 시선이 문과 전공의 기호로 표시된 듯한 '글쓰기를 위한 노트와 연필'로부터 대각선으로 이동합니다. 이과 전공의 지식은 학습자가 지향하는 목표, 혹은 통합형 교육의 핵심 내용으로 함축된 듯합니다.

세 번째는 스피치와 정신적 과정speech and mental process입니다. '화자'나 '지각자sensor'에게서 나온 말이나 생각이 투사됩니다. 시각기호로 말풍선dialogue balloon이나 생각 풍선thought balloon이 사용됩니다. 네 번째는 전환 과정conversion process입니다. 행위가 연쇄적으로 연결되거나 되풀이되는 과정을 도표로 표시합니다. 다섯 번째는 기하학적 상징geometrical symbol입니다. 참여자는 보이지 않습니다. 그렇지만 벡터로 보이는 행동이 나타나기도 하며 화살표나 나선형 회오리 등과 같은 기호가 하나의 방향을 제시합니다.

서사적 구조는 '상황circumstance'으로도 재현됩니다. 벡터가 없지만 화면의 주요 참여자와 연결되고 있으니 또 다른 참여자인 셈입니다. '상황'의 범주는 전경과 배경의 대조로 드러나는 '장소locative', 행위자가 사용하는 '수단means', 기타 부수적 참여자인 '수반accompaniment'으로 나눌 수 있습니다.

[그림 8-3] 서사적 구조가 드러나는 광고(윤선생영어교실, 위키피디아)

　[그림 8-3]은 예시가 될 수 있는 지면 광고들입니다. 왼쪽 그림에서 옅은 치마를 입은 어른 선생님이 옆을 바라보며 위쪽을 쳐다봅니다. 정면을 바라보는 여자아이는 짙은 바지를 입고 웃습니다. 여기서 벡터는 아래에 있는 선생님에서 위에 있는 여자아이로 향합니다. 가운데 그림은 100년 전엔 나온 페어리 비누 광고입니다. 백인 여자아이가 욕조와 의자에 앉아 있는 흑인 여자아이를 내려봅니다. 오른쪽 그림에서는 말끔하게 차려 입은 백인 여자아이가 지저분한 옷을 입은 흑인 여자아이를 삐딱하게 내려다보고 있습니다. 흑인 여자아이는 눈을 치켜뜨고 백인 여자 아이를 올려다보고 있고요. 여기서도 벡터가 분명히 드러나며 추가로 백인-흑인, 청결-불결의 서사가 짐작될 수 있습니다.

　서사가 없고 벡터가 없다면 개념적 의미구조입니다. 개념적 구조를 분류적classification, 분석적analytical, 상징적symbolic 과정으로 구분하고 각각의 속성과 예시를 정리해보겠습니다.

　우선 분류적 과정에서는 인물이든 사물이든 화면 속 참여자가 전체 분류체계 안에서 어떤 속성kind of something으로 포함됩니다. 위계적 구조라면 상위 참여자superordinate이거나 하위 참여자subordinate로 위치됩니다. 분류는 명시적으로 보일 수도 있고 암시적일 수도 있습니다. 명시적 분류라면 화면 안에서 분명하게, 예를 들면 위계적 구조에서 수직 축에 따라 참여자가 분류되고 배치됩니다. 암시적 분류라면 관람자가 상위 및 하위 참여자의 위치성을 기호 크기, 대칭성, 방향성, 거리감 등으로 추론해야만 합니다.

[그림 8-4] 분류적 구조가 드러나는 공익광고

[그림 8-4]는 아동폭력에 관한 공익광고입니다. 화면의 인물이나 핵심 텍스트가 구분되고 분류되어 있습니다. 시각적으로 경계와 위계가 분명히 보입니다. 왼쪽 그림에는 증조할아버지부터 증손주까지 가족구성원이 분류적 과정으로 배치되어 있습니다. 언어능력이나 학업성취도를 다루는 개념도 분류적 과정으로 자주 묘사됩니다. 국내 영어교육 분야의 지면광고를 보면 대개 서구-비서구, 원어민-비원어민, 결핍-충족, 성취-미성취, 옳은 영어-틀린 영어 등의 개념이 격자와 같은 구조로 분류됩니다.

    분석적 과정에서도 벡터는 없습니다. 앞서 보여준 구조의 위계나 분류도 보이지 않습니다. 대신 부분이 전체 구조를 채우면서 참여자 기호들이 서로 연결됩니다. 공간을 차지하는 방식으로 요소들이 연결됩니다. 참여자들이 복수라면, 한 편의 참여자는 운반자, 혹은 매개자 기능을 갖고, 다른 편의 참여자는 소유의 속성possessive attributes으로 자신이 부분임을 드러냅니다.

[그림 8-5] 분석적 과정이 드러나는 광고(이램프, 이스턴영어)

    [그림 8-5]에는 분석적 과정이 잘 드러납니다. 왼쪽 그림에서 원어민 교사에 해당되는 매개자 역할의 광고 모델이 등장합니다. 그녀가 표정, 동작, 옷차림 등의 부분 정보로 교사와 원어민처럼 보이는 속성을 드러냅니다. 생김새만으로도 '비원어민'이나 '학생'의 속성과는 다른 원어민다움이나 교사다움을 시각적으로 제시합니다. 오른쪽 그림 역시 분석적 과정으로 재현되고 있습니다. 이런 광고들은 대개 자신이 제공하는 교육 콘텐츠가 시험을 잘 보는 데 도움이 된다는 메시지를 전합니다. '기본'과 '활용' 단계, '개념 학습'과 '실전 대비' 등의 이름으로, 학원강사가 관련 교육내용을 잘 전달할 수 있는 운반자나 매개자의 능동적 기능을 맡고 있습니다.
    상징적 과정에서는 참여자의 정체성이 상징적으로 재현됩니다.

예를 들면, 앞/뒤, 좌/우, 중심/주변으로 기호의 요소가 대비적으로 배치되면서, 또는 크기, 색깔, 밝기 등의 형식이 달라지면서 상징의 속성이 다르게 드러납니다.

[그림 8-6] 상징적 구조가 드러나는 광고(베네통)

　　[그림 8-6]은 우리에게 잘 알려진 베네통 광고입니다. 신부와 수녀가 키스를 하는 왼쪽 그림에서 좌/우에 배치된 검은색과 흰색만으로 대비적 효과가 분명하게 드러납니다. 흑백의 인물이 키스하는 것은 어떤 상징을 재현하고 있을까요? 아마도 흑백의 대립이나 갈등이 사랑과 화합으로 해결된다는 의미로 해석될 수도 있겠습니다. 베네통 브랜드는 이와 같은 상징적 의미구조와 지속적으로 연결되는 듯합니다. 오른쪽 그림 역시 서로 다른 피부색을 가진 사람들이 가족을 구성한 듯한 함축이 있습니다. 베네통은 패션회사에서 벗어나 사회적 쟁점을 도발적으로 다루는 브랜드라는 의미효과를 갖습니다. 창조, 논란, 파괴와 같은 상징적 재현은 어느 베네통 광고에서나 목격됩니다.

상호작용적 기능

앞서 재현적 범주에서는 시각기호의 행위성에 관한 분석이 시도되었다면 여기서는 행위자 간 상호작용적 기능에 관해 다루겠습니다. 상호작용은 둘로 나눌 수 있습니다. 하나는 시각기호로 재현된 행위자 간 상호작용입니다. 또 다른 하나는 화면의 시각기호를 제작하거나 소비하는 화면 밖 참여자(관람자)와 화면 안에서 재현된 행위자 사이의 상호작용입니다.

상호작용적 기능은 접촉contact, 거리distance, 관점point of view에 따라 실현됩니다. 접촉은 시각기호로 재현된 행위자와 화면 밖 관람자가 주고받는 시선으로 분석됩니다. 거리는 재현된 행위자와 관람자 사이의 거리감을 의미합니다. 관점은 촬영 각도로부터 추론됩니다. 이것 외에도 체계기능언어학을 참조하면 양태성이 시각기호의 상호작용적 기능을 추론하는 데 도움을 줍니다.

먼저 접촉을 살펴보겠습니다. 광고화면에 있는 인물이 화면 바깥에 있는 관람자를 어떻게 쳐다보고 있나요? 시각기호로 재현된 행위자의 시선을 화면 밖 관람자가 바라봅니다. 그런 시선의 벡터가 점검되면서 접촉의 상호작용성은 시각적 '요구'와 '제공'으로 구분됩니다.

'요구'는 화면에서 재현된 행위자가 마치 무언가를 요구하듯이 화면 밖을 쳐다볼 때 생기는 기능입니다. 상상적 관계이긴 하지만 재현된 행위자의 표정을 쳐다보는 관람자는 특정한 반응으로 유도됩니다. 예를 들면, 화면의 행위자가 보여주는 상품을 구매하라고 요청받는 것 같습니다. 화면의 행위자가 관람자를 약간 아래로 응시한다면 관람자에게 인정을 요구하는 기능이 생깁니다. 반대로 올려다 보면서 애원하는 인상을 만들면 동정을 요구하는 기능이 생깁니다.

앞에 나온 [그림 8-3]의 왼쪽 그림을 보면 어린 아이가 정면을 바라보며 무언가를 요구하는 듯합니다. 대개 화면에서 재현된 어린이가 정면을 바라보는 광고는 무언가를 '요구'하는 것입니다. [그림 8-7]의 왼쪽 그림은 마라톤 중계방송에서 카메라 정면에 잡힌 선수가 화면 밖 관람자를 바라보는 듯합니다. 해당 방송의 제작자는 화면의 선수를 바

[그림 8-7] 요구의 기능이 드러나는 경기 장면과 〈싱어게인〉의 한 장면(언스플래쉬, JTBC)

라보는 관람자가 마치 함께 달리는 듯한 느낌이 들도록 유도합니다. 선수처럼 느끼게 하면서 감정이입의 효과를 의도하는 것입니다. 또 오른쪽 그림처럼 오디션 방송에서 심사자의 정면 얼굴을 풀샷으로 보여주는 것도 관람자로 하여금 함께 심사하는 듯한 상호작용성을 유도합니다. 모두 '요구'의 기능이 있는 접촉의 기호입니다.

[그림 8-8] 제공의 기능이 드러나는 경기 장면과 〈더 팬〉의 한 장면(언스플래쉬, SBS)

'제공'의 기능은 특정 기호의 배치로부터 해당 정보를 '제공'하는 것입니다. 재현된 행위자가 관람자를 바라보지 않은 경우에는 화면 밖 관람자에게 정서적 개입을 요구하기보다 응시의 대상으로만 남을 뿐입니다. [그림 8-8]의 마라톤 선수처럼 행위자의 시선이 화면 밖을 정면으로 바라보지 않게끔 촬영됩니다. 해당 장면은 [그림 8-7]의 마라톤 선수의 시선과는 다른 기능을 유도합니다. 오른쪽 그림은 오디션 방송 장면으로서 '요구'보다는 '제공'의 기능이 더 돋보입니다.

[그림 8-9] 요구의 기능이 드러나는 소주 광고(롯데 무학)

접촉의 상호작용적 기능이 '요구'와 '제공'으로 다르게 구조화될 수 있다는 것은 주류 광고에서 재미있게 관찰됩니다. TV 화면이나 포스터 등을 직관적으로 관찰해보면 주류 광고에 관한 '접촉'의 기능이 다음과 같이 나타납니다. 우선 소주는 '요구'의 상호작용이 선명하게 보입니다. 주류 광고 모델로는 젊은 여성 연예인이 자주 등장합니다. 모델은 소주잔이나 소주병을 들고 화면 밖(관람자)을 정면으로 바라봅니다. 해당 모델로부터 연상되는 순수, 젊음, 발랄함, 혹은 섹시함과 같은 기의가 '처음처럼' 소주를 마시는 행위와 연결됩니다. 상상적 관계이지만 광고를 보는 소비자는 모델이 함께 마시자는 정서적 '요구'에 반응해야만 할 것 같습니다. 광고에는 여러 사람이 함께 등장하고 건배를 하는 장면도 나옵니다. 그 자리에 참석하라는 '요구'의 기능이 드러납니다.

[그림 8-10]은 우리에게 익숙한 사케 광고들입니다. 사케 광고에는 왼쪽 그림처럼 자연 경관이 등장하기도 합니다. 사케 광고 역시 젊은 여성이 자주 등장하는데 정면을 바라보지는 않습니다. 분주한 경관은 없고 혼자 있는 장면이 많습니다. 가운데 그림과 오른쪽 그림처럼 여행지를 배경으로 보여주거나 혼자서 쉬거나 목욕을 하는 장면도

[그림 8-10] 제공의 기능이 드러나는 사케 광고(코다, 요시노가와)

나옵니다. 이러한 상호작용은 모두 '제공'의 기능을 합니다. 무언가를 요구하지 않습니다. 응시의 대상으로만 남으면서 시청자에게 필요한 정보나 함축적인 의미를 제공하고자 합니다. 광고 문구도 많이 제시되는 편입니다. 화면의 여인은 화면 밖 관람자에게 사케가 쉼과 치유를 제공한다고 말하는 듯합니다.

[그림 8-11] 제공의 기능이 드러나는 와인 광고(언스플래쉬)

와인 광고도 제공의 기능이 보입니다. [그림 8-11]의 왼쪽 그림에서 모델들은 정면을 응시하지 않습니다. 여성을 뒤에서 안고 있는 남성의 모습은 와인 광고에서 다분히 텅 빈 기표일 테지만 와인에 관한 낭만적 개념과 연결됩니다. 다수 사회구성원의 기억자원과 연결시키면서 광고 제작자는 와인의 시각기호로 '낭만', '연인', '여유' 등의 개념을 채우려고 합니다. 오른쪽 그림의 와인 광고에서는 화면 멀리 에펠탑이 보입니다. 에펠탑을 조망하는 테이블에 차려진 와인과 음식은 앞서 본 '소주' 광고의 상호작용성과는 다른 기능을 유도합니다.

여러분은 소주, 사케, 와인에 어떤 의미를 부여하고 있나요? 각각 누구와 어떻게 어디서 마셔야 하는 술로 생각하고 있나요? 소주를 마시는 곳은 소탈하고 활기찬가요? 사케는 차분하고 위로가 필요한 곳에서 등장하던가요? 와인은 고급스럽고 낭만이 넘치는 곳에서 마시는 술인가요? 소주, 사케, 와인이 아직도 신화적 의미구조를 유지할 수 있는 것은 대중 매체에서 반복적으로 배치되고 있는 동일한 기능의 시각기호 덕분일 것입니다.

달리 말하면 시각기호가 전혀 다른 방식으로 선택되고 배치되면 우리는 소주, 사케, 와인의 의미작용을 역전 또는 전유할 수 있습니다. 신화는 지배적인 신화로 남을 수도 있고 갑작스럽게 탈신화화될 수도 있습니다. 접촉의 시점만 바꾸어도 소주와 사케는 전혀 다른 술로 보일 수 있습니다. 대학교 MT에서 소주 대신 와인이, 크리스마스 파티에서 와인 대신 사케가 유표항이 아닌 무표항의 가치를 가질 수 있습니다.

다음으로 거리를 살펴보겠습니다. 재현된 행위자와 관람자 사이의 거리감은 화면 안 행위자의 크기로 짐작됩니다. 얼굴이 크게 나타나면 행위자와 관람자는 손을 뻗어 만질 수 있을 만큼 가까운 거리에 있다는 것이며 서로가 친밀한 관계임을 함축합니다. 반면 얼굴이 작게 나타나면 멀리 떨어져 있다는 것이며 사적이기보다 공적 관계라는 인상을 줍니다.

영화나 방송 화면의 시각기호를 분석할 때 샷 유형이나 프레임의 크기가 참조됩니다. 거리에 관한 상호작용적 기능은 다음과 같이 구분됩니다.[8] 우선 클로즈업 샷은 행위자의 얼굴과 어깨 정도를 보여줄 만큼 가까운 거리에 있다는 것을 의미합니다. 미디엄 샷은 허리나 무릎도 나오는 일종의 사회적 거리에 있다는 의미로 보면 됩니다. 롱 샷은 전신이 드러나며 공적 관계의 거리로 인식됩니다.

[그림 8-12] 참여자와 관람자 사이의 거리를 보여주는 광고(토마토클래스, 영단기)

즉, 클로즈업 샷은 친밀한 관계, 미디엄 샷은 사회적 관계, 롱 샷은 공적인 관계를 드러낸다고 보면 됩니다. [그림 8-12]의 왼쪽 사진은 관람자가 잘 모르는 성인 모델이 롱 샷으로 전신을 드러내며 등장합니다. 오른쪽 사진은 클로즈업 샷이 사용되어 모델과 관람자의 거리를 가깝게 좁혔습니다. 지코처럼 유명인이 등장하는 광고에서는 클로즈업 샷을 사용하면서 모델을 가시권에 두어야만 팔리고 하는 상품이나 서비스에 관한 친밀감을 높일 수 있겠죠.

마지막으로 관점을 살펴보겠습니다. '관점'은 원근법과 같은 촬영 각도로 분석됩니다. 수평 각도는 정면 각도와 빗각으로 구분됩니다. 정면 각도는 관람자가 화면의 시각기호에 '관여'한다는 동질감이나 소속감을 주지만, 빗각은 관람자가 '분리'된 느낌을 받도록 유도합니다. 수직 각도는 화면 안팎의 행위자와 관람자를 위계적으로 구분합니다. 해당 기호를 배치하는 입장에서는 수직 각도로 일종의 권력효과를 유도할 수 있습니다. '관점'은 시각기호 생산자의 주관성이 개입되면서 만들어진 것입니다. 관람자는 해당 시각기호의 '관점'으로 어떤 특정한 태도를 갖게 됩니다.

[그림 8-13] 상호작용적 기능(관점)을 보여주는 〈우주전쟁〉의 한 장면과 〈연애의 온도〉 포스터(엠블린 엔터테인먼트, 뱅가드 스튜디오)

[그림 8-13]의 왼쪽 그림에서는 지구를 침공한 외계인을 지구인들이 올려다보는 시각기호가 나옵니다. 수직 각도가 의도적으로 선택되면 위계적인 권력관계가 드러납니다. 빗각으로 처리되는 아래쪽 사람과 동질감이나 소속감을 느낄 수 없습니다. UFO나 외계인은 다가갈 수 없는 무심한 객체로 기능합니다. 그에 반해 오른쪽 그림처럼 관람자의 눈높이에서 수평적이고 정면의 각도로 맞춰진 '관점'은 화면 속의 그들 역시 '우리 중의 하나'라는 인상을 줍니다. 광고에 등장하는 영어교육 콘텐츠를 관찰해보면 클로즈업, 수평, 정면 각도가 자주 선택됩니다. 권력관계보다 동질적 소속감을 강조하는 의미구조입니다.

앞서 체계기능문법에서 양태는 대인적(상호작용적) 기능을 유도하는 언어장치라고 했습니다. 진술된 언어의 진위성을 지시하기 때문입니다. 시각문법에서도 시각기호의 상호작용성 기능이 양태적으로 의미화될 수 있습니다. 양태 조동사나 부사의 기능은 시각적으로 어떻게 재현될까요? 색의 포화나 명암 정도가 아닐까요? 색의 포화, 분화, 변조, 휘도, 명암 등의 선택과 배치로 시각기호의 양태적 기능을 유도하는 방식은 해당 분야의 전문적인 지침이 별개로 참조되어야 할 듯합니다.

구성적 기능

시각기호의 구성적 기능은 '정보가치information value', '구획선framing', '현저성salience'으로 구분될 수 있고 앞서 다룬 재현적이고 상호작용적인 기능이 자연스럽고도 일관적으로 작동하도록 돕습니다. 시각기호를 어디에 배치하는지에 따라 '정보가치'는 다르게 부여됩니다. '구획선'은 기호들이 특정 구역으로 연결되거나 분리되는 경향성을 보여줍니다. '현저성'은 재현과 상호작용을 돕기도 하고 관람자의 시선을 적절하게 유도하는 기호적 장치입니다. 해당 기호의 생산자가 의도한 재현과 상호작용이 제대로 드러나지 않는다면 '정보가치', '구획선', '현저성'의 기능이 제대로 작동되지 않은 것입니다.

세 가지 구성적 기능 중에서 먼저 정보가치를 살펴보겠습니다. 화면 속 기호는 어딘가에 위치되면서 어떤 가치가 부여됩니다. 달리 말하면, 기호가 배치되는 위치에 따라 의미의 차이가 만들어집니다. 여기서는 좌/우, 위/아래, 중심/주변의 위치성마다 다르게 부여된 기호의 '정보가치'를 다뤄보기로 하겠습니다.

좌/우를 위치성만 놓고 보면 좌측 기호에는 기존 가치를, 우측 기호에는 신규 가치를 부여합니다. 기존 가치는 이미 사회적으로 약속된 것이고 다수 사회구성원이 상식처럼 수용하는 것입니다. 반면 신규 가치는 기호 생산자가 제품이나 서비스로, 혹은 새로운 정보나 쟁점으로 소개하려는 것입니다. 영상물에서도 카메라는 왼쪽에서 오른쪽으로 이동하면서 새롭고 놀라운 무언가나 누군가를 제시합니다. 제품의 소비자나 정보의 수용자는 좌측의 정보가치를 지배적인 이데올로기로 숙지하는 동시에 우측의 신규 가치는 새로운 (그래서 특별한) 이데올로기로 수용하게 됩니다.

[그림 8-14] 좌/우의 비교를 통해 정보가치를 잘 배열한 광고(위캔두잇)

[그림 8-14]는 비포/애프터 장면이 대비되는 광고 화면입니다. 좌측에는 가발을 착용하기 이전의 모습이, 우편에는 가발을 착용한 이후의 모습이 병렬로 배치됩니다. 이렇게 좌/우 정보가치가 분명하게 비교될 때 우측에 위치한 가발의 효과성이 새롭고도 놀라운 무언가로 강조됩니다.

위/아래를 구분할 때는 대개 아랫쪽에 현실적이거나 실험적인 기호를 배치하고 윗쪽에 바람직하거나 당연한 기호를 배치합니다. 인터넷 신문 기사나 학술보고서의 페이지 레이아웃을 보면 대개 상단에 문자 정보가 있고 하단에 그림 정보가 나옵니다. 즉, 해당 매체는 그림 정보보다 문자 정보를 보다 당연한 정보가치라고 전제하는 것입니다. 상단의 문자는 하단의 그림과 비교해서 보다 일반적이고 당연한 기호적 가치를 가지고 있습니다. 하단의 그림이나 표 정보는 보다 현실적이거나 실용적인 가치를 가진 것으로 전제됩니다. 언어-중심주의 이데올로기가 지배적인 곳이라면 그림의 정보가치는 문자보다 앞서지 못합니다. 중심/주변도 마찬가지입니다. 중심에 위치하면 핵심적이고 우월한 정보가치와 연결됩니다. 주변에 위치하면 부차적인 의미를 갖습니다. 관람자가 주목해야 하는 정보가치는 대개 전경화된 중심에서 찾을 수 있습니다.

둘째는 구획선입니다. 화면의 구성을 종합적으로 바라보면 시각기호들이 연결되거나 통합되거나 분리되는 구역들의 경계선이 보입니다. 몇 가지만 살펴보면 다음과 같습니다. 우선, 화면의 다양한 기호들이 하나의 의미를 만들기 위해서 통합integration의 구획선이 사용될 수 있습니다. 시각기호들이 흐릿하게 혹은 빠르게 겹쳐지는 중복overlap의 경계선도 사용될 수 있습니다. 의도적으로 다른 색깔이나 모양이 활용되면서 대조contrast의 구획이 만들어질 수도 있습니다. 격리segregation는 화면을 복수로 분할해서 기호들이 마치 서로 다른 세상에 있는 것과 같은 효과를 만듭니다.

[그림 8-15] 현저성이 잘 드러난 광고(나우앤톡, 한솔교육)

셋째는 현저성입니다. 현저성을 만드는 구체적인 방식은 특이하게 생긴 조형, 상대적인 크기, 돋보이는 색깔, 빈번한 횟수 등입니다. 그러한 현저성의 장치로 관람자의 시선을 이끌 수 있고 그렇게 해야만 시각기호가 제작자의 의도대로 재현되고 상호작용을 합니다. 예를 들어, [그림 8-15]의 왼쪽 그림을 보면 (원어민) 선생님은 크게, (내국인) 학생은 작게 구성됩니다. 작은 학생, 검은 머리색보다 키가 큰 선생님,

금발의 머리색은 형태적으로도 분명한 현저성을 드러냅니다. 오른쪽의 국가영어능력평가시험(NEAT) 광고에서는 화면을 둘로 나눠서 왼편은 블루 톤의 라운드 티셔츠를 입고, 헤드셋이 없는, 울면서 손으로 눈물을 닦는 소녀가 등장하고, 오른편은 흰색 카라의 핑크색 티셔츠를 입고, 헤드셋을 하고서, 웃는 얼굴의 소녀가 등장합니다. 왼편 화면 위에는 '울고' 그리고 오른편 화면 위에는 '웃다'라는 텍스트가 굵은 서체로 배치되었습니다. 계열체적으로 구분되는 조형적 기호의 배치를 광고물 안에 명시적으로 좌우로 대립시키면서 관람자의 시선을 의도적으로 이끌어 냅니다. 멀티미디어 환경의 NEAT 시험준비 행위를 헤드셋 등의 기호 배치로부터 재현하면서 '영어를 공부하는 것', '영어시험을 준비하는 것'이 멀티미디어 환경 위에서 진행될 때 더욱 유의미하고 효과적이란 것이란 함축적 의미를 생성시키고 있습니다.

시각문법으로 주변 기호경관을 분석해보기

지금까지 설명한 시각기호의 재현적, 상호작용적, 구성적 기능이 좀 모호하게 보일 수도 있습니다. 우리가 사용하는 언어문법보다는 시각기호의 기능문법이 엄밀하게 보이지 않을 테니까요. 시각기호가 정말로 어떻게 유통되고 소비되는지 온전하게 탐색하려면 기호 사용자를 직접 만나고 면담하면서 문화기술연구ethnography자료를 수집해야 합니다. 그럼 작업이 또 복잡해지니까 일단 선택되고 배치된 기호만으로 시각문법의 체계와 기능만이라도 적절하게 분석되면 좋겠습니다.

이제 지금까지 설명한 시각문법으로 영화 〈조커〉 포스터를 분석해보겠습니다. 그런 다음엔 내가 여러분들과 사전에 얘기를 나누면서 함께 수행한 기호경관 분석의 사례도 하나씩 나열해보겠습니다.

〈조커〉 포스터를 시각문법으로 분석하기

영화 〈조커〉의 포스터를 시각문법의 범주로 나누어 다음과 같이 분석할 수 있습니다. 먼저 배치된 기호들의 재현적 기능부터 살펴보면 벡터가 있는 서사적 의미구조가 분명하게 드러납니다. 화면 중심에 위치한 행위자는 성인 남성이며 계단 위, 건물 사이에서 고개를 들고 팔과 가슴을 벌리고 하늘을 바라봅니다. 광대 복장을 한 그는 도심 한가운데에서보다 밝은 빛의 윗쪽 세계를 지향하는 자세를 가집니다. 재현적 기능은 다음과 같이 범주로 구분되고 논평될 수 있습니다.

[그림 8-16] 함축의미로 가득 찬 〈조커〉 포스터 (워너브라더스)

먼저 벡터를 보겠습니다. '행위자' 조커의 시선이 '목표'인 하늘을 향합니다. 즉, 하늘이 벡터가 향하는 대상임을 추론할 수 있습니다. 다음으로 벡터의 배경은 계단 위에서 건물로 둘러싸인 막힌 공간입니다. 벡터는 폐쇄적 도시공간에서 탈출의 시선으로 생성된 것으로 해석됩니다. 그리고 행위자에 관한 정보는 원색의 의상, 광대 복장 등을 확인할 수 있습니다. 조커의 동작과 웃는 표정은 모순적으로 보입니다.

롱 샷으로 전신이 드러나고 아래부터 수직 각도로 정면이 아닌 빗각으로 위를 바라보는 행위자의 기호는 관람자와 상호작용적 기능을 유도합니다. 상호작용적 기능을 범주로 구분하여 논평하면 다음과 같습니다. 먼저 재현된 행위자의 시선이 관람자 대신 하늘을 향하고 있습니다. '요구'라기보다 '제공'의 기능이며 행위자는 객관적인 관찰의 대상으로 기능합니다. 다음으로 롱 샷으로 조커의 전신이 드러나며 관람자와 공적 관계로 위치됩니다. 먼 거리는 관람자가 감정을 이입하기보다 가치중립적 입장에서 조커를 관찰하도록 유도합니다. 마지막으로 촬영 각도가 수직입니다. 관람자는 아래에서 조커를 바라봅니다. 관람자가 시각기호로 재현된 행위자에게 동질감이나 소속감을 갖기보다 서로 다른 곳에 위치한 이질적 존재감을 갖도록 유도합니다.

시각기호의 구성적 배치에 대해서는 다음과 같이 정리할 수 있습니다. 포스터 상단에 "상상 그 이상의 전율"이라는 텍스트가 있고 하단에 영화 제목, 개봉 정보, 배우 이름이 있습니다. 행위자는 화면 중심에 위치합니다. 아래쪽은 어둡고 위쪽은 밝게 표현됩니다. 행위자를 둘러싼 건물과 계단은 무채색인 반면 행위자의 옷은 화려한 채색입니다.

그런 구성적 의미를 범주로 구분하여 논평하면 다음과 같습니다. 먼저 정보 가치를 보겠습니다. 위에는 하늘, 아래에는 영화 정보, 영화 제목 등의 문자가 배치됩니다. 행위자는 그 모든 중심에 위치되며 핵심 의미를 생성하는 출처로 지각됩니다. 위와 아래, 둘러싸고 있는 것과 포획된 것, 주변과 중심의 배치가 선명하게 분리됩니다. 안에 갇힌 행위자의 고립적인 정체성이 예견됩니다. 다음으로는 구획선입니다. 직선 형태의 배경과 사각형으로 보이는 하늘을 향해 행위자는 유연하게 구부린 자세를 취합니다. 행위자의 동작과 배경은 형태적으로, 그리고 위쪽 하늘과 아래쪽 계단은 밝기 차원으로, 대조의 구획이 분명하게 드러납니다. 마지막으로 현저성을 보면 아래쪽 계단은 내려갈수록 어둡고 암울한 색채이며, 위쪽 하늘은 밝은 색채입니다. 현저성의 장치로 가장 시선을 끄는 것은 붉고 강렬한 색채의 복장을 한 행위자가 어두운 배경에 갇힌 채 하늘 쪽을 응시하는 것입니다.

나와 우리를 둘러싸고 있는 시각기호

지금부터는 여러분이 나와 개별적으로 수집하고 탐구했던 시각기호 분석에 대해 하나씩 논평하겠습니다. 모든 분석이 아주 흥미로웠지만 핵심적인 것만 추려서 정리하겠습니다. 첫 번째로 원영이 해본 것부터 할게요. 해외 기업으로 불리는 곳의 기호경관을 시각문법으로 분석했습니다.

교수 원영은 해외 기업에서 일하다가 뉴욕에서 사는 것이 꿈이라고 했죠?

원영 예. 해외 기업이란 말이 좀 애매한데… 저는 외국계 기업으로 생각했습니다.

교수 좋아요. 대중 매체에 어떤 시각기호가 보이던가요?

원영 그냥 저는 재밌게 본 영화 〈인턴〉의 기업풍경을 시각문법으로 분석했습니다.

원영은 영화에서 재현된 기호경관에서 해외 기업에서 일하는 미래의 자기 모습을 투영시켰습니다. 영화 속 인턴이 일하는 '해외 기업'의 공간은 층고가 높고 가벽이 아닌 유리로 만들어져서 개방감이 있었어요. 막힌 벽이 없고 통유리로 가득한 근무 공간이 참 멋지게 보였습니다.

햇빛도 잘 들어와서 사무실 어디서나 밝게 보였습니다. 직원이나 사장은 자전거를 타고 출근합니다. 자리에 앉아 옆 사람과 자유롭게 이야기하는 중에 황금종이 울리면 회사의 좋은 소식을 함께 경청하고 환호도 합니다. 직원의 화장, 헤어스타일, 장신구, 옷차림은 각양각색입니다.

원영은 이와 같은 기호경관을 자신이 인턴으로 일했던 국내 기업과 비교했습니다. 국내 회사는 벽으로 공간이 분리되었고 직원들의 옷차림도 획일적이었죠. 갈색 염색이나 아주 조그만 장신구 정도나 인색하게나마 허락되었고 검은 색의 정장을 자주 입어야 했습니다.

우리는 원영에게 고작 영화나 보면서 새로운 공간성과 자신의 직무 정체성을 상상한다고 힐책하지 말아야 합니다. 영화 속 장면은 신화적인 기표로 꽉 채워진 허상일 수도 있겠습니다만 그와 같은 시각기호 덕분에 우리는 다른 공간에서 다른 사람으로 살아갈 영감을 얻습니다. 자유롭게 일하고, 자신이 누릴 권리를 존중받는 공간의 의미구조는 이념이나 관례를 바꾸며 가능해지는 것만이 아닙니다. 시각기호로 공간이 새롭게 조정되는 만큼 그곳은 누구나 꼭 가고 싶은 공간적 의미로 전환될 수 있습니다. 원영처럼 여러분도 앞으로 일해보고 싶고, 살아보고 싶고, 가보고 싶은 곳의 공간을 시각문법으로 한번 분석해보면 어떨까요? 그럼 자신이 왜 그런 곳을 그토록 욕망하는지 더욱 현실적으로 알게 될 것입니다.

두 번째는 성식이 군대, 혹은 군대 문화가 남아 있는 회사의 기호경관을 시각문법으로 분석한 예시입니다.

교수　원영은 해외 기업의 시각기호를 분석했는데 성식은 군대 같은 회사를 분석했죠?

성식　예, 아직도 제가 군대 꿈을 꾸곤 해서요. 교수님이 다시 가지 않을 군

대보다는 군대를 연상하는 회사의 기호경관을 분석하면 어떠냐고
하셔서요.

교수 성식은 대기업과 중소기업 취업을 놓고 고민이 많잖아요. 군대 같은
회사는 극혐이라고 했고요.

성식 시각문법으로 테마파크, 관광지, 무역특구, 아니면 청년들이 즐겨찾
는 온라인 공간의 기호경관이 궁금하긴 한데 그건 다음에 알아보겠
습니다.

교수 그래요. 일단 군대 같은 회사만 피하고 싶다고 했으니 시각문법으로
한번 그런 회사의 경관을 훑어봅시다.

성식과는 군대 이야기를 자주 했습니다. 군대는 '다나까' 문장의 사용.
오와 열을 준수하는 이동방식. 통일된 의복 등만 봐도 위계적인 기호
질서가 분명하게 나타납니다. 느슨한 옷차림과 '얼차려' 기호가 허락된
선임, 각 잡힌 군복과 경직된 자세를 갖는 후임, 둘은 군대조직 안에서
이항으로 대립됩니다. 요즘 군대가 달라졌다고 하지만 성식의 현재 기
억 속에는 그렇습니다. 군대 문화가 바뀌었을까요? 군대 문화가 바뀌
었다면 군대에서 사용하고 배치되는 언어/기호가 틀림없이 달라졌을
것입니다.

군대식 기호경관은 군대문화로 통솔되는 기업에서도 비슷하게
나타납니다. TV극에서 재현된 것만으로 좁혀서 이야기해보죠. [그림
8-17]은 성식이 분석한 드라마 포스터입니다. 대기업 신입사원이 주
인공인 드라마 〈미생〉과 중소기업에 취업한 사회초년생이 주인공인
웹드라마 〈좋좋소〉의 포스터입니다. 포스터에서 선택된 시각기호만 비
교해도 두 회사는 아주 다르게 보입니다. 대기업이든 중소기업이든 군
대식 기호경관이 있습니다. 그러나 성식이 가져온 두 가지 포스터만

볼 때 군대식 기호경관으로 보이는 건 왼쪽 그림이 아닌 오른쪽 그림
이었습니다.

[그림 8-1기] 기호경관이 드러나는 〈미생〉과 〈좋좋소〉 포스터(넘버쓰리픽쳐스, 더즌미디어)

왼쪽 그림에서는 모든 행위자가 단정한 셔츠 차림으로 웃고 환호합니
다. 그들은 화면 밖 관람자인 시청자를 수평 각도로 바라보며 동질감
이나 소속감을 '요구'합니다. 구성적 기능으로 보면 평사원 행위자가
중심에 위치한 것이 돋보입니다. '그래도 살 만한 인생'이라는 문구와
필기체에 가까운 드라마 제목 '미생'은 어떤 긍정성과 유희성의 함축
을 갖습니다. 밝은 색깔의 벽을 배경으로 행위자들의 동작과 표정에는
다양성이 드러나는 편입니다.

　　오른쪽 그림은 왼쪽 그림과 시각기호의 배치부터 다릅니다. 재현
적 기능의 범주로만 봐도 행위자들의 벡터부터 분산되어 있습니다. 저
마다 자신이 지향하는 방향을 보는 듯합니다. 왼쪽 그림은 큰 테이블
하나를 중심으로 둘러 앉거나 서 있는 인물들이 수평적이면서 정면의
시선을 모두 유지하기 때문에 동질적인 소속감을 요구했습니다. 그러

나 오른쪽 그림에서는 행위자마다 바라보는 방향이 다릅니다. 누군가는 웃지만 누군가는 정색하거나 흘겨봅니다. 내부적 분열을 암시하는 기호입니다.

"이번엔 잘… 되겠죠?"라는 조그만 텍스트는 화면 중심을 차지하는 여러 행위자들의 목표 지향적 행위성을 퇴색시킵니다. 문구 끝의 말줄임표는 모호함과 불안함을 함축합니다. 회식하는 장면의 상단 부분은 어둡게 처리되었습니다. 왼쪽 그림의 배경은 밝지만 오른쪽 그림에는 행위자마다 음영이 진하게 처리되어 있습니다. 행위자에 드리워진 짙은 그림자는 현저성을 만들면서 우울한 느낌을 유도합니다.

기업 규모에 상관없이 위계질서나 군사문화는 어디서나 발견될 수 있습니다. 그러나 드라마 포스터에 드러난 것만으로 보면 중소기업의 시각기호에 부정적인 가치가 분명하게 드러납니다. 대중 매체에서 재현된 시각기호의 진실성 여부를 떠나서 성식은 일단 중소기업보다 대기업에 지원할 것 같습니다.

세 번째로 윤희가 이태원 압사 사고가 신문기사에서 시각적으로 어떻게 재현되었는지 분석한 예시입니다.

윤희   최근의 발생한 참사이고 무거운 주제라서 고민했습니다.

교수   그래도 누군가는 또 주목해야죠. 미디어 기사에서 시각기호는 정말 중요한 역할을 합니다. 해외 연구자들은 편향적 보도 태도를 지적하면서 시각문법으로 보도 사진을 자주 분석합니다.

윤희   미디어 쪽에서 일해보고 싶기도 한데 기호분석을 한번 해보니까 앞으로도 보도의 관행에 대해 시각문법으로 뭔가를 판단할 수 있을 것 같아요.

교수   좋습니다. 윤희와 나는 2022년 10월 29일에 발생한 이태원 참사를 중앙일보와 한겨레신문이 사진으로 각각 어떻게 전했는지 주목했습니다.

윤희 예, 엄밀하게 분석하진 못했지만 분명히 서로 다른 차이가 보였어요.

이태원 참사의 원인을 파악하고 문제를 해결하겠다는 논점은 미디어마다 넘쳤지만 윤희와 나는 10월 30일에 첫 기사에 배치된 사진만 집중했습니다. 내가 이렇게 간단하게 정리해 보겠습니다.

중앙일보 10월 30일 기사 "천 덮인 시민들 나란히 누웠다…"에 첨부된 사진은 높은 건물에서 현장을 바라보며 찍은 것입니다. 사건의 참상을 멀리서 바라볼 수 있는 촬영 각도가 선택된 것이죠. 왼쪽 하단에서부터 노란색 옷을 입은 15명 정도의 경찰들, 도로에 일렬로 놓인 '특수구조대' 이름이 적힌 소방차들, 그리고 반대편의 구급차도 보입니다. 오른편 통제선에 따라 좁은 보도에 빼곡히 서 있는 사람들의 모습이 조그맣게 보이고요.

재현적 기능의 범주로 보자면 벡터가 분명하게 보이지 않으니까 개념적 의미구조입니다. 화면에 있는 다수의 행위자들은 경찰이나 소방대원 같은 공무원과 구분될 수 있습니다. 롱 샷으로 행위자들의 전신이 모두 드러나며 위에서 수직 빗각으로 아래를 향해 바라보기 때문에 객관적 정보의 '제공' 기능에 충실한 상호작용입니다. 재현된 그들의 시선이 어디로 향하는지 알 수 없습니다. 관람자인 독자를 바라보지 않는 것은 분명합니다. 또 멀리 떨어진 '거리'로 공적 관계라는 인상을 주며 독자에게 사적이거나 친밀한 감정을 요구하지 않습니다. 높은 건물에서 본 수직 각도를 의도적으로 배치하여 지면에 있는 피해자들과 지면 밖 독자들이 효과적으로 분리됩니다. 빗각을 사용했기 때문에 독자는 '분리'된 느낌을 가질 수 있고 감정의 이입보다 상황을 가치중립적으로 응시하도록 유도합니다.

시각기호의 구획선을 보면 좌/우가 분명하게 구분됩니다. 정보가치로 보면 좌측의 시각기호에는 경찰이나 소방공무원, 우측의 시각기호에는 시민들이 배치됩니다. 통제선(구획선)에 따라 대각선의 공간이 분할되어 왼편 하단에는 선명한 색상의 개인들이, 반대편에는 선명하지 않은 색의 집단이 시각적으로도 분리됩니다. 조형, 상대적 크기, 돋보이는 색깔로 현저성을 구성합니다. 경찰이나 소방공무원은 빨간색과 형광색을 띠지만 그와 대조적으로 반대편 시민 집단은 색상조차 분명하지 않습니다.

이에 반해 한겨레신문 10월 30일 기사 "핼러윈데이 이태원 수십 명 압사 추정 사고 발생"에 첨부된 사진에는 다른 기능의 시각기호들이 보입니다. 카메라 정면을 바라보는 주황색 소방복의 공무원이 전체 화면의 절반 가까이 차지합니다. 그리고 출입통제선, 모자이크 처리된 피해자들과 그 옆을 걷는 사람들, 소방차, 반대편의 또 다른 출입통제선과 빼곡히 서 있는 사람들이 보입니다.

재현적 기능의 범주로 살펴보면 벡터가 보이는 서사적 의미구조입니다. 몇몇 참여자들의 시선으로 벡터가 형성됩니다. 벡터의 배경은 앞과 뒤 출입통제선 사이에 걸어가는, 혹은 빼곡히 모여 있는 시민들과 모자이크 처리된 피해자들입니다. 그걸 배경으로 두고 큰 고글, 안전모, 회색 마스크, 명찰이 달린 주황색 옷을 착용한 행위자가 서 있습니다.

정면에서 카메라와 시선을 마주하는 행위자는 독자인 관람자와 상호작용을 합니다. 상호작용적 기능으로 볼 때 그는 독자에게 무언가를 '요구'하듯이 지면 밖의 독자를 쳐다보고 있습니다. 상상적 관계이긴 하지만 그를 보면서 독자는 어떤 반응을 해야만 할 것 같습니다. 소방공무원이 정면을 바라보며 도로 일부를 통제합니다. 소방공무원을 바라보는 지면 밖의 독자는 정서적으로 소속감을 느끼거나 통제의 책임감을 함께 느낄 수 있습니다. 상호작용적 '거리'의 기능은 두 가지 차원에서 살펴볼 수 있습니다. 소방공무원의 경우 마스크로 가려 표정은 알 수 없지만 얼굴이 보이며 독자는 그에게 감정이입을 하게 됩니다. 독자의 눈높이에서 그는 수평과 정면 배치되었습니다. 반면 출입통제선 뒤에 있는 사람들은 얼굴도 보이지 않습니다. 모자이크로 가려진 모습과 멀리 떨어져 있는 거리로부터 공적 관계만 연상됩니다.

공간적 구획은 다음과 같습니다. 좌/우를 구분하여 좌측에는 소방공무원으로 대표되는 공권력, 우측에는 시민들이 배치됩니다. 두 개의 출입통제선에 따라 공무원, 피해자, 모여 있는 시민들이 시각적으로 분리됩니다. 이러한 분리의 구획은 시각기호들이 마치 서로 다른 세상에 있는 것과 같은 효과를 만듭니다. 소방공무원과 시민들이 절반씩 분리되어 배치되지만 밀도에 차이가 있습니다. 많은 시민들이 있는 우측과 두 명 정도 소방공무원이 있는 좌측은 분명하게 대조됩니다. 주황색으로 단일한 색상의 옷을 입은 소방공무원과 다양한 색상의 옷을 입고 있는 여러 시민들도 대조됩니다. 수많은 시민을 통제하는 소수의 소방공무원의 모습도 공간적으로 대조됩니다.

간단하게 다시 정리해보면, 중앙일보는 높은 각도에서 촬영한 시각기호로 감정적 개입보다는 객관적 정보의 제공 기능을 선택했습니다. 분명하지 않은 색상과 좁은 공간을 차지하는 시민들, 이에 반해 선명한 색상과 넓은 공간을 차지하는 경찰 및 소방차가 대조적으로 배치되면서 관리하고 통제하는 주체의 존재감이 드러났습니다. 한겨레신문은 수평 각도에서 촬영한 기호를 선택하면서 정보 제공보다는 지면의 행위자들과 같은 눈높이의 관람자들에게 감정적 개입을 요구했습니다. 출입통제선으로 나뉜 소수의 소방공무원, 모자이크된 피해자, 집단으로 모여 있는 시민들이 특정 구역에 분리되어 배치되었으며 통제하는 공권력 주체와 피해를 입은 시민 집단이 시각적으로 더욱 대비됩니다.

마지막으로 하나만 더 이야기해보겠습니다. 예진과 나는 프랑스 파리, 미국 라스베이거스, 강원도 정선과 같은 도시경관을 시각문법으로 분석했습니다. 도시경관을 비평하는 것이 쉽지 않은데 예진이 욕심을 냈습니다.

예진 저는 시각기호의 선택과 배치가 도시나 국가의 브랜드에도 큰 영향을 준다고 봤어요.

교수 그렇죠. 무슨 기호들을 어떻게 배치하고 반복하느냐에 따라 도시의 인상이나 매력도가 확 달라지겠죠.

예진 그래서 '낭만의 도시', '사랑의 도시'로 불리는 프랑스 파리의 경관기호를 수집했습니다.

교수 예진과 재밌게 토론했습니다. 대체 어떤 기호가 선택되면서 파리는 '낭만의 도시', '사랑의 도시'가 되었을까요?

예진 대단한 리서치는 아니었지만, 로맨스 영화나 관광상품 홍보지만 봐도 '파리는 역시 파리'가 되는 이유를 쉽게 찾아볼 수 있었습니다.

로맨스 영화 〈미드나잇 인 파리〉, 〈사랑해, 파리〉, 〈아멜리에〉 등의 기호경관을 보면 몽마르트르 언덕의 좁은 계단, 주변 골목과 카페, 샹젤리제 거리나 에펠탑이 보이는 파리 도시의 풍경이 자주 등장합니다. 과거를 여행하며 헤밍웨이나 피카소와 같은 작가를 만나는 내용이 담긴 영화 〈미드나잇 인 파리〉에서는 몽마르트르 언덕의 골목에 있는 카페가 등장합니다. 그곳의 들뜬 분위기는 파리를 상징하는 크고 작은 기호들로 재현됩니다. 〈아멜리에〉에서도 몽마르트르 언덕 주변의 테르트르 광장과 사크레쾨르 성당이 나옵니다. 주인공이 일하는 몽마르트르 카페는 진실된 만남과 사랑을 찾는 장소로 재현됩니다. 그는 사랑하는 사람과 자전거를 타고 몽마르트르 골목길을 내려옵니다.

〈사랑해, 파리〉의 핵심 주제는 '파리에서는 누구나 사랑에 빠진다'입니다. 에펠탑, 세느강변, 몽마르트르 언덕은 사랑과 낭만적 감정에 빠질 수밖에 없는 경관기호로 등장합니다. 남자 주인공은 몽마르트르 언덕의 좁은 골목길에 주차하고 창문 밖 골목의 연인들을 보며 자신의 신세를 한탄합니다. 그때 우연히 길을 걷다 쓰러진 여인을 부축해 대화를 나누는 중에 그녀에게 호감을 갖습니다. 신화와도 같은 러브스토리는 여러 매체를 통해 동일한 시각문법으로 재생산되고 있습니다.

파리만큼이나 서울, 뉴욕, 도쿄, 런던 등의 대도시는 여러 매체에서 어떤 시각기호로 재현되고 있을까요? 미국의 라스베이거스, 한국의 송도처럼 국가나 기업이 의도하고 개입해서 만든 도시의 기호경관도 궁금합니다. 그런 도시의 기호경관은 분명 나름의 규칙성이 발견될 것입니다. 라스베이거스는 관광 도시인 만큼 다양한 매체에서 관광을 하는 행위자의 벡터가 자주 발견되겠죠. 광고든, 홍보든, 기호 배치의 목적에 따라 '요구'와 '제공'의 상호작용적 기능도 공존하겠죠. 친밀한 느낌의 수평 각도와 정면 관점도 있고 정보의 제공에 충실한 수직과 빗각 관점도 발견될 것입니다. 그래야만 관광객의 다양한 필요를 채울 수 있기 때문이죠.

그에 반해 한국에서 카지노를 할 수 있는 정선과 같은 도시의 공간성은 어떤 시각기호로 채워져 있을까요? 혹은 카지노를 운영하는 도시의 경관이 영화나 뉴스에서 어떻게 재현되고 있을까요? 이것을 라스베이거스와 같은 관광 도시의 사례와 비교해보면 어떨까요? 거기에서는 어떤 서사구조가 재현되어 있을까요? 예전에 카지노 입구만 바라보는 사람들의 시선을 담은 지면 광고를 보았습니다. 벡터가 머무르는 시선은 웅장한 샹들리에, 대리석 바닥, 호화로운 인테리어로 채워진 카지노 입구였습니다. 상호작용적 기능으로 봐도 '요구'의 기호라기보다는 객관적인 정보의 '제공'이었고 관찰자의 관점이 드러났습니다. 또 전신이 드러난 롱 샷으로 카지노를 향한 사람들이 묘사되어 공적인 관계성이 강조되었습니다.

파리나 라스베이거스의 시각기호는 클로즈업, 정면, 수평 관점으로 배치되고 독자도 함께 참여하자는 '요구'의 기능이 자주 드러납니다. 정선이란 도시는 그런 친밀한 거리의 관계성이 보이지 않습니다. 왜 그럴까요? 해당 매체에서 그저 임의적으로 선택된 기호이기만 할까요? 어쩌면 시각기호의 배치에 카지노에 대한 서로 다른 사회의식이 반영되었을 것입니다. 혹시 빗각으로 보여준 관점으로 해당 매체의 소비자로 하여금 어떤 분리를 느끼게끔 유도한 것이 아닐까요? 카지노의 행위자와 동질된 소속감을 요구하지 않고 일부러 거리를 두고자 한 이유가 분명 있을 것입니다.

시각문법과 정체성의 탐색

이제 인물사진에 관한 시각기호를 보여줄 테니 시각문법으로 서로 다른 정체성을 한번 짐작해보세요. 특정 기호로 나름의 스타일을 갖게 되면 그것이 곧 자신을 규정할 수 있는 기호자원이 됩니다. 흔히 스타일은 주체가 존재하는 방식이라고 합니다. 기호로 배치된 스타일을 분석하는 것이 곧 정체성의 탐구가 됩니다.

예를 들면, 2013년에 개봉한 영화 〈위대한 개츠비〉에 데이지 뷰캐

년과 머틀 윌슨이 등장합니다. 이 영화에서 두 여인은 어떤 스타일로로 재현되고 있나요? 달리 말하면 어떤 시각기호로부터 두 여인의 인물 정체성이 짐작될 수 있나요?

[그림 8-18] 인물을 규정하는 기호자원들이 보이는 〈위대한 개츠비〉의 장면들(워너브라더스)

[그림 8-18]에서 데이지는 마른 몸매이며 청순한 얼굴이 클로즈업으로 화면을 자주 채웁니다. 머틀의 육감적인 몸매는 롱 샷으로 드러납니다. 데이지는 반짝이는 귀걸이와 목걸이, 화이트 색깔의 옷차림으로 순수함의 스타일을 갖습니다. 관람자는 먼 거리에서 빗각으로 옆을 바라보는 머틀에게 감정을 이입하기 어렵지만 수평 각도에서 클로즈업을 한 모습으로 화려한 장신구를 한 데이지에게 몰입과 매력을 느낄 수 있습니다. 데이지와 달리 머틀은 온 몸을 두른 꽃 장식, 헤어 밴드, 그리고 빨간색과 같은 강렬한 색감의 옷차림으로 섹시함을 제시합니다. 극명하게 대조적인 둘의 서로 다른 시각기호는 전혀 다른 스타일의 인물 정체성을 연상하게 합니다.

가족 사진을 한번 볼까요? 여러분 가족은 어떤 스타일로 가족 사진을 찍나요? [그림 8-19]의 왼쪽 그림은 미국의 시트콤 애니메이션 〈심슨 가족〉의 한 장면이고 오른쪽 그림은 오래전에 찍은 것으로 추정되는 가족 사진입니다.

[그림 8-19] 가족을 규정하는 기호자원들(20세기 텔레비전, 언스플래쉬)

다른 스타일로부터 가족 구성원들이 서로 다른 정체성을 갖고 있다고 짐작할 수 있죠? 오른쪽 그림의 무표정한 아버지는 왼쪽 그림의 심슨과는 전혀 다른 스타일의 시각기호로 배치됩니다. 오른쪽 그림의 가족은 화면 밖 관람자를 정면으로 바라보지만 왼쪽 그림의 가족은 팝콘을 먹으며 느슨하게 빗각 구도로 옆쪽을 바라봅니다. 다른 시각기호로 다른 스타일이 만들어지고, 다른 스타일로부터 개인이나 집단의 정체성도 다르게 구성됩니다.

이런 식으로 자신을 둘러싼 기호경관을 분석해서 본인의, 혹은 본인이 속한 집단의 정체성을 추론해볼 수 있습니다. 나와 우리에게 배치된 시각기호는 내가 능동적으로 선택한 결과일까요? 어쩌면 기득권력이나 사회질서가 반복적으로 배치하도록 유도한 사회적 관행일 수도 있습니다. 쉽지 않은 질문이지만 자신에게 일상적으로 노출된 기호들을 수집하고 그것들을 시각문법으로 분석해보면 각자가 특별하게 붙들고 있는 삶의 문화양식을 조금이나마 온전하게 파악할 수 있을 것입니다.

예를 들면, 여러분은 카카오톡 프로필 사진에 자신의 모습을 찍은 사진을 어떻게 올려두나요? SNS 사진 속에 여러분은 어떤 표정, 동작, 옷차림, 헤어스타일, 공간성으로 드러나 있나요? 자신이 가장 자신답다고 생각되는 사진들을 한번 골라 보세요. 여러분은 화면 한가운데에서, 누군가에 둘러싸여, 수평 각도로 정면을 응시하는 미디엄 샷, 클로즈업 시각기호를 선택하고 있나요? 그렇다면 당신은 '인싸'가 되고 싶은 욕망이 시각기호로부터 발현된 것일 수 있습니다. 본심이나 진실을 파악하기에 쉽지 않은 질문이지만 내가 되고 싶은 미래의 나, 내가 살아가고 있는 현재의 나는 시각기호의 분석만으로 쉽게 추론될 수 있습니다.

나의 장래 희망, 미래의 정체성 역시 기호적 탐색이 가능합니다. 앞서 다룬 것처럼 희망하는 직업의 의미는 그레마스의 심층/표층 모형으로 서사구조로 쉽게 전환될 수 있고 바르트의 신화론으로 해당 직업의 사회적 의미도 추론될 수 있습니다. 그런 분석적인 탐색에 시각문법의 통찰까지 더해지면 좋겠습니다.

로스쿨에 입학해서 변호사가 되고 싶다면 '변호사로 일한다'는 개념을 채우는 텅 빈 기표를 시각문법으로 분석해볼 수 있겠죠. 직업을 통한 정체성의 변화와 자신이 선택하거나 자신을 둘러싼 시각기호의 속성은 연관성이 높을 수밖에 없습니다. 이와 같은 여러분만의 기호적 정체성은 이제 마지막 장에서 조금 더 이야기해보겠습니다.

9장
기호와 미학적 정체성

앞서 언어와 기호를 랑그의 구조로만 보지 않고 학제적 연구자들이 파롤, 통시태, 담론질서, 권력관계나 이데올로기와 연결해서 탐구하기 시작했다고 언급했습니다. 소쉬르의 휴지통에 있었던 언어/기호의 사용과 기능 측면, 사회적 실천과 관행, 물질성이나 자원성 등을 주목한 것이죠. 이번 마지막 장에서는 여러분 각자의 삶을 지금까지 공부한 것으로 돌아볼 참인데요. 그보다 먼저 구조주의나 언어적 전환의 지식전통에 대해 요약도 하고 의미와 기호를 바라보는 새로운 논점도 간략하게나마 제시해보겠습니다.

구조주의의 성과와 한계

1장부터 내가 가장 공들여 설명한 것은 구조주의와 언어적 전환이었습니다. 미학적 삶의 양식을 지키려면 우리 모두 언어감수성을 키워야하며 소쉬르, 야콥슨, 옐름슬레우, 그레마스, 바르트 등의 의미구조론은 기호와 의미에 관한 감수성 교육에 중요한 지침을 제공합니다. 기호와 의미에 관한 감수성이 향상되면 내면이나 세상의 질서를 고정적이고 항구적인 원리로만 보지 않게 됩니다.

새로운 기호를 선택하고 배치하면 의식과 경관의 의미작용에도 변화가 생길 수 있죠. 눈에 보이는 세상이 언어/기호와 상관없이 존재할 수도 있겠지만 우리의 의식은 언어/기호로도 구성됩니다. 관념론이든 실재론이든 어느 하나로 세상을 편향적으로만 바라볼 필요는 없습니다. 언어/기호와 세상의 상호작용적 관계를 인정하면서 우리를 둘러싸고 있는 언어와 기호, 혹은 내가 오늘도 선택하고 있는 의미구조에 대해 우리는 변증법적 감수성을 가져야 합니다.

구조주의는 객관적인 현실을 붙들고 있는 실재론자의 관점으로 보면 상대주의 지식처럼 보일 수 있습니다. 그러나 가치중립적이고 정치적으로 평등한 재현은 과연 가능할까요? 그걸 가능하게 하는 미디어나 콘텐츠가 존재할까요? 옐름슬레우나 바르트의 구조론에서 내가 언급한 것처럼 의미구조는 언어 바깥의 질서를 수용할 수밖에 없습니다. 언어와 기호로 재현된 현실은 지배적인 이데올로기의 효과이기도 합니다. 우리가 함축의미를 분석할 때는 이데올로기의 효과가 제외될 수 없습니다. 언어/기호는 세상을 비추는 거울이 아닙니다. 우리가 살아가는 현실을 만드는 경로이면서도 현실 그 자체이기도 합니다. 그런 이유 때문에라도 우리는 일상적으로 선택하는, 혹은 주변에서 관례적으로 배치되는, 언어와 기호에 대해 질문할 수 있어야 합니다. 텅 빈 기표에서 채워지는 모호하고 모순적인 함축적 의미작용에 대해 질문할 수 있어야 합니다.

기득권력이라면 자신의 이익을 보존하기 위해서 늘 사용하던 언어/기호의 재현적 질서를 그대로 두고 싶겠죠. 반면 그것에 대항하거나 대안을 찾는 또 다른 권력집단이라면 익숙한 언어/기호의 코드를 탈신화화할 것입니다. 언어/기호가 선택되고 배치되는 경관이나 관례만 잘 관찰해도 담론경쟁, 이데올로기 투쟁, 혹은 사회변화를 기획할 수 있습니다. 그로부터 언어감수성 교육, 비판적 미디어 교육, 시민성과 민주주의 교육에 도움을 구할 수 있습니다.

그러나 구조주의와 언어적 전환으로부터 축적한 연구문헌에도 한계점이 있습니다. 지금까지 공부한 의미구조 모형으로 어떤 문화구성물 분석을 논술한다면 여러분은 분명 인상주의적으로 접근한다는 비평을 들을 것입니다. 표정, 동작, 의상, 건축물, 공간성 같은 다양한 문화적 기호표현에서 의미가 어떻게 체계적으로 생성되는지 보려면, 계열체와 통합체, 무표와 유표, 내포적, 메타적, 신화적 의미구조 등의 모형이 언급되겠죠. 그런데 그런 논술은 사회구성원 다수에게 현학적으로만 들릴 것입니다. 왠지 추상적이고 주관적인 인상을 남깁니다.

언어/기호로 세상이 구성되었다는 전제 자체가 이미 과격하고도 급진적이니까요. 그래서 사회문화적 현상을 기호의 선택과 배치로만 보지 않으려는 입장도 반드시 이해해야 합니다. 기호적 경관으로 보이지 않지만 이데올로기나 인간 내면의 창조성을 거쳐 실재하는 세상의 질서도 분명 있겠죠. 기호의 의미작용만으로 모든 걸 설명하려고 하면 우리는 언어결정주의자, 기호제국주의자가 됩니다.

또한 언어와 기호로 만들어진 세상을 탐구하더라도 분석과 논증은 학제적으로 신중하게 기술되고, 해석되고, 설명되어야 합니다. 제한적으로 혹은 편향적으로 수집한 언어/기호로 거창하고 난해한 주장을 하지 말아야 합니다. 표정, 동작, 패션, 그림, 영화, 건축물 등의 문화구성물을 예리하게 비평하는 연구자의 글을 보세요. 그들의 글은 독자가 상정된 것으로 보이지 않습니다. 나는 그들이 자신의 연구활동으로 보다 나은 삶의 양식을 진심으로 욕망하고 있는지도 궁금합니다. 마치 그들은 독자를 미궁에 빠뜨리려고 작정한 것 같아요. 또는 아무도 생각하지 못한 것을 빨리 찾으려고 숨바꼭질을 하는 것 같아요.

미학적 삶이 꼭 현학적 삶이 될 필요는 없습니다. 구조주의나 언어적 전환의 지식전통을 숙지했음에도 자신만의 미학적 삶으로 전환되지 못한다면 그건 아마도 딱딱한 언어/기호결정론자가 되어서 세상과 내면의 무슨 의미든 무미건조하게 바라보기 때문일 것입니다. 예리하게 분석은 할 수 있지만 자신과 주변의 삶에 어떤 변화도 이끌지 못하는 것이죠.

이와 같은 비판의식에서 화행, 담화(담론), 사회기호학, 언어감수성과 같은 새로운 연구분야가 시작됩니다. 바르트식 분석은 의미구조의 통시적/사회적 속성을 다루었지만 여전히 기호의 체계적인 선택과 배치에 비중을 두었습니다. 이데올로기와 같은 형이상학적 관념, 동기화된 의미작용 등이 다뤄졌지만 사회정치적 해석은 충분하지 못했습니다. 소쉬르와 퍼스의 학술전통을 계승한 구조주의 언어학/기호학은 공시적 분석에서 온전하게 벗어나지 못합니다. 그래서 통시적이고 이념적인 의미체계를 제대로 다루지 못합니다.

물론 기호의 선택과 배치를 주목하면서 '익숙한 것을 낯설게 보고, 낯선 것을 익숙하게 보는' 전환적 사유는 탈신화화 전략을 통해 지배적이고 상식적인 문화 코드에 대해 이의를 제기했습니다. 그렇지만 익숙한 것은 기득권력이고 낯설게 보면 객관적 진실이라는 주장 역시 이항성에 기반을 둔 신화적 의미일 뿐입니다.

그런 점에서 보자면 프랑스의 사회철학자 푸코의 논점을 내가 여기서 다룬 논점과 함께 공부하면 좋겠습니다. 푸코에게 의미화는 언어와 기호의 선택과 배치의 문제이기도 했지만 담론의 실천과 관행이기도 했습니다. 담론장에서 구성되는 의미체계는 늘 가치개입적인 속성을 가지고 있으며 어디서나 권력의 경합, 지식의 정치화와 연결되어 있다고 본 것이죠. 이는 조작으로부터 '진실'을 드러내는 마르크스식 이데올로기의 개념과 거리를 둔 관점입니다. 푸코의 학술문헌은 한번에 읽기에 부담이 되고 이해도 쉽지 않을 것입니다. 내가 최근에 출간한《담론의 이해》는 그런 점에 의미와 기호를 좀 더 폭넓게 이해할 수 있는 입문서가 될 것입니다.

기호학은 의미화의 체계적인 과정을 다루는 학문입니다. 그러나 의미가 생성되는 체계성과 상호작용은 기호만의 차원에서 다뤄질 수 없죠. 담론의 층위와 입체적인 속성으로 의미가 기술되고, 해석되고, 설명되는 것이 가장 적절한 방법론일 것입니다. 언어사용이 어휘들의 단순한 총합이 아니듯이 의미화 역시 기호들 차원의 분석일 수만 없습니다. 의미화는 '기호'만의 체계가 아니라 '담론'이라는 공간과 매개로 작동합니다. 담론의 질서에서 개별 기호는 의미를 획득하고 협상하니까요.[1]

새로운 탐색: 파롤, 화용, 담론, 사회기호학

나는 지금까지 주로 기표와 기의, 통합체와 계열체, 은유와 환유, 무표와 유표, 표현과 내용, 형식과 실체, 심층과 표층 등의 의미구조에 대해 설명했습니다. 공시성에 지나치게 경도되면 형식주의로 빠질 수 있지만, 차이와 관계로 의미가 생성된다는 비본질적 사유는 의미와 기호를 이해하는 데 중요한 기여를 했습니다. 자본주의, 뉴미디어, 세계화의 확장과 함께 기호연구, 문화연구라는 지식전통이 새롭게 확장되기도 했습니다.

여러분은 나와 어떤 순서로 의미구조에 대해 공부했죠? 우선 소쉬르의 랑그, 형식성, 이항대립의 구조를 다루었고 그건 모두 야콥슨, 옐름슬레우, 그레마스 등의 지식전통으로 계승되었죠. 옐름슬레우의 함축의미, 그레마스의 층위구조, 바르트의 신화론은 의미와 기호 연구의 외연을 크게 넓혔습니다. 일찍이 미하일 바흐친Mikhail Bakhtin이 언어/기호는 이데올로기로 성립된다고 논술했지만 바르트는 좀 더 대중 친화적인 글로 우리 일상의 기호경관이 신화적 의미작용으로 구성된 것임을 학계 안팎에서 알렸습니다. 바르트는 소쉬르의 일반언어학을 차용해서 대중 매체에 나오는 프로레슬링, 장난감, 건축물, 자동차, 패션 같은 일상적인 문화구성물을 자본주의 이데올로기의 개입으로 논평했습니다. 구조주의의 시작은 형이상학적 접근인 이데올로기 분석과 거리를 두었지만 바르트는 성공적으로 기호와 의미작용 분석에 이데올로기(신화)의 층위를 끼웠습니다.

이처럼 구조적 관계성으로 의미를 파악하는 방식에서 벗어나면서 구조주의 언어학/기호학은 사회기호학, 사회언어학, 혹은 비판적 언어학 분야에서 새로운 지식전통으로 분화됩니다. 앞서 8장에서 사회기호학에 대해 이미 설명했지만 여기서는 랑그의 구조론과 대비되는 파롤의 변이성(화행과 화용) 연구, 사회기호학, (비판적) 담론(담화)연구[2] 등을 묶어서 한 번 더 소개하겠습니다.[3]

랑그가 아닌 파롤의 분석

이미 살펴본 것처럼 랑그의 구조, 혹은 랑그의 공시적 규칙성은 구조주의자의 우선적인 관심이었습니다. 개별적이고 맥락적이고 사회문화적인 변수까지 고려되어야 하는 파롤의 분석은 뒤로 밀려났습니다. 서구 학계에서는 1980-90년대부터, 국내에서는 2000년대 이후에 파롤의 언어학/기호학에 대한 연구가 본격적으로 개시됩니다. 탈냉전과 세계화, 이주와 다문화주의, 뉴미디어와 신자유주의 등의 가치가 새롭게 접합되고 확장되면서 학제적 연구주제가 탐색되기 시작했습니다. 예를 들면, 언어학자 에밀 뱅베니스트Émile Benveniste는 말하는 주체가 자신만의 파롤로 개별적이고 고유한 정체성을 드러낸다고 보았습니다.[4] 그는 지시대명사, 동사성, 양태 등을 주목하면서 우리가 일상적으로 사용하는 '나'라는 인칭대명사를 통해 스스로의 존재가 어떻게 드러나는지 분석했습니다. 응용언어학, 사회언어학 등의 분야에서는 제2언어습득, 언어사회화, 언어정체성, 언어권리, 언어통치성, 언어사용의 사회정치적 속성 등의 연구주제가 조합되면서 구체적인 시공간에서 언어를 사용하고 학습하는 인간주체의 파롤 연구가 왜 유의미한지 수많은 연구문헌이 발표되고 있습니다.

화용과 화행의 탐색

파롤에 관한 관심이 커지는 중에 화용론pragmatics이 언어/기호 연구분야로 새롭게 자리를 잡았습니다. 찰스 모리스Charles Morris에 의해 개념화된 화용론은 구체적인 맥락에서 의사소통이 어떻게 이루어지는지, 또는 개별 화자가 특정한 상황에서 전략적으로 어떤 언어를 사용하는지를 탐구합니다. 흔히 '실용주의pragmatism'는 관념적 접근을 그만두고 유용성의 원리로 행동과 실천에 비중을 두는 철학으로 알려져 있습니다. 언어/기호 연구에 그와 같은 실용주의가 적용된 것이 '화용론'이라고 생각하면 됩니다. 즉, 언어학적 실용주의라고 보면 되죠.[5]

　'언어는 무엇인가' 같은 질문보다 '언어는 무엇을 하는가'라고 질문한다면 언어행위, 즉 언어를 통해 이루어지는 행위인 '화행speech act'에 관해 탐구하는 것입니다. 화행 이론은 1960년대 영국의 언어학자

들이 주도한 언어학 이론으로 알려져 있습니다. 영국의 심리철학자 존 오스틴John Austin이 1962년에 출간한 《말과 행위》란 저서가 언어의 행위성과 효과에 관한 문헌으로 지금까지도 빈번하게 인용됩니다.

아주 간단하게만 설명해 보겠습니다. 오스틴은 발화locution를 '진술적constative'이거나 '수행적performative'으로 구분했습니다. 진술적 발화는 '해가 동쪽에서 뜬다'처럼 어떤 상태나 사건을 언급한 것입니다. 그런 발화는 참과 거짓의 진위를 판단할 수 있습니다. 반면 수행적 발화는 법정에서 판사가 "피고에게 징역 1년을 선고합니다"라고 말하는 것처럼 말하는 주체가 어떤 발화를 통해 무언가를 '수행'하게 한 것입니다. 적절한 상황과 적법한 자격을 갖춘 누군가로부터 전달된 수행적 발화는 청자의 내면이나 관계적 질서에 영향을 줍니다. 사실 어떤 식으로든 그러한 화행 효과를 기대하면서 우리 모두 의사소통에 참여하죠.

언어로 유도되는 행위는 '발화행위locutionary act', '발화수반행위illocutionary act', '발화효과행위perlocutionary act'로 구분되기도 합니다. 이건 인문사회 학술문헌에 꽤 자주 나오는 논점인데요. 간단하게 구분하면 이렇습니다. '발화행위'는 문장으로 지시되는 행위입니다. '발화수반행위'는 약속, 주장, 명령, 경고, 질문처럼 발화가 이루어지면서 나오는 행위인데 화자가 발화한 것이 직접 수행된다는 점에서 가시적 효과가 있습니다. '발화효과행위'는 어떤 발화로부터 상대방이 설득되거나 두려움을 느끼는 실제적 효과로 보면 됩니다.

이와 같은 언어행위가 랑그의 규칙체계로 탐구되기 쉬울까요? 그렇지 않습니다. 다양하고도 특수한 의사소통 상황, 대화참여자 간 관계성, 혹은 발화자의 사회적 위치나 정체성 등이 고려되어야 하기에 랑그의 일반언어학으로는 분석될 수 없습니다. 소쉬르식 접근과 달리 구체적인 언어활동은 개별적인 주체성이 실현되는 언어학적 공간으로 인식되어야 합니다.[6] 언어사용만으로 가시적 효과를 만들려면 '비어 있는' 형식을 자기만의 스타일로 구성하는 파롤 차원의 작업이 필요합니다. 예를 들어, 어떤 사람이 수동태가 아닌 능동태 문장구조를 의도적으로 선택합니다. 'You', 'He', 'She', 'It'으로 시작하지 않고 'I'로 시작하는 영어문장을 능동적으로 선택한다면 그건 개인이 주도하는 파롤의 작업, 자기주도적 서사의 작업입니다. 발화주체의 고유성과 창의성은 보편 구조 차원이 아니라 화용의 차원에서 탐구될 때 풍성하게 밝혀질 수 있습니다.

사회기호학이 할 일

사회기호학은 앞에서 이미 다루었지만 구조주의적 기호학의 한계점을 참조하면서 간단하게 다시 정리하겠습니다. 소쉬르가 구조주의 지식전통을 개척할 때부터 기호의 사회적 가치가 총론의 수준에서나마 언급되었습니다. 그에 따르면 기호학은 사회적 삶의 일부를 다루며 기호가 지닌 사회적 역할을 연구하는 학문이었습니다. 퍼스 역시 인간이 관습적으로 인식하는 해석체로 기호를 정의했죠. 초기 기호학자들도 코드화된 기호가 사회적 관습과 연결되었다는 점을 분명하게 인식하고 있었어요. 다만 최근에 와서 기호자원, 다중모드, 시각기호, 권력관계와 이데올로기 등이 의미작용 연구에 구체적으로 적용된 것이죠. 사회기호학자들도 최근에 와서 등장했습니다.

사회기호학의 관점으로 새롭게 관심을 가져볼 수 있는 연구 분야는 아무래도 김대중 정부나 이명박 정부 때 국가 주도로 활기를 띤 개방, 이동, 이주, 다문화에 관한 기호경관이 아닐까 합니다. 세계화, 영어열풍, 이중/다중언어, 글로벌 기업, 글로벌 인재 등에 관한 논의가 그때부터 시작되었는데 새롭게 구성된 경관과 정체성을 이해하려면 지금까지 관례대로 선택되고 배치된 언어/기호, 혹은 그로부터 지시되는 본질적인 의미체계에 대해 질문하지 않을 수 없죠. 문화적 현상이 본질로 주어진 것이 아니라 사회적으로 약속되고 조정된 것이라면 다중모드 기호자원에서 새롭고도 복잡한 의미가 어떻게 유통되고 소비되는지 탐구할 필요가 있습니다.

외국인 유학생, 이주노동자, 결혼이주민, 중도입국자녀, 난민, 한국어 학습자 등이 대중 매체에서 어떻게 재현되고 있는지 분석할 수 있습니다. 다중모드 자료로 '우리'와 '그들'이 어떤 이항성, 혹은 중심과 주변의 관계성으로 의미화되는지 분석할 수도 있겠죠. 설문, 면담, 관찰의 자료로도 논증이 가능하겠지만 우리 삶의 여러 경관에 배치되는 시각기호를 분석하면서도 유의미한 비평을 할 수 있습니다. 만약 경관과 정체성 분석에 구조화된 형식성이 드러나지 않고 모순적이고 분열적인 의미구조가 보인다면 국내 다중언어/다문화 사회는 이미 탈구조적 경향이 등장한 것입니다.

그렇지만 긴 세월 동안 단일언어-단일민족-단일국가의 신화가 지배적으로 유통되었던 국내 사회에서 탈구조적 의미구조가 빠르게 자리를 잡진 못했을 것입니다. 텅 빈 기표에서 어떤 개념이 지배적으로 환기되고 있는지, 신화의 동기는 어떤 이데올로기로 설명될 수 있는지 먼저 탐색되어야 합니다. 바르트는 세계대전 이후 냉전의 시대에 부르주아 사회계급이 주도한 신화를 다루었습니다. 바르트식 신화론이 1990년대 이후에 세계로 확장된 신자유주의, 표준언어주의, 자민족중심주의, 동화주의에 관한 언어문화연구에 얼마나 유효할지 개인적으로 궁금합니다.

다양한 분석방법론과 연구사례가 충분히 축적된다면, 언어/기호의 의미작용을 다중적으로 분석하고 새로운 의미구조를 기획하거나 표현하는 연습이 (다문화, 다중언어에 관한) 비판적 언어감수성 교육자료로 활용될 수 있습니다. 교육자료에는 말과 글로 된 자료만이 아니라, 그림, 사진, 노래, 춤, 옷차림, 건축물, 인터넷 영상물 등의 기호도 포함될 수 있습니다. 언어/기호를 분석할 뿐만 아니라 다양한 기호로 기획하고 표현하는 교육도 포함하고, 개인과 집단 차원의 정체성 교육을 할 때 사회적 차원의 민주주의와 시민성 교육도 다루면 좋겠습니다.

언어소수자는 대개 왜곡된 정체성으로 살아갑니다. 사회기호학 기반의 언어감수성 교육은 그들이 자신의 정체성을 새롭게 이해하고 낯선 사회에서 유의미한 구성원으로 살아갈 수 있도록 도울 것입니다. 기득권력이나 다수자에게는 익숙한 기호를 낯설게 바라보며 언어소수자, 문화소수자의 권리와 정체성을 새롭게 이해하고 다양한 사회적 가치를 재점검하도록 도울 것입니다. 이건 의미와 기호에 대해 비판적으로 공부한 나와 여러분 모두의 과제이기도 합니다.

기호와 정체성[7]

우리는 MBTI 검사를 몇 번이나 해보면서 내가 누구인지 알고 싶어 합니다. 지금까지 다양한 의미구조 모형에 관해 공부하면서 여러분은 세상에 펼쳐진 기호경관을 분해하고 분석하는 방법을 배웠습니다. 이제 그걸 여러분이 누구인지에 관한 정체성 탐구에 적용해보도록 하겠습니다. 우리 삶이 기호로 가득하다면 우리의 고유한 정체성도 기호로 구성된 존재로 생각해볼 수 있을까요? 여러분에게 언어감수성을 이야기하면서 내가 꼭 해주고 싶은 얘기이기도 합니다.

내가 누구인지 알아가는 작업

나는 학제적 연구자로 활동하면서 마르크스주의와 늘 거리를 두려고 했습니다. 경제적, 갈등적 사회계급에 경도된 세계관이 마음에 들지 않았거든요. 또 문화연구자들의 문헌은 내게 통찰력을 주었지만 초기 문화주의는 너무 인간주체의 경험에 낭만적이고 낙관적인 견해를 가진 듯했어요. 담론 밖을 인정하지 않거나 의미는 지연될 수밖에 없으니 시니피에에 도달할 수 없다는 데리다식 이론도 너무 극단적으로 보였습니다. 오히려 경험적 세계를 언어의 재현과 이데올로기의 일상적인 개입으로 설명한 알튀세르의 구조주의가 내게 더 흥미로웠습니다.[8] 그런데 모든 효과와 결과를 총체적이고 자족적인 내적/대립의 의미구조로 환원시키는 알튀세르의 접근도 전적으로 수용하긴 어려웠어요. 의미와 기호, 내면과 세상의 질서는 훨씬 복잡하고 상호작용적일 수밖에 없다고 보았거든요.

나는 의미와 기호, 문화와 정체성에 관한 연구문헌을 만들 때 스튜어트 홀Stuart Hall과 같은 문화연구자의 문헌을 자주 참고했습니다. 그는 (인간주체의 행위와 경험을 특권화하는) 문화주의가 구조론에 매몰되지 않게 했습니다. 문화주의라는 지적 토대에서 절충적인 연구방법론도 제안했습니다. 문화주의 진영과 구조주의 진영 어디에도 분명하게 소속되지 않으면서 양쪽과 유사점을 공유하는 안토니오 그람시 Antonio Gramsci의 논점을 자주 활용한 것으로 보였습니다. 그래서 대화와 담론, 언어사용과 정체성. 언어사회와 통치성, 언어평가와 정책에 관한 연구를 할 때 나는 홀의 방법론을 선호합니다. 의미란 것은 한 지점에서만 고정되지도 않고 어느 한 방향에서만 구성되는 것도 아니죠. 물론 자유롭게 유동하는 것만도 아닙니다. 의미는 맥락의존적이며 타협될 수도 있죠.

우리가 누구인지에 관한 질문도 섣불리 영구적이고 고정적이고 본질적인 실재로 탐구되지 않았으면 합니다. 나는 실재 혹은 진리의 상수가 있다고 생각합니다. 그러나 그건 신이 아니고는 좀처럼 알아내기 힘들기 때문에 우리 삶의 경관과 내면을 덮고 있는 기호적 재현의 실천과 관행을 연구자가 밝혀내야 합니다. 만약 나와 우리에 관한 의미구조에 지배적인 이데올로기가 개입된다고 본다면 기득권력의 의도로 정체성이 구성된다고 봐야 합니다. 그런 의미화의 실천은 당연한 것으로 재현하는 정치politics of representation가 됩니다. 그리고 사회정치적 함의를 갖는 정체성은 재현에 동원되고 배치되는 기호로부터 기술됩니다.

문제는 이런 식의 변증에 의존하면 기호적으로 혹은 상징적으로 표현된 정체성이 마치 환영이나 유령처럼 보인다는 것이죠. 발화자가 1인칭으로 서술되는 서사의 주체는 주도적이거나 객관적으로 보이지만 사실은 시늉, 흉내, 모조품 수준의 시뮬라크르simulacre가 아닐까요?[9] 앞서 언급한 화용론 연구에서는 언어활동을 인간주체의 능동적이고 창조적인 발현으로 보지만 그런 주체가 드러나는 방식은 언어가 사회적으로 선택되고 유통되는 메커니즘에 따를 수밖에 없다는 역설과 만납니다. 언어와 기호로 우리는 개별적인 정체성을 표현하고 실현할 수 있습니다. 인간주체는 언어와 기호를 능동적으로 선택하고 배치하면서 삶의 지경을 바꾸고 사회질서에도 개입합니다. 그러나 역설적이게도 그런 대단한 인간주체는 언제나 언어와 기호를 통해서만 표현되고 존재합니다. 철학자이자 심리분석학자인 라캉도 의미작용이 주체의 위치성을 오히려 조정한다고 보았죠.

만약 인간주체가 언어와 기호로 표현되는 존재일 뿐이라면, 언어와 기호로는 어떤 의도도 온전하게 전달할 수 없습니다. 나, 너, 우리라는 주체는 의도한 말조차 제대로 전달하지 못하는 시시한 행위자일 뿐입니다. 이걸 두고 발화의 주체가 발화 행위에 의해 이중적인 심리상태, 혹은 가짜imposter 신드롬에 빠진다고 하죠. '내가 아닌 다른 내가 말을 한다'는 의미입니다. 언어와 기호 안의 '나'(발화 주체)는 실재의 '나'와 언제든지 다를 수 있습니다. 1장에서 언급한 '내가 아니라 랑그가 말을 한다'는 구조주의자 관점이기도 합니다.

MBTI 검사를 통해 내 성격이 점검표로 표현되기는 했지만 내가 의식하지 못하는 내 성격은 사실 전혀 다를 수 있다는 논리와 같죠. 그레마스의 지적처럼 '커뮤니케이션은 단지 오해들의 연속'일 뿐입니다. 이렇게 되면 인간주체는 존재론적 위기에 빠집니다. 언어와 기호에 의해 우리의 정체성이 이렇게 상시 왜곡될 수 있다는 것이 정말 끔찍하지 않나요?

기호적 주체

기호학자 에코가 보기엔 발화나 발화의 주체는 모두 기호로 남겨진 흔적(환영)일 뿐이었습니다. 의사소통은 늘 문제적일 수밖에 없어요. 말과 글은 일방적으로 전달되거나 엉뚱하게 해석되고 마음대로 유통되기 때문이죠. 이데올로기를 기호의 의미작용에 끼워넣은 바르트식 접근과 달리 에코는 기호적 주체만을 두고서 진지하게 질문합니다.[10]

일단 4장에서 소개된 퍼스의 논점을 여기서 한 번 더 언급해보겠습니다. 퍼스는 인간을 인식의 주체로 보았습니다. 데카르트식 사유인 '나는 생각한다. 고로 존재한다'의 명제에 나타난 것처럼 현대화된 인간은 자신을 인식하면서 존재적 자아를 주장했었죠. 여기서 조금 더 나아가서 우리는 기호로 실존하는 미학적 인간다움에 관해 생각해볼 수 있습니다. 인간이 생각으로 존재하고 생각의 과정은 언어와 기호로 구성되기 때문입니다. 즉, 언어와 기호로 생각이 만들어지고, 그로부터 인식의 주체인 인간다움을 갖추게 됩니다. 언어와 기호를 통하지 않고는 생각이 가능하지 않습니다. 언어와 기호로 생각하지 못하면 인간다움의 생각도 없습니다. 결국 언어/기호가 인간을 만듭니다.

그럼 '생각하는 인간'은 랑그의 규칙성을 학습하고 평생 랑그의 질서에 의존하며 사는 것인가요? 그건 구조주의자들이 비관적으로 바라본 인간론일 뿐입니다. 거기에 후기구조주의 사유를 적용하면 구조의 틈을 낼 수 있습니다. 예를 들면, 언어와 기호는 고정된 본질을 지시하지 않으며 의미적으로 계속 미끄러질 수 있습니다. 의미가 미끄러지면 의미가 지시하는 주체는 다르게 해석될 수 있죠. 고유하고 보편적인 단 하나의 존재론적 주체성은 없습니다. 그러면 주체의 개념은 유령이 되죠. 시공간을 달리하면 주체는 새롭게 만들어질 수 있다는 변증도 나옵니다. 에코의 주장대로 '기호는 거짓말을 하기 위해 사용하는 모든 것'일 뿐입니다.

인간주체가 랑그의 구조에 갇히거나, 또는 미끄러지는 의미가 지시하는 유령 수준이 된다면, 언어와 기호를 능동적이고도 창조적으로 사용할 수 있는 주체성은 없는 것일까요? 만약 그렇다면, 창조적 개인들이 구태의연한 의미체계에 의존하지 않으면서 자신만의 새로운 언어/기호로 새롭게 개척한 문명사는 대체 어떻게 설명할 수 있을까요?

나는 인간이 랑그에 갇힌 기호나 기호에 미끄러지는 유령이라는 주장을 수용할 수 없습니다. 인간성은 상수인 본질과 변수인 비본질로 구분할 수 있을 텐데 굳이 비본질적 기호로만 천착할 필요가 없죠. 내가 여러분에게 전달하려고 한 건 ①상수(진실)가 쉽게 지각되지 않는다란 점과 ②변수뿐 아니라 상수마저 호도할 수 있는 언어/기호에 관해 비판적 감수성을 가져야 한다는 점이었습니다.

1장에서 내가 설명한 것처럼 인간주체와 세상(사물)의 속성을 모두 떼어버리고 언어/기호만의 자율적인 '구조'만 남겨둔다면 인간주체는 언어/기호의 결과물로만 보입니다. 삶은 언어/기호로 구조화된 것일 뿐이고 인간은 구조의 직무 대행인으로 삽니다. 낭만 가득한 휴머니즘이나 사물을 본질화시킨 유물주의를 모두 수용할 수 없었던 것처럼, 인간을 고작 기호적 주체 수준으로만 바라보는 (후기)구조주의도 신중하고도 비판적으로 바라봐야 합니다.

서구 지성사에서 인간주체는 늘 본질의 주체로 인식되곤 했지만 휴머니즘을 반박하는 (후기)구조주의 변증도 어디서나 쉽게 찾아볼 수 있습니다. 인간주체를 본질로 접근한다면 '인간성'은 대개 독립적이고도 고유한 내적 속성이 있다고 전제되죠. 보편적 본질이 없다고 보면 인간성은 환경적 요인, 사회적 관계, 권력질서 등의 외부 변인으로 늘 가변적이고도 모순적으로 인식됩니다. 1장부터 다룬 구조주의 접근은 비본질적 사유입니다. 기호적 주체 역시 인간을 본질, 본성, 진리의 차원으로 보지 않는 방식입니다.

비본질적 사유는 지금 사회의 지성을 주도하고 있습니다. 동일성과 동일화를 가정하거나 일반화시키는 보편주의, 또는 본질적 사유는 맹렬하게 공격받고 있습니다. 물론 기득권력이 보편과 본질을 손쉽게 일반화하고 타자에게 그걸 획일적이고도 폭력적으로 부과하는 것은 부적절한 관행입니다. '우리는 같다'고 주장하는 보편주의에 대해 질문할 수 있어야 합니다. 내가 1장부터 반복적으로 설명한 것도 그것입니다. 의미와 기호에 관한 비판적 감수성이 필요한 이유는 보편주의와 본질주의가 갖는 위험성 때문입니다.

그렇지만 본질은 없고 모든 것이 기호적으로 구조화된 것이라는 논리 역시 과격하면서 극단적입니다. 인간성의 본질이 없다면 심리학이나 인류학처럼 인간을 인식 대상으로 삼는 모든 학문은 대학에서 사라졌겠죠. '물질이 의식에 우선한다'는 엄격한 유물론을 무비판적으로 수용하는 것이나, 언어로 인간성의 본질을 대체하려는 언어중심주의는 모두 내면과 세상의 질서를 지나치게 단순하게 보는 시도입니다. 자칫하면 '우리는 모두 다르다'는 상대주의, 특수주의, 허무주의 이념에 빠질 수 있습니다.

나는 여러분이 보편주의와 상대주의를 모두 경계하면서 의미와 기호에 관한 비판적 감수성을 키웠으면 합니다. 그런 동시에 기존의 보편과 본질의 질서를 비판하고 재구성할 수도 있으면 좋겠습니다. 언어/기호로 구성되고 사회적 관행으로 조정된 인간성의 가변적 요인을 수용하면서 한편으로는 결코 온전하게 알 수 없는 인간다움의 본성을 상수로 두는 겸손함을 갖는 것이죠. 그렇다면 본질은 없는 것이 아니고 너무 복잡해서 우리 모두 정확하게 모르는 편에 가깝습니다. 혹은 너무 위험한 질서를 만들 수 있어서 우리가 함께 질문하고 비판하고 다시 재구성해야 하는 것이기도 합니다.

1장부터 지금까지 나는 주로 언어/기호로 만들어진 세상에 대해 이야기했고 이 장에서는 다시 인간의 주체성마저 언어/기호로 채워진 것으로 보는 인식론에 대해서 언급했습니다. 내가 분명하게 강조하고 싶은 건 '인간이 기호일 뿐'이라는 명제를 진리로 유통시킬 수 없다는 것입니다. 인간은 자신의 유한한 앎을 자각하고, 자아와 타자에 관한 의식을 키우면서, 감정적이고 지적일 뿐 아니라 의지적인, 또는 이타적이고 초월적이고 영적인 배움조차 시도하는 존재이기 때문입니다.

우리는 비판적 언어감수성을 갖고 랑그의 질서에 질문하면서 자신의 삶과 세상에 유의미한 변화를 기획할 수 있어야 합니다. 그건 주체는 기호일 뿐이라는 비판에 빠지는 것과 거리가 멉니다. 우리가 내면과 세상의 질서를 탐구할 때 급진적 상대주의를 찬미하는 포스트모더니즘 이론이나 지나치게 폐쇄적인 구조주의 기호학과는 모두 거리를 두어야 합니다. 기호학은 우리가 세상에서 어떻게 존재하고 인식되고 있는지 알려줍니다. 반면에 사회기호학은 정체성이 구성되는 구체적인 언어/기호 기반의 의미화뿐 아니라 인간주체가 그런 기호체계와 어떻게 상호작용하는지도 알려줍니다. 환원론과 본질주의를 비판하려면 이 책에서 다룬 여러 이론이 상보적으로 조합되면 좋겠습니다.

우리는 기호에 불과할까?

우리는 기호에 불과할까요? 아닙니다. 인간의 정체성이 고작 기표 기반의 기호적 자아는 아닐 것입니다. 우리의 자아가 감각적으로 우리가 경험한 기호들의 총합이라면 '정신상태가 중요해', '뭐든 마음먹기에 달렸어', '산티아고 순례길에 가서 진정한 나를 찾고 싶어', '금욕과 명상은 나다움을 찾게 해줄 수 있었어' 같은 말은 모두 과장이고 거짓입니다.

혹시 정말 그렇게 생각하나요? 앞서 내가 했던 말로 반박하면, 언어와 기호의 배치, 그것으로 생성되는 의미작용으로 분석해 보면, 정신상태, 마음먹기, 순례길, 금욕과 명상에 관한 당연한 관행, 지시적이고 본질적인 의미는 얼마든지 비판받을 수 있습니다. 그렇지만 언어와 기호의 배치만으로 정신, 마음, 영혼, 태도, 정체성까지도 바꿀 수 있다고 믿는다면 그것 역시 극단적 이데올로기로 보입니다.

자, 그렇다면 본성, 보편 질서, 영구적으로 지켜야 하는 진실이 좀처럼 정체를 드러내지 않는다고 하더라도 우리는 세상의 기표를 다르게 선택하고 배치하며 미학적 삶의 태도를 버리지 말아야 합니다. 그걸 변증하기 위해서 소쉬르식 사유방식을 한 번만 더 언급하겠습니다.

소쉬르는 언어/기호만의 공시적 구조에 집중했고 텍스트 밖 현실세계를 무시했다는 비판을 받았습니다. 예를 들면, 마르크스주의자는 소쉬르의 구조주의가 언어/기호의 유물론적 속성을 무시했다고 지적합니다. 실질적인 언어사용의 현상, 파롤을 배제했다는 비판도 있었습니다. 그렇지만 소쉬르적 통찰력은 100년 넘게 실재의 재현을 구분하고 재현을 현실의 반영으로 당연하게 생각하지 않는 지식전통을 개척했습니다. 이와 같은 소쉬르적 패러다임, 즉 언어적 전환은 분투하는 삶을 살고 있는 우리에게 어떤 유익함을 줄까요? 의미의 생성과 해석에 관한 다양한 구조는 모두 소쉬르적 상상력에서 시작된 것이었는데요. 그런 구조론이 현대화된 개별적 삶이나 우리가 사는 현대사회의 질서를 앞으로도 유익하게 변화시킬 수 있을까요? 100년 전 이론이라 여러분은 대답을 망설이겠지만 나는 정말 그렇다고 믿습니다.

본질과 본성, 신과 자연의 섭리를 두고 겸손한 태도를 가져야 하지만 또 한편으로는 언어와 기호로 가득 찬 세상에서 우리는 질서정연한 의미구조에 순종하며 따를 수는 없습니다. 여러분이 기득권력에 도전하는 중이라면, 억울한 일을 당한 피해자의 입장이라면, 혹은 더 나은 삶을 보장해주기 위해서 눈앞의 경관을 바꾸고 싶은 개척자의 입장이라면, 기존의 의미구조에 대해 질문하고 도전하지 않을 수 없습니다. 소쉬르적 도발이든 포스트-소쉬르적 반박이든 언어적 전환은 우리에게 전혀 다른 삶을 상상하고 기획할 수 있는 통찰력을 줍니다. 자유와 사랑, 차이와 다양성, 생태적 공존, 존중받는 삶의 양식에 대해 계속 질문하려면 그걸 구성하는 언어와 기호, 의미구조와 의미작용에 관해 비판적 지각을 갖고 있어야 합니다.

나는 인간주체가 기호로 환원되는 논리에 동조할 수 없습니다. 기호적 주체에 매몰되면 우리의 생각은 언어/기호로 전달되고, 나는 고작 내가 사용하는 언어/기호의 총합이란 생각에 빠집니다. 그러나 인간다움은 감각적으로 경험한 기호의 총합 이상, 즉 형이상학적 존재성도 갖고 있습니다. 감정, 상상, 기억, 의지, 영성은 복잡하게 얽혀서 우리의 내면과 세상의 질서를 채우고 있습니다. 폭증하는 미디어의 기호에 포획된다면, 혹은 포스트모던적 세계관에 경도된다면, 인간주체는 매일 노출된 기호만의 총합이라는 명제가 그럴 듯하게 들릴 것입니다. 언어/기호의 규칙체계는 있습니다. 그렇다고 그에 따라 구성된 세상의 질서에 압도될 필요는 없습니다.

그런 점에서 내가 여러분에게 가르치려고 한 것은 사회적 실천과 관행이 언어와 기호로 만들어질 수 있다고 보는 구성주의constructivism 논점이었습니다. 여러분은 정도의 차이는 있더라도 유연하고도 전략적으로 구성주의 이론 일부를 학습하면 좋겠습니다. 그로부터 한편으로는 언어로 세상을 만들고, 세상의 질서는 곧 언어로 구성된다는 감수성까지 갖는다면 자신의 정체성과 권력관계에 관한 변화를 기획할 수 있습니다. 사회적 현실과 내면은 언어와 기호로 구성될 수 있기 때문입니다. 언어와 기호는 사회의 거울이거나 의사소통의 도구만이 아닙니다. 주체들이 세상과 내면을 역동적으로 구성시키는 경로이기도 하고 재현의 결과물이기도 합니다.

비판적 언어감수성을 그렇게 수용한다면 언어와 기호로 구성된 내면과 세상에 대해 지나치게 염세적으로, 혹은 낭만적인 신화로도 과장하지 않을 것입니다. 지금 시대의 신자유주의 통치질서는 경쟁심과 이윤을 늘 자극합니다. 어쩌면 시장에서 수요자나 소비자로 호명되던 '나'는 고유함과 개별성이 완전히 상실된 시뮬라크르일지도 모릅니다. 신화적 의미로 가득찬 세상에서 진정한 '나'는 과연 누구이고 또 무엇일까요? 어려운 질문입니다. 분명한 것은 오직 비판적 언어감수성을

키울 때 신화를 전하고 소비하는 행위자의 정체성에서 우리가 벗어날
수 있습니다.

우리들의 이야기:
내가 선택한 기호, 내게 배치된 기호

자, 이제 마칠 때입니다. 내가 여러분에게 말하려고 한 것은 '오늘 우리
가 선택한 언어, 혹은 우리를 둘러싼 기호, 그것을 낯설게 볼 것' 정도로
요약할 수 있겠습니다. 여러분의 내면이나 주변의 기호경관을 통해 모
든 것이 당연하고도 자연스럽게 보인다면 아마도 둘 중 하나일 것입니
다. 여러분이 지금 완벽한 인생을 살고 있거나, 아니면 지금보다 더 나
은 삶을 기대할 수 있는 언어감수성이 장착되지 않은 것이죠. 여러분을
둘러싸고 있는 언어와 기호를 계속 낯설게 보자고 말한 것은 사실 각자
의 삶을 미학적으로 다시 구성하자는 언어감수성 교육인 셈입니다.

우리가 기억하는 것은 정말 제대로 기억되고 있는 것인가요? 좋아
하는 건 언제부터 좋아했던 것인가요? 꿈꾸고 있는 미래는 우리가 정
말 원한 것인지요? 남들이 예쁘다고 하는 여러분은 어떻게 예쁜 사람
이 되었나요? 남들이 당신의 영어실력이 별로라고 한다면 왜 별로가
된 것이죠? 우리가 붙들고 있는 기억, 일상, 기대는 어떻게 만들어진
것이죠? 우린 어떤 과정으로 못생긴 사람이 되거나 영어를 못하는 학
습자가 되었을까요?

심리학자라면 심리적 상태를 짐작할 것이고, 사회학자라면 사회
적 현상으로 분석할 것이고, 여성학자라면 남녀의 권력관계로 비평할
수도 있겠죠. 그와는 달리 나는 이 책에서 언어/기호의 선택과 배치를

강조했습니다. 다양한 의미구조 모형들을 참조하면서 여러분이 스스로 질문하고 대답할 수 있도록 도왔습니다. 기표와 기의, 통합체와 계열체, 유표와 무표, 내용과 표현, 형식과 실체, 지시의미와 함축의미, 기호사각형과 행위소 모형, 텅 빈 기표와 신화, 시각문법 등을 통해 각자의 기호경관에 민감하게 반응하기를 원했습니다.

　인간이 랑그라는 구조에서 파롤을 질서정연하게 쏟아내는 행위자로만 본다면 그건 우리들의 개별성이나 창조성, 혹은 능동적인 주체성을 폄하한 것이라고 내가 설명했죠. 우리는 모두 언어/기호로 사회화 과정을 거치면서 자신만의 파롤로 정체성을 드러내는 요령을 학습합니다. 우리는 수동적으로 반응하고 무력하게 재현되기도 하지만 능동적으로 변화를 기획하고 실천하기도 합니다. 그런 중에 우리의 정체성은 새롭게 지각되고 세상의 권력질서 안에서 조정되기도 합니다. 언어감수성 교육의 효과를 장담할 순 없지만 우리 모두 각자의 인생에서 어떤 의미작용이 발생되었는지 자신을 둘러싼 언어/기호로 점검할 수 있어야 합니다.

　정체성을 탐색할 때 자신의 기억, 일상적인 의례, 기대와 계획 등을 일기, 설문, 면담, 관찰자료로 수집해서 추론할 수 있습니다. 일화적 사건만으로도 내면의 상태와 권력관계를 추론할 수 있습니다. 그러나 자신의 내면과 주위 경관을 둘러싼 구체적인 언어/기호를 찾고 배열하고 분석해보면 자신에게 각별했던 기표의 선택과 배치, 그로부터 발생한 의미화 과정, 즉 정체성의 형성과 협상 과정을 성찰할 수 있어요. 우리가 그런 공부를 했잖아요. 어떤 의미든지 기표가 선택되고 배치되면서, 대립, 위계, 함축 등의 기의 효과가 만들어진다고 말입니다. '내가 누구인지'에 관한 정체성의 의미 구성은 우리가 지금까지 공부한 것으로 탐구될 수 있어요.

내가 나를 잘 모르겠다면, 주위 사람들에게 내가 어떤 사람인지 물어보세요. 영화 〈인사이드 아웃〉에는 사람의 머릿속에서 기쁨, 슬픔, 버럭, 까칠함, 소심이라는 감정 인격체들이 일하고 있는 설정이 나옵니다. 서로 다른 감정주체들이 삶의 양식에 각자 다르게 개입하고 작동합니다. 그럴 듯하죠? 감정, 의지, 앎이란 것이 나를 살아가게 합니다. 그렇다면 나의 나다움이 다양한 시공간에서 내가 선택하고 배치하고 소비하는 기표로도 설명될 수 있어요.

개별적으로 내 연구실에서 만나서 여러분들과 즐겁게 나눈 이야기를 다음에 정리했습니다. 각자의 기억이나 일상의 의례에 빈번하게 등장했던 기표들을 스스로도 지각하지 못하곤 했죠. 그러나 내가 듣기엔 MBTI 유형 수준으로는 도무지 설명될 수 없는 사람들의 정체성이 아주 잘 나타났어요. 학생 여러분의 인생에 등장한 언어/기호를 내가 여기서 이야기한 의미구조 모형들로 관찰하고 정리했습니다. 한 명씩 사례로 이야기하면서 이제 언어감수성 수업을 마칠까 합니다. 함께 공부해줘서 감사했습니다. 그동안 수고 많았습니다. 다시 또 만나도록 합시다.

찬희

찬희는 어릴 때부터 외국 문화에 호기심이 많았죠. 초등학생 때 읽은 '세계인'에 관한 책이 특별한 영감을 준 것 같아요. 그 책에서는 서로 다른 자연환경, 종교, 문화양식이 화려한 시각기호로 소개되었죠. 예를 들면, 노란색 머리와 파란 눈을 가진 스위스 여자아이가 전통 의상인 프릴이 달린 블라우스와 체크무늬 앞치마를 입고 요들송을 부릅니다. 또 나무가 거의 없는 민둥산을 배경으로 이슬람 사원 앞에서 검정색 머리와 짙은 눈썹의 파키스탄 여자아이가 히잡을 쓰고 자수가 가득한 옷을 입고 퀼트를 소개하고요.

찬희는 그런 기표로부터 위계나 차별에 관한 느낌을 갖지 않았다고 했어요. 오히려 '그들'이 '우리'처럼 느껴졌다고 했죠. 그들은 찬희를 보고 노란색 피부, 검은 머리색, 갈색 눈동자, 화려한 색감의 한복 저고리와 치마를 떠올릴 수도 있으니까요. 무엇보다 책에서는 접촉언어인 영어로 서로 소개하고 소통하는 걸 보면서 막연하게나마 영어라는 표현에 익숙하기만 하면 '우리'는 모두 세계인처럼 서로에게 더 가깝게 다가갈 수도 있겠다고 생각했죠.

찬희는 2001년에 개봉된 영화 〈아이 엠 샘〉을 좋아했습니다. 미국이란 국가, 미국식 가정, 거기서 사는 찬희와 비슷한 또래 여자아이의 기호적 배치가 너무 매력적이었죠. 화면을 가득 채운 여주인공 루시의 하얀 얼굴, 샛노란 머리와 파란 눈동자의 외형, 전혀 다른 인종(외모)으로 구성된 루시 친구들, 2층에 있는 커다란 자신만의 방, 캐노피가 달린 침대에서 일어나 아이홉에 가서 베이컨, 계란, 빵 등으로 식사를 하고 방과 후 활동으로 축구를 하는 일상적인 모습에 찬희는 그저 신기하고 부럽기만 했죠.

찬희에게 배치된 일상의 기표는 너무나 달랐거든요. 조그만 아파트에서 밥과 찌개를 먹고, 학교에 가면 모두 같은 교복을 입고, 같은 외모로 보이는 학생들과 공부했죠. 수업을 마치면 학교와 다를 바 없는 학원에 가서 공부만 했던 찬희로서는 루시를 둘러싼 이채로운 시각기호가 예쁘고, 세련되고, 더욱 우월한 의미로 지각되었어요. 찬희는 또래 미국인에게 배치된 기호경관을 동경하고 모방하고 수용하기 시작했죠. '미국인다움'에 자신을 동화하려는 노력이었습니다.

그런 이유로 대학에 진학할 때도 일부러 영어영문학과를 선택했어요. 그런데 전공 공부를 하고 미국 대학에서 교환학생으로 지내면서 찬희는 미국인의 삶이 자신과 크게 다르지 않음을 깨닫게 되었죠. 찬희가 경험한 바로는 그들도 때로는 자신처럼 촌스럽고 찌질하고 때로는 차별적이고 폭력적이었습니다. 그들만의 특별한 본질이 내재된 것은 아니었습니다. 그런 중에 찬희는 어릴 때 품은 '세계인'이란 정체성에 호기심을 다시 가졌고, 외교부 공무원으로 세계를 다니며 일하고 싶었습니다. 미국(인)에 관한 신화적 의미구조에 균열이 생겼지만 한국을 중심에 두고 세상 밖을 바라보는 시선은 거두지 않았어요.

외교부 공무원들의 업무 내용만큼이나 그들이 소유한 언어/기호, 그것으로 수행하는 일상의 의례가 찬희에게 동경의 대상이었습니다. 한국을 대표하며 다양한 국적을 가진 사회인사와 만찬을 가지며 의견을 교환하거나 문제를 해결하는 외교관 업무도 매력적으로 보였습니다. 외교관다운 정장 차림, 단정한 헤어스타일, 공무원증을 목에 걸고 'MOFA'라고 적힌 광화문의 외교부 건물로 출근하는 그들의 모습도 너무나 멋있었습니다. 외교관 여권은 찬희가 가장 손에 쥐고 싶은 상징적 기호였습니다.

그러나 외교관다움의 기호정체성을 손쉽게 획득할 순 없었습니다. 찬희는 외교관 시험을 준비하기 위해 신림동의 학원과 독서실에서 2년 동안 고독한 시간을 보냈습니다. 합격한 사람들의 이름, 나이나 출신대학이 나열된 플래카드, 최연소 최단기 합격의 신화를 강조한 학원 홍보물을 늘 지켜보았습니다. 12시간 동안 계속 앉아 있었다는 기록이 담긴 스톱워치, 벽에 붙여진 모의고사 성적표, 성적표 맨 위에 보이는 찬희의 이름 석자, 쌓여가는 국제법과 국제정치 책들, 화장기 없는 얼굴, 질끈 묶은 헤어스타일은 당시 찬희가 자신과 주변 경관에 관해 기억하는 기호들이었습니다. 그런 기표들은 자기통제적인, 혹은 충분히 똑똑하기 때문에 시험에 통과될 수 있는 수험생 자질의 기의로 연결되었습니다.

아쉽게도 찬희는 합격하지 못했어요. 계속될 실패를 직감하고 상심한 찬희는 헬스장에서 운동을 시작했습니다. 새롭게 뭐라도 해야만 했죠. 100BPM이 넘는 빠른 멜로디의 음악이 넘치던 헬스장이었습니다. 몸에 붙은 상의와 레깅스를 입고 같은 위치에서 반복적인 행위로 매일 근력운동을 했습니다. 몸의 균형과 근력을 표시하는 기호에 집착했죠. 인바디상 골격근량이 22킬로그램에서 25킬로그램으로 변했습니다. 그런 기표는 여전히 자기관리에 성실한 찬희만의 멋진 기호정체성이었습니다. 건강한 몸과 마음을 가진 20대 청년이란 자긍심을 갖기에 충분했죠.

찬희는 자신이 붙든 성공이나 행복의 기표로 마음이 설레었고, 도전했고, 낙망했습니다. 찬희가 무엇에 다시 도전할지 모르지만 나와 분명하게 나눈 것은 제한된 기표만으로 개념을 절대화할 수 없다는 의식이었어요. 자신만의 삶에 구체적이고도 새로운 기호를 배치하면서 찬희는 다시 꿈꾸고 도전할 것입니다. 독서실과 학원이 아닌 헬스장에서도 찬희는 자신의 정체성을 다시 점검하고 정비했어요. 그녀만의 미학적이고 주도적인 삶의 연장통은 그녀의 눈에 담은 기호들의 재배치였습니다. 그녀는 헬스장의 경관, 소리, 도구, 운동을 하는 반복적인 행위성을 좋아한다고 했습니다. 그녀는 실패했지만 버틸 힘을 기호적 실천으로 찾는 중입니다. 찬희를 응원합니다.

태희

처음 만날 때 태희는 자신이 어떤 사람인지 잘 모른다고 했습니다. 주위에 물어보라고 했더니 자신에 대해 사람들이 크롭 톱, 아이폰, 인사, 긴 머리 등의 기표들을 언급했습니다. 태희 스스로도 중요하게 생각하지 못했던 기표들이었습니다. 태희만의 고유한 삶의 양식은 무엇일까요? 그게 뭔지 자신도 잘 모르지만 태희는 주위 사람들이 기억하고 있는 자신만의 기호를 붙들며 열심히 살아가고 있습니다.

태희는 크롭 톱을 자주 입고 또 좋아하는 패션 아이템이라고 했습니다. 키가 평균보다 작은 편인 태희로서는 다리 길이를 조금이라도 길게 보이는 것이 좋다고 했어요. 그게 우월한 여성성의 기표로 의식했고 아마도 그런 이유 때문에 크롭 톱을 일부러 선택해서 입는 것 같다고 했습니다. 짧은 상의인 크롭 톱을 입으면 다리가 길게 보이는 대립효과를 만든다고 했어요. 태희는 짧은 다리 대신에 크롭 톱을 입고 있는 자신이 모습이 기호적으로 재현되기를 기대하고 있습니다. 그러나 크롭 톱은 '놀러가는 패션'이라는 기의와 연결되곤 해서 태희는 자신의 의도와 상관없이 '졸업할 준비가 되지 않은, 눈치 없는 학생'이란 함축의미가 부여되었다고 했어요.

아이폰도 태희가 의식하지 못한 자신만의 기표였습니다. 그러고 보니 자신의 이상형이 '아이폰 쓰는 남자'였고 갤럭시폰을 사용하는 친구에게 "에이~ 뭐야, 갤럭시야?"라고 핀잔을 주기도 했습니다. 태희에게 아이폰은 가치중립적인 기술이나 도구가 아니었습니다. 태희는 애플-삼성, 아이폰-갤럭시의 대립적 기호항으로 자신만의 미학적 존재성을 드러내고 있었습니다. 손에 쏙 들어오는 아이폰의 텅 빈 기표는 '깔끔하고, 예쁜' 개념을 차지하고, 자기관리를 잘하고 세련되면서 스타일리쉬한 삶을 살아가는 청년의 핸드폰이란 신화적 의미구조와도 연결됩니다. 아이폰이란 기호로 미학적 삶을 지향하는 자신만의 정체성이 일부 드러난 것입니다.

태희는 '예의 바른 사람'이라는 평가를 자주 듣습니다. '예의가 바르다'란 개념은 어떤 텅 빈 기표로 태희의 주변 사람들에게 환기되었을까요? 태희가 확인한 바로는 바로 '인사를 꾸벅하는 모습', '인사할

때 웃는 표정'이란 기표였습니다. 태희는 누군가에게 이미 '예의 바른
학생'이었고 2단계의 의미작용으로 본인을 연상하는 개념으로 상정되
어 있었어요. 그런 함축의미를 가장 잘 드러낼 수 있는 기표적 형태가
'웃으면서 꾸벅 인사하는 모습'인 것이죠. 인사를 하는 기호는 그렇게
2단계의 의미작용을 거치면서 태희만의 정체성으로 새롭게 개념화되
었습니다. 웃으며 반듯하게 인사하는 모습으로 예의 바른 사람이 함축
되는 신화의 예시는 아이돌 그룹의 시각기호에서도 자주 나타납니다.
대중 매체에서 내가 본 아이돌 그룹은 늘 크게 웃으며 90도 각도로 허
리를 숙여 인사를 하더군요. 그렇게 인사하는 기표만으로 대중은 예의
가 바르다는 개념과 연결하며 아이돌 그룹의 태도를 칭찬합니다.

예진

예진은 옷, 헤어스타일, 액세서리로부터 새로운 정체성을 갖게 되었습
니다. 어릴 때부터 예진의 부모님은 옷 구매에 돈을 거의 쓰지 않았다
고 합니다. 예진의 언니는 패션 스타일에 관심이 많았는데 어머니에게
늘 '양아치' 혹은 '학생답지 못하다'며 혼났습니다. 예진의 가정에서는
옷으로 치장하는 것이 '불효'라는 함축의미를 갖게 하는 텅 빈 기표였
던 것입니다. 어머니에게 '모범생'이나 '학생답다'는 칭찬을 받으며 '효'
를 실천하려던 어린 예진은 일부러 옷에 관심을 두지 않았습니다.

예진은 중고등학생일 때 하루 종일 학교 체육복만 입고 삼선 슬리
퍼를 신고 다녔어요. 방학에도, 학원에 갈 때도, 체육복과 슬리퍼만 고
수했습니다. 대학생이 되어서도 아버지가 회사에서 가져온 홍보용 셔
츠를 입었어요. 학교 수업에 갈 때도 회색 트레이닝복을 입었습니다.
대학생이 된 예진이 미용이나 패션에 전혀 관심이 없었던 것은 아니었
습니다. 스물세 살 때 네일 서비스도 받고 염색을 한 적이 있었는데 어

머니에게 돈을 낭비하고 시간을 허비한다고 크게 혼이 났죠.

그런 후에 예진은 인터넷을 통해 최저가로 검정색 R.O.K.A 티셔츠 다섯 벌을 한번에 구매했어요. 그걸 일주일 내내 잠옷 겸 평상복으로 돌려서 입었죠. 신발이 하나밖에 없냐고 친구에게 놀림을 받을 정도로 크록스 슬리퍼만 신었어요. 예진은 매일 입고 다니던 펑퍼짐한 트레이닝복에 목이 늘어난 티셔츠 기호표현으로 과체중이거나 정돈된 사람이 아닐 거란 기호내용으로 표상되었어요. 낡고 어두운 옷은 예진만의 기호표현이 되었고 소심하고 혼자 있는 걸 좋아하는 성격의 기호내용으로 연결되었습니다. 주변 사람들은 예진을 그런 성격의 캐릭터라고 쉽게 짐작했고 예진 스스로도 자신을 '촌스럽고 소심하고 튀고 싶지도 않은 아웃사이더 인생'이라고 생각했습니다.

소쉬르는 기표와 기의가 자의적 관계일 뿐이라고 했지만 예진에게는 자신이 선택한 옷의 기호표현이 자기가 살아가는 삶의 내용이 되었습니다. 그런 기호내용으로 자기가 표현하는 삶의 방식이 고착되었죠. 예진은 옷만 그렇게 입었을 뿐인지 모르겠지만 자신이 늘 입는 옷차림의 기호표현으로 자신의 정체성이 만들어졌습니다. 김치국물이 묻어도, 치약이 흘러도, 양말에 구멍이 나도, 늘 익숙한 기호를 반복적으로 선택하면서 예진은 대학 2학년 때 (자신이 생각해도 어울리지 않는) '괴짜'라는 별명까지 얻었습니다.

그런 중에 예진에게 대박 사건이 생겼습니다. 좋아하는 사람이 생겼어요. 그 뒤로 예진은 어릴 적부터 가정에서 학습한 옷차림에 관한 신화적 믿음체계에서 벗어나기 시작했습니다. 예쁜 외모, 관심, 배려하는 감정, 사랑하는 연인 관계가 뭔지 모르겠지만 예진은 그 사람 앞에서 그 사람이 좋아한다는 옷을 입고 싶었습니다.

그 사람은 가디건을 입은 여자가 귀엽다고 했답니다. 그래서 예진은 온라인 쇼핑몰 베스트 순위에 있는 가디건을 여러 벌 구매했습니다. 가게에 들러 가디건을 직접 입어보기도 했습니다. 기호를 배치하려면 통합체적 결합과 계열체적 선택이 함께 고려되어야 합니다. 가디건만 바꿔 입을 순 없었고, 바지나 치마, 신발도 다르게 배열하고 다른 패션 아이템도 다르게 조합하고 선택해야만 했죠. 예진은 능동적으로 구매 후기도 읽고 코디 사진도 뒤져 보면서 가디건을 예쁘게 입으려고 노력했어요. 자연스럽게 구매했던 티셔츠와 트레이닝 바지를 입지 않게 되었죠. 크록스 슬리퍼 대신 가디건에 어울리는 운동화도 새로 샀어요.

그 사람이 하늘색을 좋아한다는 말을 듣고 하늘색 원피스도 입어보았는데 잘 어울린다는 칭찬도 들었습니다. 예진은 다른 사람이 된 것만 같았습니다. 하늘색이 세상에서 제일 좋아졌어요. 그러다 예쁘게 묶음 머리를 한 사람이 이상형이란 그 사람의 말을 우연히 들었죠. 예진은 가만 있을 수 없었어요. 당시 유행하던 곱창 머리끈을 사고 낯간지러워서 하지도 못했던 머리핀도 했어요. 심지어 귀도 뚫고 큰 귀걸이도 했죠. 그 사람은 예진이 그저 소심한 줄 알았는데 당돌하고 차분하면서도 똑똑한 느낌이 나서 보기 좋다고 했습니다. 예진은 사실 바뀐 게 없었어요. 지금 예진이나 예전 예진이나 늘 같은 사람이죠. 그런데 가디건에서 출발해서 하늘색 원피스, 묶음 머리에 머리핀까지 하게 되면서 예진은 '반전매력을 가진 당돌한'이라는 정체성을 갖게 되었어요.

패션 테러리스트였던 예진이 시도했던 미학적 실천, 새로운 기호의 배치. 그건 앞으로 그녀의 인생에 어떤 긍정적 영향을 줄지 더 지켜볼 일입니다. 분명한 것은 어릴 때부터 어머니에게 요구받았던 옷차림에 관한 규범은 이제 예진에게 구식 신화가 되었습니다. 세상이 달라 보이는 것은 거시적 사회질서의 변화 때문일 수도 있겠지만 우리 스스로 감각적으로 느끼고 알아가는 미학적 언어/기호 덕분이기도 합니다.

다행히 예진은 대학을 졸업하기 전에 독립적인 주체로 살아가는 삶을 대비하기 시작했어요. 고작 몇 벌의 가디건, 하늘색 원피스, 머리핀으로 그걸 알아챌 수 있냐고요? 그럼요. 예진을 보세요. 옷차림의 기표만 다르게 배열했을 뿐이지만 그녀의 태도, 성격, 관계, 정체성과 같은 기의는 전혀 다르게 지각되고 있었습니다.

성식

성식도 자신을 둘러싼 기호들을 하나씩 떠올리면서 자신이 붙든 기억, 일상의 의례, 기대하는 미래의 개념을 차분하게 정리해보았습니다. 성식이 자신을 파악하는 방식은 MBTI 검사뿐이었습니다. 자신이 어떤 사람인지에 대해 막연한 인상은 있었지만 늘 선택하고 일상에 배치하는 기호들로부터 자신의 정체성을 진지하게 생각해본 적은 없었거든요.

우선 성식만의 서사구조를 기호사각형 모형에서 탐색했죠. 대립관계로 /실패/와 /성공/이 가장 선명한 의소로 드러났습니다. 자신의 형편이 지금 루저처럼 느껴지는 /실패/이지만 /성공/으로 이동할 것이라는 심층의 의미구조를 가지고 있었습니다. 행위소 모형으로 봐도 본인이 주체가 되어 '부'를 욕망의 대상으로 선명하게 상정하고 있었어요.

나는 성식이 욕망하고 있는 대상을 보다 분명하게 이해하기 위해서 어떤 기표가 그의 '성공'을 지시하고 함축하고 있는지 물어보았습니다. 성식이 선택한 '성공'의 계열체적 요소는 모두 물질적이고 상징적인 기호였습니다. 예를 들면, '벤츠 자동차의 삼각별표 문양', '래미안' 표지가 붙은 아파트 구조물, 'CEO'라는 영문 타이틀, 양복 안쪽에 박힌 고가 브랜드 표지는 그만의 성공 신화가 구성되는 처소였습니다. 실제로 고가 제품이나 서비스를 제공하는 회사에서는 그와 같은 상징적 문양에 디자인 비용을 크게 투입한다고 합니다. 부유한 삶, 상류층이라는 기의의 생성은 '펜트하우스', '스카이 캐슬' 등의 1단계의 기표에서 출발하는 것이 분명합니다. 성식은 그러한 기표 문화의 적극적인 소비자인 셈이죠.

성식은 지금 살고 있는 공간을 관찰하면서 자신의 내면질서를 일종의 의미구조로 성찰하기도 했습니다. 대학 시절 내내 자취를 한 성식은 집 '안'과 '밖'을 공간성의 계열체적 선택으로 이해했어요. 집 안을 무표적, 집 밖을 유표적 의미로 지각하고 있었습니다. 집 안에서도 누군가와 함께 있는 공간성을 무표로, 혼자 있다면 유표로 보았습니다. '누군가와 함께 있는 집 안'은 성식에게 자연스럽고도 당위적인 공간성의 기표였습니다.

성식은 스스로 흡족하게 생각하는 자신의 '운동하는 모습'에 관한 기호성도 성찰했습니다. 팬데믹 시대에 성식은 집에서 유튜브 영상자료를 보면서 홈트를 시도했습니다. 그런데 그게 잘 되지 않았어요. 운동을 늘 했고 동기부여도 잘 되어 있었지만 홈트를 실천하기가 힘들었습니다. 크로스핏을 헬스장에서 할 때가 있었는데 성식의 기억으로는 그것도 힘들었지만 잘 이겨냈고 재미도 있었습니다. 운동하는 행위성의 통합체적-계열체적 의미구조로 볼 때 별 차이는 없었습니다. 그런데 왜 홈트는 재미가 없는데, 크로스핏은 재미가 있었을까요?

성식은 그레마스의 심층구조를 통해 자신에게 '운동하다'의 서사가 /개인운동/, /단체운동/의 대립항으로 의미화되고 있음을 알아챘습니다. 자신은 운동의 주체로서 늘 단체운동을 욕망하고 있음도 알았어요. '홈트'는 재미없고 '크로스핏'은 재미있다는 대비적 의미구조를 기호사각형과 행위소 모형으로 이해한 것이죠.

지현

지현도 자신과 주변의 기호경관이 어떤지 점검했습니다. 지현은 여행이라는 여가활동에 특별한 의미를 부여했습니다. 일상이 바쁘면서도 따분하다면 여행은 반일상적이란 개념을 갖고 있었죠. 여행에 관한 텅 빈 기표는 푸른 하늘과 멀리 보이는 바다였고, 2단계 의미작용에서 하늘과 바다의 지시기호는 지현에게 '힐링'이란 함축의미로 채워졌습니다.

지현만의 기호경관에서 돋보이는 기표는 책상 위에 의도적으로 배치한 전시 리플렛과 관련 서적들이었습니다. 전시를 다니며 모아둔 리플렛의 정보는 인터넷에서도 얼마든지 쉽게 찾을 수 있었습니다. 그러나 종이 리플렛을 언제든 보고 만질 수 있는 공간에 배치하면서 전시를 즐기고 감상하는 자신만의 고유한 문화양식을 능동적으로 붙들고 있었습니다. 여행지에서 머그 잔이나 냉장고 자석을 사서 집이나 사무실 어딘가 보이도록 배치하는 사람들처럼 지현은 어느 전시에 가서든 리플렛을 반드시 구매했죠. 전자책을 주로 읽는 지현이지만 전시에 관련된 서적은 종이책으로만 구매하고 그걸 마치 전시하듯이 가시적 위치에 둡니다. 종이 리플렛과 종이책이란 기표로 힘든 일상 중에서도 자신이 어떤 사람인지 미학적 실존감을 가지려고 애쓰는 것이죠.

또한 지현은 '계획적인 삶'을 살고 싶다는 개념을 눈에 보이는 지시적 기호로 꾸준히 점검했습니다. 지현에게 '계획적 삶'이라는 의미작용에 등장하는 기표는 무엇이었을까요? 지현은 'A학점을 받은 수강 과목 숫자', '자격증 갯수' 등을 언급했습니다. 학기마다 A학점 받은 과목 수가 네다섯 개 이상이고 자격증을 한 개라도 획득한 학기는 '계획대로 잘 살았던 삶'이라고 규정했습니다. 계획적인 삶을 살지 못하다고 판단되면 지현은 도서관에서 빌린 책을 일부러 책상에 쌓아둔다고 했습니다. 핸드폰의 일정관리 달력에 무엇이라도 자꾸 채우는 습관도 있었습니다. 의도적으로 가시적인 기호를 일상의 경관에 배치하면서 '계획적 삶'을 살고 있는 자신의 정체성을 점검했습니다.

우리 모두 형이상학적 개념을 추구하는 삶을 산다고 생각하겠지만, 성공, 행복, 사랑, 헌신, 평화, 재미, 휴식 등의 형이상학적 기의는 사실 1단계의 외연적 기표로부터 채워집니다. 지현도 자신이 선택한 기표로부터 '계획적인 삶'을 살아가려고 분투합니다. 지현이 능동적으로 발휘하는 기호적 실천이 지현의 삶을 더욱 멋지게 변화시킬 것으로 나는 믿습니다.

원영

오지 않은 미래를 상상하며 자신의 정체성을 긍정적으로 만드는 사람들도 많아요. 무언가를 기대하고 지금과 다른 누군가가 되려고 기대하는 그들은 막연한 형이상학적 관념을 붙들고 사는 듯하지만 자신이 능동적으로 선택한 기표로 매일매일 마음을 다잡죠. 그렇게 보면 원영에게 뉴욕은 막연하게 동경하는 도시라고 볼 수 없어요. 원영은 언젠가 뉴욕에 살 것이라는 바람을 자주 얘기했어요. 내게 원영의 뉴욕 이야기는 허무맹랑하지만은 않았습니다. 그녀가 일상적으로 선택하는 기호만 봐도 지금 꿈꾸기에 충분한 자신만의 고유한 정체성이라고 할 수 있었어요.

뉴욕이란 도시에 관한 원영의 첫 기억은 초등학생 때 본 〈나홀로 집에 2〉였습니다. 영화에 신기한 장난감 가게가 나오는데 어린 원영은 그 장면을 수도 없이 반복해서 보았습니다. 그런 장난감 가게가 있던 뉴욕은 원영에게 '신기하고 매력적인 도시'라는 함축의미를 갖기에 충분했습니다. 중학생 때는 〈가십걸〉이란 하이틴 TV극을 보면서 뉴욕의 화려한 기호경관을 욕망했죠. 고등학교 2학년일 때 친구들과 뉴욕을 여행할 기회가 있었는데, 브로드웨이 광고판, 디즈니 스토어, '자유의 여신상' 구조물을 직접 보면서 마음이 너무나 설레었습니다. 대학에서는 영어영문학을 전공했는데 뉴욕에 관한 모든 스토리가 그저 좋았습니다.

원영의 뉴욕 사랑을 어떻게 이해해야 할까요? 뉴욕에 관한 욕망은 막연하고도 순진한 집착일까요? 원영은 자신이 붙들고 살았던 뉴욕의 기호들부터 점검해보았습니다. 신화를 만드는 파롤의 강력한 매개는 그림, 사진과 같은 시각 및 영상기호입니다. 원영은 대체 무엇을 보고, 또 다시 보면서, 뉴욕에 관한 신화적 의미구조를 갖게 된 것일까요? 원영은 자신이 좋아했고 지금도 가끔 보는 뉴욕 배경의 영화, TV극, 소설, 사진 등을 다시 살펴보았습니다. 그리고 나와 많은 얘기를 하면서 자신이 '한국(인)과 미국(인)', '(원영이 살았던) 과천과 뉴욕'의 의미구조를 이항대립성의 유표와 무표로 구분하고 있음을 알게 되었습니다.

뉴욕의 경관은 크고 복잡하고 현대화된 형상으로 기억되었고 상대적으로 과천이란 도시는 작고 한가로우며 자연친화적 기호로 연상되었습니다. 거대한 장난감 가게, 록펠러센터 앞의 크리스마스트리는 지금도 원영이 사랑하는 영화 속 뉴욕의 대표 경관이었습니다. 당시에 원영은 문구점에서 장난감을 샀고, 동네 교회의 조그마한 트리 앞에서 초등부 공연을 했었죠. 뉴욕이란 도시의 속성은 한없이 복잡하겠지만 대중 매체에서 느슨하게 지시하는 기표들은 원영에게 낭만적이고 현대적이란 개념으로 채워졌습니다.

뉴욕이 배경인 〈가십걸〉의 장면과 원영이 중학생 때 학교에서 찍은 사진도 비교해보았습니다. 드라마에 나오는 학생들은 세련된 교복을 입고 허리춤에 손을 올리거나 다양한 동작으로 정면을 바라보고 있습니다. 중학생이었던 사진 속 원영과 그녀의 친구들은 V자 표시를 하며 초등학생들과 다를 바 없는 표정을 지었습니다. 〈가십걸〉의 학생들은 메트로폴리탄 박물관 앞에서 자세를 취했지만 원영의 학교 근처엔 어떤 건물도 없었죠.

중학생일 때도 원영이 기억했던 뉴욕(의 학교)은 원영이 직접 경험했던 한국(의 학교)과 이항대립으로 비교하며 의미화된 것이었습니다. 원영이 고등학생일 때 뉴욕에 가서 찍은 사진에 대한 의미화 과정도 일종의 확증편향에 다름없었죠. 예를 들면, '자유의여신상'을 멀리 두고 찍은 사진을 볼 때 원영은 '진정한 자유'를 느낀다고 생각했습니다. 누구에게는 그저 멀리 위치한 뉴욕의 상징적 건축물일 뿐이지만 원영에게는 텅 빈 기표로 기능하면서 미국(인)이 자유롭다는 신화를 확증하는 또 하나의 경험이 되었죠. 수능과 내신 준비로 바빴던 원영은 한가로운 미국 여행에서 '자유의여신상'에 관한 수많은 의미를 보지 않고 오로지 자신이 보고자 했던 신화적 의미로만 연결시켰습니다.

원영은 어릴 적부터 붙든 뉴욕에 관한 자신의 욕망이 대립항으로 구축된 신화적 의미구조일 뿐이라는 점을 분명하게 깨닫게 되었어요. 그렇지만 여전히 뉴욕에 가고 싶어 합니다. 원영은 어릴 때부터 포획된 뉴욕에 관한 의미구조를 현재 시점에서 성찰했고 기호분석을 통해 막연하게 동기화된 욕망에서 자유로워졌어요. 이제서야 자신만의 낭만과 꿈을 더욱 현실적으로 실천할 수 있겠다고 말했습니다. 멋있지 않나요? 나는 원영이 그렇게 말할 때 정말 당차고도 쿨하게 보였습니다. 원영의 뉴욕 도전은 이제부터 새로운 기획력으로 제대로 시작될 것입니다.

윤희

윤희는 교사 임용 시험에 두 번 연속으로 떨어지고 세 번째 시험을 준비할지 망설이고 있었어요. 그런 중에 자신이 붙들고 있는 언어와 기호를 점검하면서 교사가 되겠다는 꿈에 대해 다시 생각해볼 기회를 가졌습니다. 윤희에게 가장 중요한 것은 '취업'이었어요. '취업'은 곧 영어교사로 활동하는 것이었습니다. 영어교사가 되는 것이 윤희에게 꿈이고 미래이고 성공이고 행복이었죠. 그런데 시험에 떨어진 윤희는 다시 도전을 해야 할까요? 그만 중단해야 할까요?

나와 함께 많은 이야기를 나누었습니다. 윤희에게는 모든 긍정적 가치의 기의가 학교, 교실, 교사의 기표로 환원되더군요. 윤희가 긍정적인 자아정체성과 연결하는 모든 상상적 기표 역시 비슷했습니다. 학생들에게 둘러싸인 교사의 모습, 한손에는 교과서를 들고 다른 손에는 분필을 들고 강의하는 교사의 동작, 학생들과 함께 식사를 하며 크게 웃는 교사의 표정, 교사처럼 보인다는 옷차림과 헤어스타일, 그리고 교사 자격증이 기표였습니다.

윤희에게 행위소 모형으로 자신의 미래를 그려보라고 했더니 고민하지도 않았습니다. 행위주체인 윤희가 교사라는 신원을 대상으로 욕망합니다. 자신의 꿈에 관한 발신처인 고등학교 때 영어선생님의 이름과 구체적인 일화까지 모두 상세하게 기억하고 있었습니다. 그분처럼 자신도 쉽게 가르치고 어린 학생들을 도울 수 있는 영어교사가 되고 싶다고 했습니다. 행위소 모형를 만들게 하면 학생들은 대개 커리어에 관한 수신처로 '자신'을 기입합니다. 흥미롭게도 윤희는 달랐어요. 수신처는 '학생'으로 명시되었어요. 자신의 성공으로 어리고 가난하고 공부를 못하는, 혹은 교사로부터 주목받지 못한 학생들이 수혜를 받는다는 논리였죠.

그것 말고도 윤희는 자신이 기억하고 기대하는 기표들이 '교사다움', '교사활동의 즐거움', '학교교육의 가치'에 관한 긍정적인 함축의미로 모두 연결되었습니다. 그건 교사를 희망하는 자신에게 일종의 신화 수준의 믿음체계로 기능하게 했어요. 예를 들면, 윤희가 기억하는 학창 시절은 모범생이었던 윤희가 교사와 인격적으로 소통했던 장면이었습니다. 사교육이나 부모님의 도움을 받을 수 없었던 윤희는 학교 선생님들의 도움으로 대학 진학에 성공할 수 있었죠. 윤희는 자신이 필기하는 모습, 야간자율학습 시간의 경관, 소위 말하는 날라리 학생과 구분되는 자신만의 반듯한 학업활동을 모두 긍정적으로 기억하고 있었어요.

대학생이 되어 교직과목을 이수하기 시작한 윤희가 가장 좋아하는 옷차림은 낮은 굽의 검정색 구두, 하얀색 셔츠, 검은색 바지와 정장 자켓이라고 했습니다. 너무 진하지 않은 붉은색 립스틱, 정갈하게 머리를 묶은 헤어스타일, 과하지 않은 화장, 피부가 깔끔하게 보이는 크림 바르기도 윤희가 선호하는 기호적 실천입니다. 윤희는 '교사처럼 보인다' 혹은 '교사처럼 말한다'라는 칭찬을 가장 좋아했습니다.

자신이 기억하고 선택하고 욕망하는 기호의 점검으로부터 윤희는 결국 세 번째 도전을 하기로 결심했습니다. 자신이 어떻게 성장했는지, 어떻게 살고 싶은 것인지, 모든 기억과 기대의 기표로부터 자신의 꿈을 다시 확인할 수 있었다고 말했어요. 그런 윤희를 말릴 수 있는 사람은 아무도 없었습니다. 윤희는 다시 도전하지 않을 수 없습니다. 윤희의 존재성이 교사와 잘 맞는지 어쩐지는 한 학기만 가르친 내가 판단하기 어렵습니다. 다만 윤희가 가진 삶의 에너지는 그녀가 선택한 의미구조로 선명하게 드러납니다. 나로서는 그렇게 소망하고 분투하는 윤희를 멀리서 응원할 뿐입니다.

닫는글

무슨 분야의 연구를 하는지 질문을 받을 때 내 대답은 늘 다릅니다. '응용언어학'이 무난한 것 같은데 내가 언어학을 '응용'하는 것도 아니고 '응용'의 지향점이 언어학도 아니라서 별로 내키진 않습니다. '사회언어학'은 국내 학계에서 아직도 제한된 논점만 다루고 있어 답답합니다. 한국의 '이중언어학'은 내 눈엔 국어/한국어교육학으로 보여서 다중언어에 관한 논점을 해당 학술지에 제출하기가 망설여집니다. '영어교육학'은 갈수록 폐쇄적으로 보이기도 하고 내가 하는 연구가 한국인이 '또 다른 언어'를 배우거나 사용하면서 발생하는 문제이기 때문에 '영어'만의 담벼락에 갇힐 수도 없습니다. '영어'나 '교육'을 비켜나면서 경계와 위계를 넘나들며 꽤 긴 세월 동안 연구활동을 했고 이제는 학제적 연구자의 정체성이 익숙하고 또 견딜 만합니다.

그런 내가 언어에 관한 다양한 사회문화적 쟁점을 연구할 때는 늘 두 축에서 학술문헌을 수집하고 점검합니다. 한 축은 '언어적 전환'에 관한 지식전통이고 다른 축은 사회학, 인류학, 문화연구, 교육학, 심리학, 정치학, 미디어학, 여성학 등에서 자유롭게 수집한 연구문헌입니다. 여러 분야를 횡단하며 학습한 이론과 사례로부터 나는 주로 언어능력, 언어사용, 언어평가, 언어정책, 언어사회, 언어교육, 언어정체성,

언어통치성, 언어감수성 등에 관한 학술문헌을 만들었습니다. 다양한 매체에서 기호, 대화, 서사, 담화, 담론, 논증을 수집하고, 또는 신문, 방송, 광고, 정책문서, 면담, 시험이나 교재 등의 이질적인 연구자료를 분석했습니다. 그런 중에 나는 언어/기호로 구성된 의미구조에 관해 늘 이의를 제기했습니다.

나는 언어감수성language awareness 교육을 위한 이번 책을 준비하면서 언어/기호가 우리 삶에 어떻게 끼여 있는지 주목했습니다. 언어/기호로 살아가는 우리의 삶은 마치 색실을 짜 넣은 공예품인 태피스트리를 연상하게 합니다. 자신만의 미학적 삶을 꿈꾸려면 우리의 삶에 엉켜 있는 지배적인 의미구조에 대해 질문하지 않을 수 없습니다.

여러분이 '의미와 기호'에 관한 그만한 감수성을 가질 수 있도록 나는 이 책에서 언어학/기호학 이론을 쉽게 소개했습니다. 소쉬르 편에서는 랑그라는 구조 속에서 의미가 생성되는 원리에 대해 설명했습니다. 야콥슨 편에서는 통합체와 계열체 모형을 은유와 환유의 의미체계에 대응시켰습니다. 퍼스 편에서는 세상의 모든 것을 기호로 보면서 기호에 관한 다양한 범주와 기호로 만들어지는 무한대의 의미작용을 다루었습니다. 옐름슬레우 편에서는 표현과 내용이 상호의존성을 가지고 있고 2차적 의미작용이 있다는 점을 설명했습니다. 그레마스 편은 층위로 나누어 의미가 서사적으로 어떻게 구조화되는지 보여주었고요. 바르트 편에서는 다양한 문화구성물로 신화라는 의미구조에 대해 설명했고 그걸 폭로하거나 새롭게 해체할 수 있는 탈신화적 시선에 대해서도 언급했습니다. 그리고 마지막 두 장에서는 사회기호학자들이 사용하는 시각문법 분석론, 파롤의 의미론, 기호적 주체 등에 관해 논술했습니다.

이 책에서 내가 1장부터 여러분에게 반복적으로 질문한 것이 있습니다. 모두 언어적 전환이 요구되는 질문이었습니다. '언어나 기호보다 앞서 세상에 존재하는 것은 무엇일까?' '언어나 기호가 세상을 비추는 거울이 아니라면 언어나 기호로부터 세상의 질서가 구조화된 것은 아닐까?' '그렇다면 언어가 곧 세상이며, 세상은 언어로 구성된 것이 아닐까?'

물론 본문에서 이미 언급한 것처럼 나는 언어로만 모든 걸 설명하는 언어-중심주의에 매몰되고 싶지 않아요. 세상에는 먼저 존재하는 본질도 있다고 믿기 때문입니다. 가변적이기도 한 인간의 내면에 상수로 존재하는 보편적 본성이랄까요? 혹은 언어나 기호로 기술되지도 설명되지도 못하는 바깥의, 혹은 내면의 질서가 존재한다고 생각합니다. 그렇지만 세상을 온전하고도 고정적인 본질적 구조물로만 보는 것도 순진한 세계관이죠.

나는 우리의 내면과 세상을 상수와 변수, 본질과 비본질의 상호작용으로 봅니다. 본질의 상수도 중요하고 언어나 기호로 구성되는 비본질의 변수도 중요합니다. 나는 그런 인식론으로 비판적 언어감수성을 키우자고 이 책에서 주장한 것입니다.

세상universe을 배우는 곳이 대학university이고 거기서 나는 인간human을 다루는 인문대학college of humanity에 소속된 어문학과department of language and literature 교수입니다. 학과에서 언어로부터 발생한 문제에 관해 가르치고 연구하고 있습니다. 흔히 내가 '언어에 관해 연구한다'고 하면 대학에 있는 주변 사람들도 순수언어학(혹은 이론언어학), 또는 영어와 같은 외국어를 목표 언어로 가르치고 배우는 실용언어, 혹은 언어교육론 분야를 연상합니다. 발음이나 문법의 보편규칙을 가르치는 순수언어학, 언어사용과 기능에 관한 학습을 돕는 언어교육론이 언어와 인간에 관한 인문학 교육과정을 지배적으로 점유하고 있는 현실이 참으로 안타깝습니다.

　내가 어문학과 교수로서 학생들을 가르치는 내용은 순수언어학도 아니고 전통적인 언어교육론도 아닙니다. 언어감수성 교육입니다. 언어감수성을 키우는 여러 방법과 경로가 있는데 이 책에서는 언어와 기호로 구성되는 세상, 우리의 내면과 사회질서를 지시하고 함축하는 의미체계나 의미작용를 다루고 있습니다. 모두 언어와 기호에 관한 감수성을 향상시킬 수 있는 기초적인 교육내용입니다. 비판적 언어감수성은 자아와 타자, 나와 세상, 혹은 정체성과 언어경관의 문제를 변증법으로 인식할 수 있는 능력입니다. 그런 능력을 갖춘다면 우린 각자의 삶을 두고 미학적이고도 윤리적인 질문을 할 수 있고, 자신을 포획하는 언어/기호를 두고 사회정치적 질문까지 할 수 있습니다.

　우리는 능동적으로 선택하는 언어/기호로부터 각자의 내면과 권력관계가 변할 수 있다는 기대를 버리지 말아야 합니다. 또 한편으로는 언어와 기호로 구조화된 사회질서가 좀처럼 변하지 않는다는 것 역시 비판적으로 의식하고 인정해야 합니다. 완고한 사회구조가 좀처럼 쉽게 바뀌는 않을 것으로 보입니다. 그러나 우리는 자신만의 언어/기호를 능동적으로 선택하면서 윤리적이고도 미학적인 삶을 여전히 기대해야 합니다. 언어는 세상을 구성하므로 새로운 언어/기호를 자신의 삶에 배치하는 의례로부터 우리 삶은 나아질 수 있기 때문입니다.

　이런 이야기는 거창한 혁명을 꿈꾸는 사회공학자들에게 낭만적이고, 개별적이고, 미학적 유희로만 들릴 것입니다. 현실도피의 방편으로 들릴 수도 있겠습니다. 수년 동안 팬데믹 시대를 거치면서 마스크를 쓰는 것은 무표적 일상이었습니다. 마스크를 벗는 건 어디서든 호통을 당할 수 있는 유표적 의미였어요. 재택근무나 격리가 당연한 일상이 되었고 나와 같은 연구자는 다른 사람들과 다를 바 없이 몸을 낮추고 그저 버티는 삶에 전념하지 않을 수 없었습니다. 그런 고립과 고통의 시대에 우리가 언어와 기호를 능동적으로 선택하며 새로운 삶의 양식을 꿈꾼다는 건 헛된 망상과도 같은 이야기였죠.

모두가 숨죽인 시간에 나도 시간만 흘러가길 바라며 삶의 에너지를 아끼고 내 마음만 돌보며 지냈습니다. 그런 중에 나는 팬데믹 시대에 이 책을 소박하고도 의연하게 만들어 세상에 내보낼 결심을 했습니다. 당시 비대면 수업의 자료로 사용했던 이 책의 원고는 상처받은 나의 내면, 우리들의 권력관계, 권위적인 사회질서를 성찰할 수 있는 나만의 명상집이 되었습니다. 나 스스로 윤리적이면서 미학적인 삶의 실천, 그런 삶의 가능성을 두고 자주 성찰했습니다.

권위주의 통치질서가 선명하게 드러난 팬데믹 시대에 나는 커다란 무력감에 시달렸지만 내가 선택한 언어와 기호로 내 삶만은 더욱 아름답게 의미화시킬 수 있다고 믿었습니다. 나는 각자가 버티는 미학적 삶의 실천이 보다 나은 세상을 만드는 데 기여할 수 있다고도 믿었습니다. 이 책을 통해서도 여러 차례 언급했지만 언어와 기호로 구성된 의미체계는 역사적이고 사회적이기도 하지만 달리 말하면 임시적이고 가변적이기도 한 것이었어요. 차이의 대립을 의식한 다른 선택과 배치만으로도 다른 의미가 만들어지는 것이죠.

내가 일상적으로 만나고 소비하는 언어와 기호의 선택과 배치가 너무나 당연해지면 아무런 변화도 상상할 수 없습니다. 우리가 그런 '언어의 감옥'에서 나오려면 이 책에서 다룬 의미체계와 의미작용에 관한 언어감수성을 비판적으로 키워야 합니다. 구조화된 언어세상의 지시만 따르는 직무 대행자의 삶을 살지 않으려면 언어와 기호를 새롭게 선택하고 배치하면서 우리 삶이 달라질 수 있다는 역전의 발상이 필요합니다.

윌리엄 버틀러 예이츠William Butler Yeats의 시 〈라피스 라줄리Lapis Lazuli〉는 비극적 환희를 다루는 내용입니다. 자본의 탐욕과 대립적 다툼이 넘치는 시대에 예술은 무엇을 할 수 있을까요? 예이츠는 예술이 무너진 문명을 다시 세워준다는 비전을 제시합니다. 예술을 감상한 사람은 비극의 시간에서 일시적이나마 해방되고 기쁨을 구가할 수 있습니다. 고통과 죽음을 초월한 환희는 어디에서 찾을 수 있을까요? 예이츠가 그걸 예술이라고 말했다면 나는 내가 가르치고 연구하는 연구활동에서 그걸 찾습니다. 그건 언어적 전환입니다. 그건 언어와 기호에 관한 미학적 차원의 상상력입니다. 언어와 기호로 창발시키는 새로운 권력이고 실천입니다.

팬데믹 이후 지치고 아팠던 모두의 삶에 온전한 회복과 변화를 응원합니다. 예이츠는 "모든 것이 멸망할 때 파멸 속에서 기쁨으로 노래하라"고 말했어요. 그걸 이 책의 주제의식으로 다시 바꾸어 이 책의 마지막 문장으로 남깁니다.

'모든 것이 고정되거나 폄하될 때 새로운 언어와 기호의 선택으로 자신만의 미학적 삶을 기획하고 질문하라.'

【주석】

1장

1 다음 책 132쪽에서 가져왔다: 대니얼 챈들러, 《미디어기호학》, 강인규 역, 소명
출판, 2006.

2 같은 책, 135쪽에서 가져왔다.

2장

1 직유simile 역시 '…처럼, '…같은' 등의 표현으로부터 두 대상의 비교가 비유임
을 드러낸다. 은유적 언어장치에 포함될 수 있다. 또한 은유와 환유만으로도 의
미체계를 충분히 이원화시킬 수 있지만 환유와 제유synecdoche를 구분할 수도
있다. 제유는 환유의 또 다른 표현으로 봐도 좋다. 모두 인접성의 원리로부터 의
미가 생성된다. 제유를 환유의 특수한 표현방식으로 구분하는 문헌도 있지만 여
기서는 부분-전체와 같은 인접성의 원리로부터 의미가 구성되는 동일한 방식으
로 본다.

2 통합체의 부연 설명은 《미디어기호학》 153-163쪽에 구분된 '개념적, 공간적, 순
차적 관계'의 논점을 큰 틀에서 참조했다. 계열체도 같은 책 177-201쪽 논점을
읽고 큰 틀에서 참조했다. 예시는 최근 혹은 국내 맥락이나 내 연구관심에서 가
져왔기 때문에, 해당 역서에서 언급되지 않은 논점이 대부분이다.

3 시각자료에서 드러나는 통합체 논점은 다음 책을 참조했다: G. Kress, T. Van
Leeuwen, *Reading Images: The Grammar of Visual Design*, London: Routledge,
1996.

4 박기수, 〈'개그콘서트' 의미 없음의 즐거움〉, 기호학연대 엮음, 《대중문화 낯설게
읽기》, 문학과경계, 2003, 331-363쪽.

3장

1 이 문단에서 제시되는 비원순음과 원순음의 변별적 자질에 관한 비교는 다음 책
171쪽 내용을 요약했다: 송효섭, 《인문학, 기호학을 말하다》, 이숲, 2020.

2 이와 같은 무표성-유표성에 관한 논점은 같은 책 168-172쪽 내용과 예시를 참

조했다.

3 스코다 자동차에 관한 무표성-유표성 분석은 같은 책 172-174쪽을 참조하면서 일부 요약했다.

4 몬드리안의 그림은 같은 책 175-177쪽 내용을 참조했다. 구조적 코드에 관한 무표성-유표성 논점은 송효섭 교수의 저서로부터 도움을 크게 받았다.

4장

1 '3'의 숫자에 관한 함축과 퍼스의 3항성에 관한 범주는 송효섭 교수의 위 저서 71-73쪽 내용을 참조했다.

2 목욕탕 수도꼭지에 표시된 'H' 예시와 관련 논점은 논점은 다음 책의 4장 내용 일부를 참조했다: 박정순,《대중매체의 기호학》, 커뮤니케이션북스, 2009.

3 아래 기호들의 분류 체계는 같은 책 4장의 표와 내용을 참조했다. 퍼스의 기호 분류를 보다 자세히 이해하려면 해당 저서의 [표 4-2]에 제시된 '퍼스의 현상학 적 기호체계에 따른 기호의 분류'에 관한 내용을 참조하면 좋겠다. 여기서는 일부 예시만 참조하고 요약했다.

4 기호동기에 관한 논점은 같은 책 4장의 기호동기와 관습 내용을 참조했다.

5장

1 예시로 고양이를 사용한 논점은《대중매체의 기호학》5장의 [그림 5-4], [그림 5-5] 내용을 참조하고 요약한 것이다.

2 예시로 도로 사진을 사용한 논점은 같은 책 5장의 [그림 6-2] 내용을 참조하면 서 좀 더 쉽게 설명한 것이다.

3 바스키아 그림으로부터 내포 기호학을 설명한 것 역시《인문학, 기호학을 말하 다》에 이미 논술된 것이다. 좋은 예시로 판단되어 일부 논점을 요약하여 여기에 포함했다.

6장

1 예시로 〈흥부전〉이 사용된 논점은《인문학, 기호학을 말하다》 148, 150, 160쪽 에 나온 내용을 참조했다.

2 기호사각형뿐 아니라 행위소 모형에 관한 구체적인 논점은 같은 책 5장 〈의미작 용〉에 나온 일부 내용을 참조했다.

7장

1 다음 책 276쪽에서 가져왔다: 롤랑 바르트,《현대의 신화》, 이화여자대학교 기호학연구소 역, 동문선, 1997. 본문에서 괄호 안의 숫자는 이 책의 쪽수를 의미한다.
2 다음 책 6장 〈기호의 의미작용〉에 나온 예시를 일부 요약한 것이다: 박정순,《대중매체의 기호학》, 커뮤니케이션북스, 2009.

8장

1 다음 저서 5쪽을 참조했다: G. Kress, *Multimodality: A Social Semiotic Approach to Contemporary Communication*, London: Routledge, 2010.
2 다음 저서들이 참조될 수 있다: G. Kress, T. Van Leeuwen, *Reading Images: The Grammar of Visual Design*; T. Van Leeuwen, *Introducing Social Semiotics*, Second Edition, London: Routledge, 2005.
3 자세한 인용처는 다음과 같다: B. Hodge, G. Kress, *Social Semiotics*, London: Polity Press, 1988.
4 다음 책 47쪽을 참조했다: G. Kress, T. Van Leeuwen, *Reading Images: The Grammar of Visual Design*.
5 다음 책 159-161쪽을 참조하고 일부 요약했다. 해당 저서에 체계기능문법에 관한 보다 자세한 설명이 포함되어 있다: 신동일,《담론의 이해: 담화, 담론적 전환, 담론연구방법》, 책세상, 2022.
6 다음 책 12-25쪽 논점을 요약한 것이다: M. A. K. Halliday, R. Hasan, *Cohesion in English*, London: Longman, 1976.
7 다음 책 162-166, 194-200쪽에 자세한 예시가 소개되어 있다: 신동일, 《담론의 이해: 담화, 담론적 전환, 담론연구방법》.
8 다음 책 124쪽을 참조하면 더 구체적인 정보를 얻을 수 있다: G. Kress, T. Van Leeuwen, *Reading Images: The Grammar of Visual Design*.

9장

1 이에 관한 추가 논점을 숙지하려면《담론의 이해: 담화, 담론적 전환, 비판적 담론연구》가 효과적인 참고문헌이 될 수 있다.
2 (비판적) 담론분석에 관한 자세한 소개는 같은 책을 참조할 수 있다.
3 다음 저서 159-165쪽에 있는 '빠롤의 복귀', '화용론의 발전' 논술을 참조하며

일부 내용을 요약했다: 김운찬,《현대 기호학과 문화분석》, 열린책들, 2005.

4 같은 책 161쪽에서 내용을 참조하고 일부 요약했다.

5 20세기 초반 오스트리아와 영국에서 활동한 언어철학자 비트겐슈타인Ludwig Josef Johann Wittgenstein 문헌에도 (같은 언어라도 다른 의미로 사용될 수 있기 때문에) 언어에 관한 형이상학적 이해와 거리를 두고 쓰임(사용)의 기능이 강조되었다. 유용성의 판단은 유용한 언어를 사용하는 주체가 하는 것이기에 의미는 결국 말하는 인간주체로부터 나온다는 입장이 전제되기도 했다. 비트겐슈타인의 후기 언어이론에도 언어를 아는 것이 '놀이'(어떤 상황에서 규칙과 용법을 아는 것)처럼 다뤄졌다. 그의 전기 언어이론에서는 언어로부터 지시되는 대상이 마치 그림처럼 그려진 것으로 규정되었기 때문에 사용과 기능을 탐구하는 후기 이론이 화용론적 관점을 훨씬 잘 반영하고 있다.

6 《현대 기호학과 문화분석》164쪽 내용을 참조했다.

7 같은 책 172-179쪽 내용으로부터 해당 논술의 골격을 구성했다. 일부 내용은 요약되었으며 본문에 표기했다.

8 언어와 주체성에 관한 이 부분의 논점은 다음 연구논문 125-162쪽을 참조하면서 요약했다: 신동일, 〈영어에 관한 욕망, 자기배려, 인정의 이해: 정체성에 관한 학제간 연구의 탐색〉,《응용언어학》35(3), 2019.

9 이 문단의 논점은《현대 기호학과 문화분석》172쪽 내용을 참조하고 일부 요약했다.

10 이 문단의 논점은 같은 책 172-179쪽 내용을 참조하고 일부 요약했다.

【색인】

미학적 삶을 위한
언어감수성 수업

초판 1쇄 발행 ┃ 2023년 8월 10일

지 은 이 ┃ 신동일
펴 낸 이 ┃ 이은성
편   집 ┃ 홍순용
디 자 인 ┃ 김경희
펴 낸 곳 ┃ 필로소픽
주   소 ┃ 서울시 종로구 창덕궁길 29-38, 4-5층
전   화 ┃ (02)883-9774
팩   스 ┃ (02)883-3496
이 메 일 ┃ philosophik@naver.com
등록번호 ┃ 제2021-000133호

ISBN 979-11-5783-304-7 93700

필로소픽은 푸른커뮤니케이션의 출판 브랜드입니다.